中国社会科学院"登峰战略"资助计划

文学研究所民间文学与比较文学重点学科资助项目

· 中国社会科学院民俗学研究书系 ·

朝戈金　主编

民俗学立场的文化批评

Cultural Critique from a Folkloristic Perspective

施爱东 ｜ 著

中国社会科学出版社

图书在版编目（CIP）数据

民俗学立场的文化批评／施爱东著 . —北京：中国社会科学出版社，2020.8
（中国社会科学院民俗学研究书系）

ISBN 978 - 7 - 5203 - 6806 - 3

Ⅰ.①民⋯ Ⅱ.①施⋯ Ⅲ.①民俗学—文化研究—中国 Ⅳ.①K892

中国版本图书馆 CIP 数据核字（2020）第 119903 号

出 版 人	赵剑英
责任编辑	张 林
特约编辑	刘亚祺
责任校对	李 莉
责任印制	戴 宽

出 版	中国社会科学出版社
社 址	北京鼓楼西大街甲 158 号
邮 编	100720
网 址	http：//www.csspw.cn
发 行 部	010 - 84083685
门 市 部	010 - 84029450
经 销	新华书店及其他书店

印 刷	北京明恒达印务有限公司
装 订	廊坊市广阳区广增装订厂
版 次	2020 年 8 月第 1 版
印 次	2020 年 8 月第 1 次印刷

开 本	710×1000 1/16
印 张	22.25
插 页	2
字 数	332 千字
定 价	128.00 元

总　序

自英国学者威廉·汤姆斯（W. J. Thomas）于 19 世纪中叶首创"民俗"（folk-lore）一词以来，国际民俗学形成了逾 160 年的学术传统。作为现代学科意义上的中国民俗学肇始于"五四"新文化运动，近百年来的发展几起几落，其中数度元气大伤。从 20 世纪 80 年代开始，这一学科方得以逐步恢复。近年来，随着国际社会和中国政府对非物质文化遗产（其学理依据正是民俗和民俗学）保护工作的重视和倡导，民俗学研究及其学术共同体在民族文化振兴和国家文化发展战略中，都正在发挥着越来越重要的作用。

中国社会科学院曾经是中国民俗学开拓者顾颉刚、容肇祖等人长期工作的机构，近年来又出现了一批较为活跃和有影响力的学者，他们大都处于学术黄金年龄，成果迭出，质量颇高，只是受学科分工和各研究所学术方向的制约，他们的研究成果没能形成规模效应。为了部分改变这种局面，经跨所民俗学者多次充分讨论，大家都迫切希望以"中国民俗学前沿研究"为主题，以系列出版物的方式，集中展示以我院学者为主的民俗学研究队伍的晚近学术成果。

这样一组著作，计划命名为"中国社会科学院民俗学研究书系"。

从内容方面说，这套书意在优先支持我院民俗学者就民俗学发展的重要问题进行深入讨论的成果，也特别鼓励田野研究报告、译著、论文集及珍贵资料辑刊等。经过大致摸底，我们计划近期先推出下面几类著作：优秀的专著和田野研究成果，具有前瞻性、创新性、代表性的民俗学译著，以及通过以书代刊的形式，每年选择优秀的论文结集出版。

那么，为什么要专门整合这样一套书呢？首先，从学科建设和发展的角度考虑，我们觉得，民俗学研究力量一直相对分散，未能充分形成集约效应，未能与平行学科保持有效而良好的互动，学界优秀的研究成果，也较少被本学科之外的学术领域所关注、进而引用和借鉴。其次，我国民俗学至今还没有一种学刊是国家级的或准国家级的核心刊物。全国社会科学刊物几乎都没有固定开设民俗学专栏或专题。与其他人文和社会科学的国家级学刊繁荣的情形相比较，学科刊物的缺失，极大地制约了民俗学研究成果的发表，限定了民俗学成果的宣传、推广和影响力的发挥，严重阻碍了民俗学科学术梯队的顺利建设。再者，如何与国际民俗学研究领域接轨，进而实现学术的本土化和研究范式的更新和转换，也是目前困扰学界的一大难题。因此，通过项目的组织运作，将欧美百年来民俗学研究学术史、经典著述、理论和方法乃至教学理念和典型教案引入我国，乃是引领国内相关学科发展方向的前瞻之举，必将产生深远影响。最后，近些年来，国内外非物质文化遗产保护工作的大力推进，也频频推动国家文化政策的制定和实施中的适时调整，这就需要民俗学提供相应的学理依据和实践检验，并随时就我国民俗文化资源应用方面的诸多弊端，给出批评和建议。

从工作思路的角度考虑，"中国社会科学院民俗学研究书系"着眼于国际、国内民俗学界的最新理论成果的整合、介绍、分析、评议和田野检验，集中推精品、推优品，有效地集合学术梯队，突破研究所和学科片的藩篱，强化学科发展的主导意识。

为期三年的第一期目标实现后，我们正着手实施二期规划，以利我院的民俗学研究实力和学科影响保持良好的增长势头，确保我院的民俗学传统在代际学者之间不断传承和光大。本套书系的撰稿人，主要来自民族文学研究所、文学研究所、世界宗教研究所和民族学与人类学研究所的民俗学者们。

在此，我代表该书系的编辑委员会，感谢中国社会科学院文史哲学部和院科研局对这个项目的支持，感谢"国家社科基金"以及"中国社会科学院哲学社会科学创新工程"。

朝戈金

目　　录

第 一 章

节日保卫战的文化独占性宣示

—— "保卫端午" 的舆情演变及其行动逻辑

导读

非物质文化遗产概念的提出，以及 2003 年通过的 "保护公约"，是以肯定文化多样性的合理存在为前提的，这是人类思想文化发展的一大进步，但是，文化多样性观念在中国的推行却始终步履维艰。更滑稽的是，非物质文化遗产概念在中国的传播、推广，居然是借助于非理性的、以 "文化独占性" 观念为前提的新闻事件与 "节日保护运动" 而得以初步实现的。

也就是说，一种进步观念的宣传，却戏剧性地依赖于落后观念的造势。这无疑是一出令人啼笑皆非的文化闹剧。如果我们不能正确认识这一悖论及其背后的文化意义，我们可能将在更多的舞台上闹出更多的笑话。

本章要说的是一段关于 "保卫端午" 的故事，这故事虽然全程发生在中国境内，但它是打着民族国家的 "文化保卫" 伟大旗帜来进行的。这是一场没有侵略者的全民 "保卫战"，战斗的激烈程度可以这样来描述：它不仅大大激发了 "愤青" 的 "爱国热情"，而且大大地拉动了新闻 "内需"，增加了各级报纸的发行量以及网站的点击率，增加了媒体记者们的季度奖金。还有，它为我们这些喜欢看戏的观众上演了一场 "文化圣战" 滑稽戏。

不过，大家看戏之前，我先交代一下：今天要讲的内容，大部分是花边新闻，小部分是个人见闻。以下故事只是叙述一些个人记忆（非物质），当时并未录音录像（物质）。所以，它们全是"非物质文化"，也即民间叙事，具有口头性、变异性、传奇性、虚拟性的特点，未必是纯粹的历史事实。

一　谁在关心民间文化？

自从盘古开天地，三皇五帝到如今。话说 1918 年的初春，有两个北京大学的教授，一个叫刘半农，一个叫沈尹默，两人在北河沿闲走着，谈些关于精神文明建设的事项，刘半农突然提出，民间歌谣中也有很好的文章，我们为什么不征集一下呢？沈尹默说："你这个意见很好。你去拟个办法，我们请蔡先生用北大的名义征集就是了。"第二天，刘半农将章程拟好，蔡元培看过之后，随即批交文牍处印刷 5000 份，分寄到各省教育厅以及各中小学校。

中国民间文化的研究事业，从此开场了。

但是，从刘半农到顾颉刚，再到钟敬文，再到遍布天下的钟门弟子和钟门再传弟子，这些穷秀才们前赴后继，薪火相传，折腾了整整将近一个世纪，也没能把民间文化整成一门让人觉得有用的学问。

民间文化？不就是那些乡村的、粗鄙的、落后的、迷信的、愚昧的东西吗？这些"乌七八糟"的东西能够有助于社会主义精神文明建设吗？不革掉你的小命就不错了，你还想翻身当"文化"呀？

各位看官先别急。时间到了 21 世纪，突然传出消息说，联合国教科文组织设立了一个叫作"人类口头和非物质遗产代表作名录"的光荣称号，专门用以肯定（我们理解为"表彰"）那些最值得传承与保护的文化表现形式，以及与之相关的文化空间等，并且从 2000 年开始，正式实施"人类口头和非物质遗产代表作"的遴选与认证工作。

中国人素来是很重视荣誉证书的。这个证书当然要争取。不过，我们得先弄明白人家是如何定义这个"人类口头和非物质遗产代表作"的。这个定义在联合国教科文组织那里被前后修改过好几次，其复杂过程暂且不提，主要与该组织在 1989 年公布的《保护传统文化和民俗建议案》

（Recommendation on the Safeguarding of Traditional Culture and Folklore）有密切关联。

我们找一份最权威的文件，即 2003 年 10 月 17 日联合国教科文组织第 32 届大会通过的《保护非物质文化遗产公约》（Convention for the Safeguarding of the Intangible Cultural Heritage）。根据公约，"非物质文化遗产"主要包括以下五个方面：

1. 口头传统和表现形式，包括作为非物质文化遗产媒介的语言；
2. 表演艺术；
3. 社会实践、仪式、节庆活动；
4. 有关自然界和宇宙的知识和实践；
5. 传统手工艺。

这不就是我们这里多得无人问津的那个什么"民间文化"吗？原来这也是国际社会精神文明建设的一部分呀？怎么不早说？早知道有许多东西就可以不扔掉了。

还是洋人厉害，"城会玩"①，新花样多，同样是那个东西，被他们重新定义一下，马上有了非同凡响的文化内涵。前面再加上个"人类"两字，你敢反对吗？如果你反对这一活动，你就是"反人类"。

选择申报项目的时候，你才真正意识到中国民间文化传统的博大深厚。具体报谁呢？怎么个报法呢？那些过程我们不能乱猜，但肯定不是"海选"。我们可以设想，随便从中国的哪个门旮旯里弄个什么去申报一下，我们的东西都肯定能中奖。直到联合国教科文组织于 2001 年 5 月宣布了首批 19 个"人类口头和非物质遗产代表作"，我们这些普通老百姓才从报屁股上知道，中国的"昆曲"位列其中。

昆曲的价值有多大？我们不知道。我们认的是"洋证书"。正如你有没有什么真才实学，我们不知道，我们只看你有没有国家正式文凭。

范进中举，光宗耀祖。昆曲自从有了"洋文凭"，身价百倍，惹无数

① 网络流行语，"城里人真会玩"的简略语。

民间文化竞折腰。后来的申报工作，竞争的力度就大多了，因为大家都想报啊。2003 年 11 月 7 日，中国古琴艺术被列入第二批 28 项"人类口头和非物质遗产代表作名录"。

中国的民间文化研究工作者马上意识到，这是一次千载难逢的复兴民间文化的大好时机，中国民间文艺家协会率先在全国各大媒体大声呼吁，加强对民间文化的保护和研究，这一方面，作为中国民间文艺家协会主席的冯骥才先生着力尤著。大冯是很有号召力的，很快，其他各种官方的、民间的机构与组织都参与进来，汇入了新世纪的民族民间文化保护浪潮之中。

但是，很长时间以来，这股浪潮依然只是拍打在专家的层面，并没有能够惊动碌碌营营的普通老百姓，看起来热闹的东西，都还停留在专家的"口水"阶段。直到"端午事件"的爆发。

二 新闻是怎样炼成的?

世界潮流，浩浩荡荡，最终把中央政府也卷进来了。2004 年 4 月中旬，文化部在美丽的云南大理、丽江举行了为期四天的《中国民族民间文化保护工程试点工作交流会》，许多媒体都派记者参加了，也发了许多有价值的报道。但是，普通民众一如既往地对这些会议报道不感兴趣。

记者们也只能等待和观望。"有价值"（这个"价值"主要是指记者的稿费和奖金）的新闻总是在不经意中出现的。聪明的记者要善于捕风捉影，小题大做。

据说会上有不少代表提议，"中国应重视自己的传统节日，所有的传统节日应有相应的假期，将其列入国家法定假日。不少代表说，现在一些年轻人热衷于过洋节，比如情人节和圣诞节。有的人不知道圣诞节的具体内容是什么，但照样跟别人过。情人节这一天，大街上的玫瑰花几乎全卖光了，并且价格不菲。然而，中国自己一些具有丰富文化内涵的传统节日却受到了冷落，这是令人遗憾的事情"①。但是这些提议当时

---

① 刘玉琴：《不要冷落了自己的传统节日》，《人民日报》，2004 年 5 月 6 日。

并没有得到详细报道。

倒是在会议闭幕式上，文化部副部长周和平总结性地讲了几句话，大意是说："如今，有些年轻人热衷于过洋节，比如情人节和圣诞节——尤其是情人节，然而，中国自己一些具有丰富文化内涵的传统节日却受到了冷落。"① 记者们分头对这几句话报道了一下。

这段话本身并没有传达什么新信息，只不过由一个政府高官讲了几句别人也讲过无数次的老话。其新闻价值只在于它是出自文化部副部长之口。这些报道没有激起任何波澜。

可是，过了半个来月，《人民日报》一个叫刘玉琴的记者，很敏锐地对这段话进行了一些跟踪报道，从周和平关于节日保护的话题中挖出了一些新的材料，以《不要冷落了自己的传统节日》为题，报道是以这么一段话来作为开头的：

> 近日东北一位大学教授给文化部副部长周和平发来一份急件，说据可靠消息：亚洲某国准备向联合国教科文组织申报"端午节"为本国的文化遗产，目前已将其列入国家遗产名录，很快将向联合国申报"人类口头遗产和非物质遗产代表作"。②

就是这么短短一句话，却像原子弹一样炸开了。尤其是广大网民，纷纷对此提出质疑。居然有人拿中国的端午节去申报自己的文化遗产？谁敢这么大胆和下作？这个"亚洲某国"到底是哪个国家？东北的大学教授又是谁？这个教授又是怎么知道的？"可靠消息"的可靠度有多高？

对于广大媒体来说，成天就怕读者没胃口。既然读者对这道菜有兴趣，那还不赶紧备料炒作？各大媒体纷纷出动，搜寻消息的来源。

① 李建敏：《文化部官员提醒国人不要冷落自己的传统节日》，人民网，http：//www. people. com. cn，2004 年 4 月 17 日。

② 刘玉琴：《不要冷落了自己的传统节日》。

三　谁动了我们的粽子？

新闻爆炸的最初几天，许多媒体还有点摸不着头脑。但是读者这么关心的事，你也不能不报道，怎么办呢？这些媒体就只好用转载、改写的方式，重复着《不要冷落了自己的传统节日》中的故事，许多报道一眼就能看出只是把过去非物质文化遗产保护的旧闻拿来与"端午节"新闻进行拼炒。尽管是冷饭，也只能这样先端给读者吃着。

很快就有人指出，其实《光明日报》早在4月14日发表的一篇文章就隐隐透露，"某国"是指韩国。而且，早在1967年，韩国江陵市的"端午祭"就被批准为该国第13号"重要无形文化遗产"予以保护，目前韩国的文化部门正在为"江陵端午祭"申报"人类口头和非物质遗产代表作"进行积极准备。

消息一经"证实"，举国哗然。我家的东西要被别人拿去注册？这还了得？声势浩大的"愤青"几乎在一夜之间就被迅速发动起来了。

有人要打架？媒体迅速把自己变成一个军火供应商，异常积极地为愤怒的网民开辟了一批战斗平台。于是，"愤青"们在各大网站热点新闻的跟帖中拉起主战场，从丰富多彩的现代汉语中搜出各种各样的贬义词，把那些最难听的语言和最有杀伤力的口水炮弹射向了韩国人、自己人、政府、专家，能想得出来的"民族罪人"都被拉出来鞭挞了一通。他们从不同的角度，用不同的词汇，表达同一种情绪：愤怒！

媒体热闹了。就像棺材铺的老板生怕瘟疫得到控制一样，一些媒体记者唯恐天下不乱，他们在这场口水战中起到了有力的推波助澜的作用。媒体是宣传队、媒体是播种机、媒体是打气筒。

有一个记者用了这样一些鼓动性的话语作为文章开篇：

> 您过了多半辈子的端午节，可能就要成为别国的"文化遗产"了。
>
> 日前，东北亚某国欲向联合国申报"端午节"为本国的文化遗产一事一经披露，立即在海内外引起轩然大波。

国内各界纷纷表示：我国保持了两千多年的文化习俗被别国抢先去申报世界文化遗产，这是我们民族感情所不能接受的。①

接着，该记者声称某特殊身份的教授"在听闻此事后，万分愤慨地表示，一旦外国将端午节申报世界遗产成功，那么就将成为国耻，有着两千多年历史的中国端午节，竟要成为他国的世界文化遗产，这是中华民族在感情上所不能够接受的"。

类似的报道我们不必一一列举，网上有些"愤青"的言论甚至让人难以启齿引述。中国人这种"出乎意料"的愤激态度让韩国人非常吃惊。据说在韩国民间，也有强烈的情绪反弹（当然，这是笔者在一年之后才听说的）。双方的"愤青"大概都很激动，大有酿成外交事件的趋势。

至于这一风波有没有真正惊动到官方的外交层面，我们这些普通老百姓也没有什么确切途径可以了解。但5月11日《中新网》的一条消息让人看到了中国政府的忧虑，该消息称，文化部的一位官员在某公开场合发表意见：

> 该官员表示，开始时报道就有失公允，诸多媒体的炒作更使事实与报道出现相当大的差异。由于"端午节"事件不但关乎中国民众的民族情结，更关系到中国与他国的外交关系，所以媒体的轮番炒作给文化部实际解决问题造成了相当大的麻烦。这名官员说，希望媒体不要再炒作"端午节"事件，使问题复杂化，更希望公众给文化部时间，文化部一定会解决问题，保护好中国传统文化。②

---

① 何骞：《某国欲申报端午节为文化遗产，专家称可能成功》，《华商晨报》2004年5月8日。

② 中新网5月11日电：《文化部官员现身说法，"端午节"之争报道疑失实》，中国新闻网，http://www.chinanews.com.cn，2004年5月11日。

图1—1　在湖南湖北，赛龙舟、吃粽子、祭水神三项是端午节的核心要素。图为湖北秭归县的端午赛龙舟活动。打头下水的龙舟上，挂着一面"屈原大夫魂兮归来"白色长幡。施爱东摄，2013 年。

四　到底谁在说假话？

这位官员还有意驳斥了刘玉琴《不要冷落了自己的传统节日》一文中所提到的其他几处信息。其用意很明显，暗示大家，那是一则不实报道。

对于一些媒体来说，能把水搅得越浑越好。如果真相一下就弄清楚了，谁还追着你的报纸读呀？就是要真真假假，才能把读者的胃口都给吊起来，今天来点真的，明天来点假的，或者如人妖姐姐玩玩犹抱琵琶半遮面，故意遮一点露一块，穿着比基尼在你面前晃来晃去，晃得你云山雾罩。

"东北一位大学教授"也很快被媒体找着了，他就是钟敬文先生的大弟子，辽宁大学知名教授乌丙安先生，时任中国民俗学会名誉理事长。

有意思的是，有些记者在文章中这样介绍乌先生："中国民族民间文化保护工程专家委员会委员、辽宁某大学教授冰庵（化名）"。我当时不太明白，把别人的身份都具体到这个份上了，还在遮掩什么？如果真想保护乌先生的隐私，为什么又要用"冰庵"（暗指"丙安"）这样的化名，这不摆明了是脱了那块布来出那种气吗？

有一些报纸为了显示自己的独家之处，还含沙射影地踩着《人民日报》向广大读者示好，把自己打扮成唯一能"详尽披露事件来龙去脉"的样子。有一篇被反复转载的报道是这样写的：

> 5月6日，国内一家权威报纸的一则有关亚洲某国将端午节列入该国国家遗产名录并将申报"人类口头遗产和非物质遗产代表作"的消息，引起了大大小小网站、报纸竞相转载，而各大网站的数千名网民对此也热评如潮。但众多网民在对端午节被外人欲抢先申报表示遗憾的同时，也对这则消息因一些地方"语焉不详"产生疑问。①

接下来告诉大家，"昨日（5月8日）下午，记者几经周折，终于找到现任辽宁大学民俗研究中心主任、民俗学教授乌丙安。记者将电话打到乌教授家里，乌教授坦承是其本人向文化部副部长周和平反映了此事。随后，76岁高龄的乌教授接受了记者的独家专访"。

> 乌教授首先告诉记者，此前的报道有些出入。他说，其实，前不久他只是收到了亚洲某国的一封邀请函，让他在某月某日到该国参观他们的端午节活动并在研讨会上发言，研讨会的主题就是宣扬该国在保护端午节上的先进之处。
> "邀请函里根本就没有提及要申请'端午节'为该国文化遗产之事。"乌教授表示，他只是在与该国的学者电话聊天时听他们说"以我们现在过端午节的规模和气派，申报文化遗产完全没问题"略知一二。乌教授说，该国暂时并没有正式声明要申报，他之所以给文化部发急件，是出于一种未雨绸缪的心理。"我国文化遗产被他国成

---

① 谢孝国、江微：《"抢报端午节"细说从头》，《羊城晚报》2004年5月9日。

功申报的并不少，像端午节这样的传统节日如果又被别人抢先注册了我们就真的说不过去了!"①

这则"详尽披露事件来龙去脉"的报道与《人民日报》"据可靠消息"的报道显然有很大出入。也许其中一条是假新闻，也许两条都是假新闻。总不成两条都是真新闻吧？除非当事人自己在前后两次事件中至少说了一次假话，而两家或其中一家报纸上了当事人的当。

图1—2　许多学者都曾论述过，端午节很可能起源于祓除或避邪的仪式活动，南方各地不仅有挂菖蒲、艾蒿、蒜头的习俗，还有贴天师符、喝雄黄酒、洒雄黄酒等习俗。在传说为屈原故里的湖北秭归县，甚至还有用艾叶煮水为儿童洗澡的习俗。施爱东摄，2013年。

① 谢孝国、江微：《"抢报端午节"细说从头》。

五 数谁口号喊得响？

三人成虎！媒体一轰炸，立马感觉韩国人已经兵临城下了。

传说中国的端午节是为纪念伟大的爱国主义诗人屈原而设的（当然，这只是民间传说，并不是历史真实），屈原是投汨罗江而死的，而且投的是湖南岳阳境内这一段。在岳阳的历史记忆中，这是他们很辉煌的一页，因为在这里逼死过一位千古伟人。

过去每年端午，汨罗江都赛龙舟，据说像过年一样热闹。甚至说当地还流传有"宁荒一年田，不输五月船"的说法。老一辈岳阳人对"端午节"的在意是毋庸置疑的。

媒体的"端午事件"把个岳阳炒得热气腾腾，市政府当然不能坐视不理。市领导更要面对民意的压力，当记者把话筒凑到你嘴边的时候，你怎么也得表个态。据报道，5月9日上午，岳阳市政府就以官方名义召集宣传、文化、文物等部门主要负责人，就"保卫端午节"召开专门座谈会。会后决定，"论证和申报端午节的工作已正式列入岳阳市政府工作日程"。

过了两天，上海《新闻晨报》一个记者大老远跑到岳阳，一位副市长向他详细介绍了岳阳方面的工作进度：

> 现在不止我一人在忙碌，整个岳阳市都已经"全民总动员"。我们市文化局的文物管理处正加紧收集和论证相关资料，5月9日我们市政府出面组织了一次学者座谈会，5月11日我们在南湖广场举行了"保卫端午"的万人签名活动。①

后来他们又开了多少次会，我们不清楚，喊过多少口号，我们数不清，反正是各方各面都表态了：重视！通过媒体的宣传和签名活动的如期开展，估计"保卫端午节"这一核心理念是深入人心了。

---

① 顾嘉健：《岳阳端午"申遗"全民总动员》，《新闻晨报》2004年5月13日。

热度可能持续了好长时间，到了 9 月，热气还没开始转"凉"。据长沙《东方新报》9 月 6 日的一则报道：

> "我们要坚决保护好属于我们的节日！"昨日上午，了解完本报关于"保卫端午节"的系列报道后，岳阳市委副书记郭光文显得异常激动，拍案而起……
>
> 郭光文在阅读完本报关于湖南保护端午节的系列报道后，拿笔当即在报道上写下"端午节是我们的节日，我们要坚决保护它"。并立即电话指示文化、宣传部门及汨罗市的主要负责人，要求他们高度重视端午节的保护，应加强民族民间文化的教育和保护工作，发挥各级应有的作用，全市要大规模的行动起来形成一股合力，保护好属于我们自己的端午节，属于中华民族的节日。"这是岳阳人民的大事，是湖南的事，是中华民族的事。"郭光文说。①

不知道这段话是据实而录呢，还是夹带了记者的"光辉想象"。在我看来，这段描写也是一种"非物质文化"，异常生动。不信？你按记者的文字复原这样一个场面：一位气宇轩昂的市委领导，慨然拍案之后，马上当着记者（我不敢肯定是女记者，更不敢肯定是漂亮女记者）的面，昂首挺胸，左手叉腰，右手果断地拿起电话，立即"电话指示"各个政府部门，要大规模地行动起来，掀起一个保卫端午新高潮！

那个运筹帷幄，那个英雄气概，真是比电影还电影。问题是，你能确定你是在作决策而不是演戏吗？

六　我们在愤怒，韩国人在干什么？

韩国方面发给乌丙安教授的邀请函中，确实没有提到要将"江陵端午祭"申报人类非物质文化遗产代表作的意思。韩国方面做得比较谨慎，

---

① 呼霓：《启动申报程序　湖南保卫端午节迈出关键一步》，《东方新报》2004 年 9 月 6 日。

邀请函是以"亚细亚民俗学会"这样一个民间学术团体的名义发出来的，同时受到邀请的不止乌丙安先生，还有好几位中国民俗学者。

乌先生之所以得知韩国方面在谋划将"江陵端午祭"申报人类非物质文化遗产代表作，据说是刚从韩国回来的中国社科院青年学者苑利告诉他的，也许是乌先生害怕连累这名青年学者，也许乌先生还有别的线报，他对媒体声称是从自己与韩国学者的闲聊中揣测出来的。

乌先生上书周和平副部长的目的，大概只是想提醒政府重视一下自己的传统节日和民间文化（近几年，乌先生与中国民俗学会的其他几位主要负责人一直在作这种努力），所以把话说得重了些。周和平大概也只是急于表达一下现任政府对民间文化的重视程度，所以把消息报得快了些。记者大概也只是急着抓一篇独家报道，所以把话说得急了些、含糊了些。但谁也没有料到一则小小的"豆腐块"，居然会激起民众如此强烈的反响。这就是所谓的"蝴蝶效应"，一只小小的蝴蝶轻轻地扇动一下翅膀，可能引起另一时刻的一场风暴，至于哪一只蝴蝶的哪一次扇动能够达到这一效果，我们事先一无所知。

风暴来了。乌先生明显感觉到了压力。相信这种压力一样压在了周和平与刘玉琴的心上。我们今天回过头去看，乌先生提供的信息是真实的，周和平的讲话是真诚的，刘玉琴的报道也不是假新闻。但是，为什么事后刘玉琴不再追踪报道，周和平不再发表意见，而乌丙安又一再否认自己知道韩国方面的计划呢？

因为压力太大。事件被媒体炒成这样，网民如此激动，少数理性的声音完全被网民的口水给浇灭了。民族情绪一旦被挑动起来，只要打着"爱国"的旗帜，任何非理性的声音或行动都具有了一定程度的合法性。事态还会如何发展？谁也无法确认。一旦真的酿成外交事件，谁来负这起责任？

反正，愤怒的网民只管愤怒，他们是不用承担任何责任的。法不责众！当个普通老百姓的好处就只在这——你可以乱说话，说瞎话，而不必负任何责任。

网民吵来吵去，翻来覆去就是这么一些内容（此处只摘一些苛责自己人的内容，不摘那些可能引起外事争端的内容）：

我只知道端午有 2500 年的历史，它是秦将白起攻破楚国郢都，屈原悲愤难捱，自沉汨罗江，以身殉了自己的政治理想。

这是新文化运动的伟大"胜利"。我们的文化、民族传统，已经被胡适、鲁迅这些畜生彻底毁灭了。

为什么总是中国?? 为什么这样的事在中国会一而再再而三的发生?? 为什么韩国一定要以"端午祭"命名?? 中国人还要沉默吗? 我们还要无所谓吗??

中国政府做了什么，我不知道。但韩国政府却从未因为中国媒体的"愤怒"而稍稍放缓"申遗"的脚步，相反，许多迹象显示，他们正用更多的努力向世界展现自己的文化，他们要用自己的工作给中国人上一堂生动的民间文化保护课。

七　谁在引领世界新潮流?

只要中日关系出现波折，或者陷入低谷，媒体上提到有关日本的事情，基本都是负面新闻，这个时候，中国人最听不得关于日本人的好话。但是如果我们告诉公众说，非物质文化遗产保护"运动"的推动，与日本学者的大力提倡密切相关，甚至"无形文化"（"非物质文化遗产"的前身）概念最早也是来自日本的《文化财保护法》，大家听了可能不痛快，搞不好把这本书都给撕了。算了，我们还是回到"江陵端午祭"吧，说说韩国的事。

与乌丙安一起受到邀请的民俗学者，还有中国民俗学会的另外三名副理事长陶立璠、叶春生、贺学君，以及其他几位学者。陶先生是这次活动的中方联络人。他们到了韩国之后，受到了韩国方面礼貌而热情的接待，江陵市市长出面，向他们介绍了端午祭的历史和现状。接着是五天的学术研讨和观光访问。

在韩国考察的中国学者，个个感触良多。叶春生此前在接受《羊城晚报》记者的采访时，曾经认为，韩国将"端午祭"申报为人类非物质文化遗产代表作，成功的可能性不是太大：

> 中山大学民俗研究中心主任叶春生教授接受记者采访时称，有关某国要将端午节申请为本国文化遗产，这在文化圈内已是公开的秘密，我们根本没必要大惊小怪。"申请是它们的权利，但批不批准是联合国的权利。"叶教授认为，某国要联合国批准必须在申报中体现其过端午节的原创性和单一性，但端午节发源于中国，中国以端午节来纪念屈原，有它特定的意义，而且在屈原出生以前，据闻一多先生考证中国就有划龙舟的习俗，并把端午节这一天定为龙的节日。世界和平理事会在1953年定下了世界四大文化名人，其中之一就是屈原，我们有这么多的历史积淀，端午节在我国有这么多的意义，其他国家是抢不去的。①

看过了韩国的"江陵端午祭"，回国之后，叶先生的想法发生了很大转变，他写了一篇《端午节庆的国际语境》，高度赞赏了韩国政府与民众对人类文化遗产的保护行动，发出了"可喜可叹"的感慨：

> 一则消息的误导，把端午节庆炒得沸沸扬扬。可喜的是同胞们的爱国爱乡之情，一夜间就被调动起来了，民族凝聚力之强盛，可见一斑；可叹的是，我辈之孤陋寡闻，此端午非彼端午也，文化的交流与资源的共享乃正常现象；可鉴的是，政府对传统文化的保护与张扬，力度不同，效果大不一样。此事若能令我们警醒，胡闹一阵，也不枉然。②

私下里，叶先生更是多次断言，韩国的申报工作"一定能成功"。与他赴韩考察之前的表态判若两人。

---

① 谢孝国、江微：《"抢报端午节"细说从头》。
② 叶春生：《端午节庆的国际语境》，《民间文化论坛》2005年第3期。

图1—3　江陵端午祭持续时间比较长，早在端午节前一个月就开始进入准备阶段。由于城隍祠在大关岭山上，而城隍妻子却住在江陵市内的弘济洞，所以在漫长的祭祀活动中，他们要先将城隍接到弘济洞住一段时间，到了五月初三晚上，浩浩荡荡的迎神队伍再将城隍夫妇接到"端午场"。初四开始，为期五天的祭祀活动正式拉开帷幕，活动期间要举行数十场祭祀典礼，还有一系列传统游戏和巫俗表演、假面舞、农乐表演等。节庆最后一天，要将所有祭祀用品全部烧掉，然后将城隍夫妇恭送回各自驻地。图为五月初三将城隍夫妇接往端午场的迎神队伍。丁香摄，2017年。

八　"江陵端午祭"到底是怎么回事？

　　能拍案而起，大概都是因为激动，而理性的话语总是出现在激动过后。贺学君教授从韩国回来之后，沉默了一段时间，终于也写了一篇万言长文《韩国非物质文化遗产保护的启示——以江陵端午祭为例》，详细地追述了"江陵端午祭"的历史、流变、现状，以及韩国学者、江陵市政府为此而付出的长期而艰苦的努力。

江陵端午祭不是一天两天的节日庆典，而是一项时节性的漫长的民俗活动。其日程安排也很复杂。如从"迎神祭"算起，应该是连续五个昼夜（农历五月初三至初七）；如从"山神祭"起到"送神祭"止，则长达20余天（四月十五至五月初七）；如果从"酿神酒"开始，那就一月有余（四月初五至五月初七）。祭礼极其繁复，活动之多，难以胜数。

江陵端午祭萌生于何时，目前没有确切文字资料可证，但已知早在新罗时代就有了"端午节"。这一天，上自皇室，下至平民百姓，举国欢庆。为了祭祀山神、祈求丰收和安康，他们除了要举行各种大规模的巫术祭礼之外，还要举办假面舞剧、投壶、摔跤、荡秋千、长跪比赛、跆拳道比赛等多种多样的大型民间游艺活动。

江陵曾是古国的首都，当时有"舞天"的宗教庆典活动，端午是五月祈求丰收的播种庆典，十月是秋收的感恩节。江陵的端午祭除汇集国内所举行的各种传统习俗，还有属于自己的独特内容，是一种全民庆典活动。

当我们还在忙着"破四旧""移风易俗"的时候，韩国的非物质文化遗产保护工作就已经开始了。

1960年，韩国中央大学的任东权教授（韩国民俗学会前会长）在江陵的考察中发现，江陵端午祭规模宏大、特色鲜明，具有浓郁的地域特色，于是撰写了详细的调查报告，向韩国文化观光部申请确认其为"重要无形文化遗产"。但是，由于评委们对民俗文化的性质和重要性缺乏了解，并没有给出答复，于是任东权找评委们一个一个谈，反复游说。

这一漫长的游说持续了好几年，直到1967年，江陵端午祭才正式获得通过，被列为韩国第13号"重要无形文化遗产"。从此以后，江陵端午祭更加得以兴旺，并呈现出发展的势头，现在，端午祭已经成了江陵市旅游文化的最大亮点，每年吸引数百万韩内外游客前往参与祭典活动。

贺学君总结她在韩国的几点感受为：

1. 江陵端午祭是韩国自己的民俗节庆活动。

2. 江陵端午祭是在历史发展中按民众的需求不断演变着的民俗活动。

3. 政府的有效管理，是传统文化得以保护与传承的制度保障。

4. 民众的自主参与是民俗事项"活着"的主体保障，也是其根本标志。

5. 民俗学者在文化遗产保护传承中起着不可替代的作用。

6. 区别"保存"与"保护"，积极开拓"保护"空间，是传承和创新的关键。"保存"以"存"为目标，"保护"以"养"为目标。而正确认识这一点，首先需要找准它的"根"，江陵端午祭的"根"，乃是贯注着该地区民众共同信仰的那些基本的祭祀礼仪。

7. "我们无法强求子孙无条件地接受传统价值和生活，但应该让他们体验过去，并给予（甘心）继承的机会。"①

图1—4   江陵端午祭中的祭祀仪式保存了完整的形式和内容，是江陵端午祭的核心。农历五月初四至初七早晨，韩国江陵市举行朝奠祭，在端午祭坛向城隍神行祭祀大礼，以祈福家庭、地域和平。图为2016年6月9日农历五月初五，朝奠祭正在举行。摄影：陈尚文，2016年。

① 贺学君：《韩国非物质文化遗产保护的启示——以江陵端午祭为例》，《民间文化论坛》2006年第2期。

九　学者怎么说?

看完了媒体、"愤青"与地方官员们的表演,我们再来看看学者们是如何看待"端午保卫战"的。

这下该轮到中国民俗学会理事长刘魁立教授出场了。这几年,刘魁立与冯骥才一道,一直在积极地推动着中国非物质文化遗产的保护。与其他文化人不大一样的是,刘魁立主要是一位理论家,而不是游刃有余的社会活动家。"端午保卫战"打了一年多,刘魁立始终三缄其口,但私底下,他一直在关注和思考着。

刘魁立提出的问题是:"端午节"与"端午祭",是"一回事"还是"两回事",这很重要吗?就算韩国的端午祭与我们的端午节是同一回事,他们有资格申报人类非物质文化遗产代表作吗?

刘魁立给出的答案是:即便江陵端午祭与中国端午节是同一回事,他们也有资格单独申报,只要江陵端午祭本身是具有保护价值的人类非物质文化遗产。

早在"端午保卫战"之前,国内的各地方势力就已经为了诸如"梁祝故里""董永故里""牛郎织女传说起源地""某某之乡"之类的所谓"文化名片"打得头破血流。刘魁立曾经在几次会议中对这一现象发表过意见:

> 非物质文化遗产尤其是口头文化遗产,具有"广泛性"和"共享性"的特点。作为一个多民族国家,我国的情况就更是如此。我们要特别关注中国多民族的历史和现状对口头和非物质文化遗产的影响。许多口头和非物质文化遗产不是特定民族、特定地区、特定群体独创或独享的文化……无论是出于什么样的考虑,文化保护的过程都不应成为文化垄断的过程……不能把民族团结和人类交流的凝合剂变成影响团结交流的障碍。①

---

①　刘魁立:《非物质文化遗产及其保护的整体性原则》,《广西师范学院学报》2004 年第4 期。

保护非物质文化遗产，其目的就是为了人类多样性文化更好的生存和发展。如果保护变成争夺、变成垄断、变成影响社会和谐的障碍，那么，就与人类社会的主流意识形态背道而驰了。

而我们所谓的"端午保卫战"，只不过是把国内文化资源争夺的恶劣习气扩散到了国际社会，把内讧扩张成了外讧。

显然，闹剧的上演不仅不能为中国争得光彩，相反，恐怕得给中国的国际形象抹点黑。黑到什么程度？那得看闹到什么程度。

刘魁立在《关于非物质文化遗产保护的若干理论反思》一文中进一步指出：

> 文化遗产具有鲜明的共享性特点，可以被不同的社会群体甚至是不同的民族或国家所享用。正因为有了这种共享性特点，它才使我们的非物质文化遗产保护具有了重大意义，具有了世界意义。只有世界各国的优秀民族文化得到了充分的健康的发展，只有世界各国的政府和广大民众都对自己的优秀的文化传统加以认真的保护，才有人类文化多样性发展的前提和基础。①

其实，韩国江陵端午祭的申报并不影响我们继续过好自己的端午节，正如中国"少林武功"的申报并不影响印度的佛教徒继续他们的任何一项宗教事务。可是，许多"愤青"（包括许多教授级的"老愤青"）并不这么看，他们把韩国的申报行为引为中国的"国耻"，打着"爱国"的旗帜，借机发泄他们长期积压的各种不满情绪。

这种心态确实有点怪。一方面，他们很在乎国际社会的这个荣誉证书；另一方面，他们对于这张荣誉证书的意义和用途却一无所知。

真是"无知者无畏"呀。一群鲁莽而可爱的"爱国者"。

---

① 刘魁立：《关于非物质文化遗产保护的若干理论反思》，《民间文化论坛》2004 年第4 期。

图1—5　韩国端午祭成功"申遗"，应该视为对我们的激励，激励我们更好地保护文化遗产，意识到遗产保护的重点在于传承与弘扬。荆楚网"图说新闻"作者：谌若兰，2015 年。

十　谁和谁在合作干什么？

当今社会，所谓的热点新闻，能持续两三个星期就算了不得了。许多"愤青"也就图个热闹，发泄发泄。愤怒总是一时的，总不能天天活在愤怒中。媒体也忌讳在一个话题上停留太长时间——读者会产生审美疲劳的。

端午话题好不容易从众声喧哗中安静下来。

时间来到 2005 年的端午前夕，突然又生出一档子事来。对于猎奇的记者们来说，那真是柳暗花明，处处逢村。

"韩国将申报'端午节'作为本国非物质世界文化遗产"的消息曾在去年引起轩然大波。昨天下午，记者获悉：在农历五月初五端午节（本月 11 日）这天，中韩两国的民俗专家、学者将在北京举行研讨会，希望两国可以联合申报端午节为世界非物质文化遗产。

作为此次研讨会的与会民俗专家之一，北京市民俗专业委员会副主任高巍于昨天接受了晨报记者的专访。高巍向晨报记者透露："韩国民俗专家早在去年就表示了'联合申遗'的意向。"①

北京民俗学界的几位老先生，一下全傻眼了。不是大家都已经不提这茬了吗？怎么突然又跑出个联合"申遗"来了？大家不约而同地拿起电话机，互相询问：到底怎么回事？

"亚细亚民俗学会"韩国方面会长张正龙很快就知道了这件事，据说非常震惊，大概是有点不解或不满吧。张正龙专门委托该会秘书长打来电话，向"中国民俗学会"及"亚细亚民俗学会"中国方面负责人询问是怎么回事？

谁也不知道怎么回事，大家且静观其变吧。反正记者的话大都信不得。

自从去韩国看过之后，专家们心知肚明，中国端午节与韩国端午祭虽然名称相近，但当下内涵完全不同（追究历史上是不是曾经相同、有没有源流关系是没有意义的），根本不具备合作基础。

按照联合国教科文组织的程序规定，非物质文化遗产的申报工作应该由会员国政府职能部门来执行。这下怎么突然变成民间行为了？既然是民间行为吧，怎么中国民间文艺家协会、中国民俗学会都对此一无所知呢？

另一则报道似乎说得更详细点：

北京民俗专家向记者透露，端午节那天，北京民俗界的十几位专家学者将和韩国的民俗专家在北京召开研讨会。韩国的民俗学者将全面地介绍韩国"端午祭"的所有活动，并希望借助中国2000年的端午节历史底蕴，联合申报世界非物质文化遗产。中国专家表示，这个提议非常好，两国联合申报世界文化遗产已有很多成功的先例。中国也可以借鉴韩国经验，逐步恢复一些端午节的老传统，不要让

---

① 徐惠芬：《中韩拟联手端午节"申遗"》，《新闻晨报》2005年6月7日。

端午节成为"粽子节"。①

哦，原来只是个十几人的峰会，难怪大部分民俗学家都没有得到消息。当然，人数多少与会议的重要程度之间没有什么必然的联系，毛泽东会见尼克松，不也就是两个人的事吗？但世界却从此不一样了。

那么，这个研讨会又是什么级别的民俗学峰会呢？韩国方面来多少人呢？他们又是受谁的委托呢？

你看那记者描绘的，"韩国学者"俨然"小国"外交使节，一年前就开始提议了，今天才"有幸"得到中国方面的答复。而中国"民俗专家"（严格地说，应该是"北京市民俗学工作者"）的口气也颇有"大国学者"的领袖风范：你们的提议很好嘛，我们可以研究研究嘛，考虑一下嘛。

小道消息，据后来的一位民俗学同人透露，本次"大会"共有一名"韩国学者"参加，姓名不详。不是没有姓名，而是线人记不住，因为过去从未听说过这名"学者"，疑似北京某高校的韩国留学生。

十一　刘魁立为什么被声讨？

2005 年 11 月 24 日，对于岳阳市政府来说，无疑是这一年中最黑暗的日子之一。据联合国教科文组织官方网站当地时间下午 1 点 20 分发布的消息，由 18 名专家组成的联合国教科文组织国际评审委员会 21—24 日在巴黎联合国教科文组织总部召开评审会议，韩国江陵端午祭（Gangneung Danoje Festival，Republic of Korea）入选第三批"人类口头和非物质遗产代表作"。

这次给中国"愤青"上课的恐怕不只是韩国人了，来自世界各地的18 名专家共同给我们上了生动的一课，其中还包括一名我们自己的专家。【国际评审团由来自巴西、挪威、约旦、摩洛哥、法国、格鲁吉亚、墨西

---

①　张然：《中韩将讨论两国联合申报端午为世界遗产》，《北京娱乐信报》2005 年 6 月5 日。

哥、日本、斐济、马里、俄罗斯联邦、牙买加、坦桑尼亚、埃及、捷克、贝宁、葡萄牙、中国的 18 位专家组成。我国的音乐家和音乐学学者张振涛研究员成为 2005 年国际评审团新任命的 8 名专家之一，这也是中国学者首次进入该项目的国际评审团。】

国内媒体"首先"报道这一消息的是《北京晚报》的《端午节成韩国无形遗产》（2005 年 11 月 25 日），但这条新闻却是间接"转译"自韩国联合通讯的当天报道。结果连记者本人也没闹清楚这项重大文化遗产的准确名称，误将"人类口头和非物质遗产代表作"译成了"人类传说及无形遗产著作"。

我大学时考试作弊，偷看同桌的卷子，那家伙写错答案，错把第一题答到第二题上，结果第二天老师就来找我们，因为我也把第一题答到第二题上了。如果你也有这样的实践经验，你就能一眼看出所有媒体都在抄袭《北京晚报》，因为各大媒体全都一窝蜂地把"人类口头和非物质遗产代表作"写成了"人类传说及无形遗产著作"。不明真相的"愤青"看了，也许以为联合国在"人类口头和非物质遗产代表作"之外又发明了一个什么新的光荣称号呢。

尽管所谓的"端午之战"只是中国媒体和"愤青"共谋的一场"假想的战争"，但是，各大媒体炒作的焦点还是集中在"中韩端午节'申遗'之争以韩国的胜利而告终"。就差没把教科文组织的国际评审团描述成足球场上的"黑哨"。

天下不乱，何以新闻？结果出来之后，"搜狐网"专门做过一个网络问卷调查（调查结果截至 2006 年 3 月）。

题目 1：你认为中国的"端午节"和韩国的"端午祭"是一回事吗？

答"是"52.94%；答"不是"29.41%；答"说不清"17.65%。

题目 2：调查题目：你如何看待"端午申遗"之争韩国胜出？

答"太痛心了，完全不可接受"59.46%；答"人类共同的文化遗产，没必要斤斤计较"29.73%；答"无所谓"10.81%。①

媒体照例要"做"这个新闻，照例要请专家来说说话。如果专家识时务，就应该顺着"民心"大势，做一番"痛心疾首"的表演，可有些专家确实"不识时务"。

　　新京报：怎么看待韩国江陵端午祭"申遗"成功？
　　刘魁立：我想这不是坏事。从整个人类角度来看，文化是多样性发展的，每一个民族都要对世界文化发展做出自己的贡献。这应该受到赞赏，是人类文化互相交流的情况之一。
　　新京报：这件事发生以后，有国人感觉到自己的文化遗产、文化创作被别人"占有"了，似乎流露出不自信心态。
　　刘魁立：我们也应看到，文化遗产的共享对我们而言是一种荣耀。我们的文化产品被别人因袭、模仿甚至再创造，体现了我们对人类文化的贡献……
　　比如说韩国，首先他们承认这一岁时庆典起源当然是来自中国的传统文化，就是端午的时间框架的选择。在这个时候，我们心里默默地感觉到，我们所创造的文化，对于我们中国人认识事物、认识自然、认识人事很有意义。韩国接受了这些并作为自己文化符号体系中的一部分，难道我们觉得我们丢了什么东西吗？我们并没有丢呀。
　　…………
　　反过来说，我们自己的文化遗产，也有一些是借鉴外来民族的，比如说佛教以及藏传佛教，都是我们借鉴过来以后又做出自己民族的重要贡献，并不是说因袭过来，就没有自己新的创造。
　　这已经是我们自己的了，现在再不能说是外来宗教。这个道理是一样的。所以我说，文化从一个民族传到另一个民族，从一个历

---

① 搜狐旅游视点：《端午申遗之争的文化反思》，搜狐网—搜狐旅游，http：//travel. sohu. com，2006 年 4 月 1 日。

史环境转到另一个历史环境，从一个群体传到另一个群体，变异是必然的。

……马上要过圣诞节了，圣诞老人在我们的很多商店门口"站岗"，但并没有因为这个，芬兰人或者美国人就会表达他们的不满。所以我们需要更加宏阔的、更加长远的来看待这个问题。①

端午风波闹了快两年，窃以为这番说法是所有言论中最具反省精神、最理性的。但就是刘魁立的这一句"不是坏事"，又捅"愤青"马蜂窝了。

有个叫《爱国者同盟网论坛》的 BBS 上，"愤青"们对刘魁立实施了一番愤怒的声讨：

1. 同一天不会有两个端午节，源头本在中国，现在正宗的却在韩国，我们的端午节有其历史的、民族的、爱国的意义，现在成为世界的了，却没有这一意义，对中国怎能说不是坏事，看来专家的脑子真的进水了。

2. 自己民族文化遗产被别人抢了，居然还厚脸皮说是好事！！ 国人的耻辱啊！！ 这跟被别人往脸上打了一巴掌，还说：其实是好事，正好促进面部血液循环。

3. 如果现在日本打进来，汉奸会比以前更多得多。

4. 中国企业将来做的粽子，都不能叫做端午节食品了，否则要向韩国拿许可证。这里隐藏着巨大商机。悲哀！赶快申请春节吧，否则中国连年都过不了！！

5. 我恨哪！！！！！！！！！！！！！ 现在的专家还有几个是替国人说话的！！！！！！！！！！！！②

以上只是摘了几句相对比较"文明"的愤语，还有更多难听的脏话，

① 陈宝成、苏婧：《韩国端午祭成功申遗的文化传承之思》，《新京报》2005 年 12 月 4 日。引用有删节。

② 佚名网友：《中韩端午节申遗之争韩国获胜，中国专家称非坏事》，爱国者同盟网论坛—上海网友区，http：//bbs. 54man. org，2005 年 2 月 8 日。

为了不引起国际争端和弄脏了我的键盘，这里就不摘引了。

不知道是哪个好事者把这个网站告诉了刘魁立先生。刘先生很紧张地跑到该"论坛"看了半天。一个理智的老人，像小学生第一次受到老师批评一样，反复地躬身自问：难道我有什么错吗？

如果不是刘先生错了，那是谁错了？爱国有错吗？

爱国没错。但是，许多丑陋和无知，正以"爱国"的名义横行霸道。

图1—6　被声讨的刘魁立教授在山东沂源考察牛郎织女传说流传地。施爱东摄，2005年。

十二　喊哑了"端午",接着我们喊什么?

与韩国江陵端午祭同时入选第三批"人类口头和非物质遗产代表作"的,还有我国"新疆维吾尔族木卡姆艺术"(The Art of Chinese Xinjiang Uyghur Muqam, China)和"蒙古人的传统民间长调"(Urtiin Duu-Mongolian traditional folk Long Song, Mongolia and China, 系蒙古和中国联合申报项目,不占名额)。

但是,我们有几个人关心过自己的木卡姆和蒙古长调呢?当天夜里只有新华网给予了不痛不痒的一点报道,其他大型媒体甚至都有不同程度的延迟反应。其后,绝大多数的网民也都对此漠不关心。我们自己碗里有什么,我们不清楚,也不关心。我们只会盯着别人的碗。别人吃上了肉,我们心里就是不痛快。

对于我这种只会看热闹的人来说,觉得最不过瘾的,是岳阳市政府居然没有再来点精彩片断。比如,某位市领导来个引咎辞职什么的,然后,老百姓沿街送上两把万民伞什么的,把古老的传统文化重新演绎一下。

不过,只要你抱定了看戏的态度去体味社会人生,处处都能看出戏来。

接下来上演的这一出戏,叫作"保卫春节"。

先是在 2005 年 12 月 31 日,"中华人民共和国文化部网"公示了"第一批国家非物质文化遗产名录推荐项目名单"(501 项)。点开"名单",赫然出现"春节""二十四节气"这样的条目。

保护春节?春节也要保护?这话听起来就像一个女人"莫须有"的唠叨:孩子,出门时一定要记得用脚走路啊!春寒时节一定要记得穿点衣服啊!蹲完马桶千万别把裤子落在洗手间了!

好吧,就算春节确实需要保护,那又如何保护呢?总不成由国家机器发布命令,每家过年必须吃十斤腊肉、包二十斤饺子、放五串鞭炮、游一次花灯、磕三个响头、作一百个揖、收发五十人次红包吧?

几个民间文化工作者坐在一起聊了半天,谁也弄不明白这春节该如何保护。可是，终于有一些识时务的俊杰之士，在春节即将来临之际，呼应文化部的号召，响亮地喊出了"保卫春节"的口号，掷地有声地抛出了一份《保卫春节宣言》：

> 我们的春节会丢失吗？
>
> 我们会过年吗？
>
> 我们到哪里过年？
>
> 我们还会磕头、作揖吗？
>
> 过年是美好的记忆。
>
> 家庭旅馆化现象越来越严重，人们找不到家去过年；建设民俗社区，恢复传统礼仪是和谐社会的最有效、最直接的文化保障。
>
> 我们不能在春运期间降低票价，甚至为学生和民工减免票价吗？
>
> 保卫春节，就是保护国家民族文化安全，具有重要的战略意义。
>
> 在全国乃至全球范围内争取更多的人们保卫春节，将其纳入申报世界口头和非物质遗产，应该是我们当代人的文化使命！①

多么响亮，多么激昂。看官注意比较，文化部的"非物质文化遗产名录推荐项目"还是显得过于谨慎了些，他们的思想水平还只停留在"推荐"层面，这哪有"保卫"来得威武、雄壮、有气势？加上一个后缀——"宣言"，就更加具有了不同凡响的文字威力。

不过，既然上升到了"宣言"的高度，文字表述似乎可以更准确些。比如，可以把"世界口头和非物质遗产"这一自创的业余概念置换为"人类口头和非物质遗产"这一具有重大理论意义的专业术语，以便让联合国教科文组织的人认得出来，这里要"保卫"的文化跟他们想"保护"的文化是同一档子事。

另外，这个"为学生和民工减免票价"的呼吁听起来有点怪，倒不是计较"免票价"一说在语法上有什么怪异，而是整个句子让人读出了"我请客，你买单"的意思。

---

① 高有鹏：《保卫春节宣言》，《河南大学报》2006年3月1日。

春运期间把票价涨成那个样，火车站况且人山人海，售票窗口况且挤破脑袋，车厢门上况且还吊着几个乘客死活不肯下来。若是降低票价，鼓动起所有离乡的人们都得赶在年前回到老家，那多出来的数以百万计的乘客，你是准备把他们都摞到车顶上踩实了运回家呢，还是做成压缩饼干运回家？

这种"宣言"除了让"黄牛党"的生意更加火爆，让春运事故更加频繁，就只剩了一个好处——让我们的《宣言》作者得到更多的掌声。

据河南大学校园网上一条消息：

> 2005 年 12 月 13 日晚 7 点，河南大学黄河文明与可持续发展研究中心三楼会议室，座无虚席，掌声阵阵。黄河文明与可持续发展研究中心副主任高有鹏教授给全校师生作了题为《保卫春节》的学术报告会。①

这个报告会所引起的轰动决不止是校园内的那点掌声，高教授的《宣言》迅速被各大网站转载，许多报纸也力图把这一话题进一步做大。对于追逐热点的媒体新闻来说，伊拉克战争打完了，芙蓉姐姐看腻了，韩剧的套路也被大家摸熟了，来点"人文关怀"是很有必要的。据河南《大河报》报道：

> 中央电视台 10 套非常有名的文化栏目《百家讲坛》也将镜头对准了高有鹏教授，在其春节特别节目《过年》中高教授将讲述"春节"。这个专题将于 1 月 28 日中午 12 点 45 分播出。这场争论也引起了国际关注，宣言公布后不久，法国国际广播电台经多方打听得到了高教授的联系方式，通过越洋电话对他进行了专访，访谈内容将于正月初七向全球 100 多个国家和地区广播，题目是"春节：中国

---

① 记者：《站内新闻》，河南大学黄河文明与可持续发展研究中心网站，http://yrcsd.henu.edu.cn，2005 年 12 月 15 日。

对于世界的意义"。①

其实，春节对于中国人来说，好似冬日里的阳光——保卫也是这么多，不保卫也是这么多。并不因为你高喊"保卫阳光"，太阳就会多发一份光给你，也不因为你不喊"保卫阳光"，太阳就熄灭了它的光芒。大家该干嘛还干嘛。

十三　怎样做一个大国公民？

当我们高喊着种种"保卫"口号的时候，我们大约是基于这样一种心态：

1. 我们家祖上的东西是最好的。

2. 我才不玩你家的芭比娃娃。

3. 你也不许学我玩陀螺。

4. 陀螺是我的传家宝，是我的生命，我一定要年年玩，月月玩，天天玩，而且我永远也玩不腻。我宁愿不上课，我也要在家玩陀螺。

是啊，陀螺如何继续玩，确实是个问题。故事讲到这里，你别再追问结果了，不会有结果的。社会现象不是数学题，没有对错标准，所以也就没有标准答案。

故事似乎该结束了，因为接下来的事情还没发生呢。我无法预测下一出闹剧将由谁、在哪里、以什么形式来开场，但我知道，所有的由"口号"与"口水"演出的闹剧，最后都将不了了之，没有任何积极的成果，只会是"竹篮打水"。

一般故事讲完了，故事讲述人都要微言大义一下。本来我也想在故事结尾的时候，画几条蛇足。但是，某一天在网上闲逛，突然看到时任外交学院院长吴建民的一篇稿子，题为《中国摒弃弱国心态还有长路要走》——他居然使用了"弱国心态"这么"恶毒"的词汇。

----

① 佚名：《河南大学教授的"保卫春节宣言"引起多方关注　民俗学家高有鹏央视开讲"春节"》，《大河报》2006 年 1 月 24 日。

什么是"弱国心态"？据吴建民说，第一是喜欢夸大自己的成就和优点；第二是不喜欢提及自己的缺点和不足，第三是很介意别人的表扬和批评，不能冷静进行反思。吴建民还说，"弱国心态"本质是缺乏信心。

看了吴的文章，我愣了半天说不出话来——我想说的，大都被他说掉了。无奈"眼前有景道不得，崔颢题诗在上头"。

既然吴建民把我想说的话都说掉了，那么，得罪人的事也就顺手推给他算了。"愤青"的砖头尽管朝他扔去——他目标大，容易扔得准；我目标太小，把我打肿了，会造成与"愤青"本意相反的效果。

吴建民的文章很好读，本来想全文照录，又怕版权官司。想了半天，还是掐头去尾剪贴一番，这叫"引用"，据说是一种"正常"的学术行为。

> 弱国心态对正在发展的中国危害很大。它的危害可以用"害己害人"四个字来概括。
>
> "害己"，首先是这种心态会增加中国在前进道路上的阻力和困难。
>
> 中国走的是一条和平发展的道路，这条道路与历史上大国崛起的道路全然不同。世界对于历史上那些大国崛起带来的腥风血雨依然记忆犹新，有些人担心中国会重蹈历史上大国崛起的覆辙。
>
> 弱国心态会使我们骄傲自大、固步自封，使我们失去朋友，增加中国发展过程中的艰难险阻。弱国心态使得我们不能全面看待自己，容易浅尝辄止，鼠目寸光。
>
> "害人"，弱国心态容易伤害别人，不能平等待人，不必要地激化矛盾。
>
> 弱国心态说到底是缺乏自信心，不能全面、客观地看待自己、看待世界，是中国过去屈辱的历史所造成的。
>
> 要摒弃弱国心态，我们还有相当长的一段路要走，而且，要克服它也并非是一件容易的事情。为此，就需要实事求是地认识自己，认识世界，认识弱国心态的危害，鼓起勇气去克服前进道路上的困

难，这样才能逐步摒弃弱国心态。①

吴建民多狠呀，他居然说中国是"弱国"，还说我们的民族同胞"鼠目寸光"。

据说在2006年3月初世界知识出版社举办的一次"世界知识系列讲座"上，吴建民、龙永图与沈国放三个人一唱二和，大长了别人志气，灭自家威风，殊为"可恶"。

首先，吴建民自曝家丑提出了"弱国心态"的概念。

其次，沈国放居然说，强硬并不一定意味着爱国。他说必须懂得哪些原则应该坚持，哪些应该灵活，哪些应该妥协。龙永图附和说：在谈判中姿态强硬最容易，而妥协意味着要准备很多方案，就很困难了（"投降派"居然比"战士"还难当，你听这话说的）。

接着龙永图提出一个问题："在经济全球化时代，怎样做一个大国公民？"

不过，在回答龙永图的问题之前，我们可以先问一下，什么叫"大国公民"？

接着我们还可以继续向上追问，什么是"大国"？

转个弯再问一下，龙永图已经自认中国是"大国"了吗？

但吴建民明明说我们是"弱国"呀。

或者说，吴氏加龙氏的命题之和为"我们其实已经是大国了，但我们的心态还在弱国，所以，我们应该抛弃弱国心态，趁早进入大国境界"。如果真是这种意思，那就更加阿Q了，这与吴氏文章中所着重强调的"韬光养晦"不又背道而驰了吗？

如果我们本来就还是"弱国"，我们的问题就应该这样来提：

"作为一个社会主义初级阶段的发展中国家，我们应该怎样做一个'弱国公民'？"

绕得我自己都糊涂了。还是大家一起来想想怎么问怎么答吧。

---

① 吴建民：《中国摒弃弱国心态还有长路要走》，《中国青年报》2006年3月21日。引用有删节。

　　至于"保卫"这个"保卫"那个的事，还是让"城管"和"保安"们去干比较合适，要是他们干不了，还有"警察叔叔"呢。

　　（本章原题《从"保卫端午"到"保卫春节"：追踪与戏说》，原载《民族艺术》2006年第2期，收入本书有修订。）

附录　"愤青"永远操用正面大词

　　【萨支山（中国社会科学院文学研究所）】"保卫端午"是一个很有意思的话题，爱东把它定位为一出闹剧，这样，他就能很好地解构"愤青"的民族主义情绪，这是他这篇文章巧妙的地方。另外，我还想谈谈"愤青"这个概念。我不是很清楚这个词是怎么来的，好像近十来年突然就成为一个流行词了。以前这个词好像更多地是用在对于体制的对抗上。也有一种过时了的愤怒，好像时代朝前走了，你落在后面，就开始愤怒。我这么说是因为20世纪八九十年代的社会转型导致了人们的心理失衡。

　　【杨早（中国社会科学院文学研究所）】1980年代的确"愤青"辈出，但那是一个时代的情绪，到了1990年代，"愤青"就变得更特出，也更像姿态。也有种说法叫"抗议青年"。总之，"愤青"现在被定义为有价值判断而缺乏理性基础的群体。之所以爱东可以用"闹剧"来解构"愤青"，就是因为"端午事件"非常贴切地证明了这种愤怒的非理性特质。

　　【萨支山】"愤青"最主要的价值立场是什么呢？——除了民族主义。

　　【杨早】我认为是"对现实不满"和"偏好负面想象"。比如，让韩国"抢走"端午节的想象非常契合弱国心态，直接对应1980年代的"球籍恐慌"。"愤青"给人的印象其实是"脆弱"。

　　【萨支山】还是可以好好分析一下"愤青"的心态。我有时候会留意军事论坛，发现里面的"愤青"非常多，非常热衷于讨论中国的军事实力如何如何。还在假想中国如何称霸世界。

　　【杨早】我觉得"愤青"心态可以一直追溯到清末，如陈独秀等激进启蒙者。这与义和团运动不同，启蒙者们已经开始有了对外部世界的完整想象。

【萨支山】"愤青"现在对外部世界的想象是从哪里来的？从外在知识的源头来说，一是国家利益，一是冷战思维，一是现实的国际政治。

【杨早】我认为他们的外部想象来源于：一是现实与理想的落差；二是对历史和世界的一知半解；三是救世情怀。"一知半解"很重要，只有一知半解，才会把什么事都说得小葱拌豆腐——一清二白。所以"愤青"的心态幼稚而单纯，而这种心态很容易为媒体迎合和利用，从而构成舆论暴力。鲁迅曾经谈到，中国人有一种"想象的自大"，我觉得这是"愤青"的基本心态。

【萨支山】对，想象的自大，其实这种心态是儿童心态。儿童最喜欢的一个游戏就是做白日梦。除了"愤青"，爱东这篇文章还提到一个有意思的地方，就是当地政府的角色。我不知道这里面有没有经济利益？

【杨早】肯定有呀，有形的和无形的都有。地方政府总是很容易把"申遗"变成一种"形象工程"和"文化搭台，经济唱戏"。

【萨支山】而且这么个关心法，还可能搞出很多伪民俗。最终也会搞得像张家界民俗风情那样的不伦不类。话说回来，"愤青"就那么关心民俗么？

【杨早】当然不是，只是带动了一种对现实不满的情绪。如果没有韩国为端午祭"申遗"这个因素加入，"愤青"大概也激动不起来。

【萨支山】所以这里和民俗本身没有太大的关系，是"愤青"先有个立场、有个现成的对立情绪，然后不管针对什么事情，他的态度都是既定的。还有一个问题：就是我一直有这么个感觉，那是从国内一些网民对姚明的态度里发现的。一方"姚蜜"，一方"姚黑"，他们会对姚明有那么鲜明的对立的态度。"姚黑"们把姚明说得非常差，到处挑他的毛病，认为他是被夸大的、虚拟的英雄。其实看姚明是很容易的，要做到理性评判是一件很简单的事，只要一般智商都能达到。可是我看他们在那里吵，一开始感觉很愚蠢，后来觉得事情可能没有这么简单。这里恐怕有一些游戏的成分？

【杨早】通过打击公认的偶像来达致一种高大的自我想象？这么说很像"愤青"。"愤青"就喜欢全盘否定，如对政府，对媒体，对他们看不顺眼的一切。

【萨支山】所以我就想，一般来说，只要懂得一点篮球的人，都会对这种武断的想法很不屑。那么他为什么会这么武断呢？这里可能就有故意的成分了。

【杨早】有吸引眼球的考虑。我以前在一篇关于房价的文章里提到"只有最极端的言论才会最大限度吸引公众注意"。这包括网络用语，动不动就"泣血跪求""冒死爆料"。"愤怒"是"愤青"的通行证。

【萨支山】哈哈，那么这个就不仅仅是非理性的问题了。

【杨早】还有姿态问题。我前面说了，1980 年代的"愤青"比较真诚和单纯，现在则更像一种姿态。正义、公平、环保、健康、拯救、保卫……都是他们喜欢的大词。

【萨支山】还有爱国。他们永远操用一些正面的大词，其实是价值混乱，左的右的都有。

【杨早】包括对历史的质疑和再质疑，2005 年北大 BBS 上有一场关于"三年自然灾害"死亡人数的讨论，看得我头皮发冷。起因是一个小孩不相信那三年每个月死多少万人，他要求大家用具体事例向他证明，比如，谁家里死人了？跟帖的基本也是这种意见，基本上对历史没有任何认知，就是根据他们的所谓"常识"。只要一种意见成为主流，就会成为"愤青"颠覆的对象。比如，对鲁迅的颠覆，"揭秘"鲁迅如何"亲日"，如何在国家存亡关头还反对"国民政府"之类。我曾听一位老师说过，"打名家"和"做翻案文章"，是成名的不二法门。"愤青"喜欢走的也是这两条路。

【萨支山】"愤青"流行与网络的发达关系密切，信口开河、剑走偏锋是网络论坛的常见现象。

【杨早】嗯，比如关于陈凯歌的"馒头事件"，陈凯歌无疑是有问题有缺点的，可是众口一词的批判，把陈凯歌说得一无是处，也让人很担心。反正极端的说辞总比中庸的评论讨喜。

【萨支山】我觉得这些问题里面好像还有很复杂的东西。包括对"超女"和芙蓉姐姐的态度，都可以从这里进行解释。就是说，他们对于胡戈的态度，并不是因为胡戈的东西有多好，只是因为他和陈凯歌杠上了。

不喜欢陈凯歌的人是拿胡戈作品来作为他们反对陈凯歌的一种工具，所以会无条件地站在胡戈一边，反对陈凯歌。

【杨早】对呀，有人代表文化场的弱势者挑战权威，这真是网络最热爱的新闻。

【萨支山】再比如，芙蓉姐姐和所谓的"芙蓉教"，"芙蓉教"对芙蓉的态度，并不是因为他们真觉得芙蓉姐姐有多好。只是借芙蓉姐姐来颠覆一些传统的审美习惯。而媒体的介入，又使事件更加复杂化。还有一点就是：偶像的概念已经变了。以前偶像都是别人给我们塑造的，是我们用来崇拜的。可是现在偶像可以自己制造，可以用很真诚的方式来搞笑。这不是说他们对偶像有多尊重，而是在塑造的过程中他们发现了自己的力量。这是个滑稽模仿的过程。

【杨早】正因为芙蓉姐姐代表了"非主流"，所以受到追捧。如果芙蓉姐姐是由"春晚"推出的，就一定会被骂死。可是，他们的偶像制造流程仍然无法颠覆既有的模式。比如，"超女"的制造，走的仍然是传统的设置和包装一路。

【萨支山】本质上还是在既有的规则内玩，他们无法颠覆这个规则。

第 二 章

两个联合国专门机构的两套文化保护观

——"非物质文化遗产保护"与"民间文艺作品著作权保护"的内在矛盾

导读

　　20 世纪 60 年代以来，国际社会就开始关切经济欠发达国家及其土著居民关于文化主权与身份认同方面的精神诉求及知识产权诉求，由此发展出对于民间文化的两种保护行动，一是民间文学艺术作品著作权保护，一是非物质文化遗产保护。两种保护公约的制定，分属于两个不同的国际组织，前者属于"世界知识产权组织"（WIPO），后者属于"联合国教育、科学及文化组织"（UNESCO）①，但两者又同为联合国专门机构。

　　著作权保护是基于"私有制财产"理论建立起来的保护制度，非物质文化遗产保护是基于"人类共同遗产"理念发展出来的保护制度。前者在条款草案的推进中不断受到质疑，经过五十多年的论辩，进展极其缓慢。后者在民俗学者和人类学者的推动下，甩开知识产权的包袱，很快成为席卷全球的非物质文化遗产保护风潮，大大地促进了全球文化多样性的尊重和保护。

---

　　① 为了节省篇幅，本文涉及该组织名称时，均用其英文缩写 WIPO 及 UNESCO。

一　民间文学艺术作品的基本特征

在讨论保护之前，我们先要明确保护的对象是什么，即"民间文学艺术作品"指的是哪类作品。WIPO 的诸多表述中最新最简洁的表述是："传统文化表现形式包括各种动态的形式，在传统文化中创造、表现和表示，是土著当地社区和其他受益人集体的文化与社会认同的组成部分。"① 但是国际社会并未对这一概念形成共识，各国都是根据本国具体情况各自认定。

民间文学艺术作品与非物质文化遗产都是民俗文化中的主体成分，但是由于非物质文化遗产的外延大于民间文学艺术作品（也可以认为民间文学艺术作品从属于非物质文化遗产），为了保障论述的针对性和有效性，以下讨论主要从民间文学艺术作品的角度展开，涉及非物质文化遗产的讨论，也特指其中的民间文学艺术作品。

另外，依据 WIPO 秘书处文件："'传统文化表现形式'和'民间文学艺术表现形式'被当作同义词使用，可以互换，可以简称为'传统文化表现形式'，英文常用缩写为'TCE'。"② 所以，本文引述中无论说到"非物质文化遗产"还是"传统文化表现形式"，均可替代为"民间文学艺术作品"（TCE）。

我们通常所说的"民间文学艺术作品"，泛指一切由民间艺人、文艺爱好者，或者普通群众创作、表演的，具有一定地域特色或族群特色的，可以不断重复生产的，非个性化的文学艺术作品。但是我们所讨论的保护对象没有这么宽泛，根据《民间文学艺术作品著作权保护条例》（简称《条例》），所有能够指认具体创作者、操作者或表演者的文学艺术作品，比如你从李大娘那里买来的剪纸，我从张大爷那里听来的故事，都不在《条例》的保护范围之内。《条例》所保护的"民间文学艺术作品"，特

---

① WIPO：《保护传统文化表现形式：条款草案》，文件编号 WIPO/GRTKF/IC/34/6，2017 年 3 月 14 日。

② WIPO：《知识产权与遗传资源、传统知识和传统文化表现形式重要词语汇编》，文件编号 WIPO/GRTKF/IC/34/INF/7，2017 年 3 月 2 日。

指那些找不到具体创作者或执行者的，"由特定的民族、族群或者社群内不特定成员集体创作和世代传承，并体现其传统观念和文化价值的文学艺术的表达"①。

这一表述在国家版权局的另一份文件中阐释得更为清晰。文件认为，民间文学艺术作品的特殊性具体表现为四个"性"：（1）来源的确定性，即民间文艺作品一般能确定来自某特定的民族、族群或社群；（2）主体的群体性，即创作者往往是一个群体，无法确定到具体的创作人；（3）创作的动态性，即作品在创作流播过程中一直在进行程度不同的变化和改动；（4）表达的差异性，即同一民间文学艺术作品在其被表现、呈现或者表达时存在程度不同的差异性②。

结合民间文学的"四性特征"，我们可以将"民间文学艺术作品"的基本特征进一步展开为如下五点：

（1）创作主体的集体性。其创作者和传承者不是特定的个人，无法像一般作品那样落实具体的创作主体，因此，也无法明确具体的权利人。

（2）创作和流传的动态性。民间文艺作品的创作流播是变动不居的，在传播和流传过程中一直会有程度不同的变化和改动。

（3）表现形式的口头性。民间文艺作品多为口传心授，记忆保存。

（4）作品内容的变异性。民间文艺没有固定的脚本，可随机变异，同一民间文艺作品在不同的表现场合总是存在程度不同的差异性。

（5）超越时空的共享性。民间文艺自古以来就是一种全民共享的文化形态，可以为不同的社会群体甚至是不同的民族或国家所享用。

二　著作权角度的"保护"（Protection）

著作权属于无形财产权，具有知识产权的一般属性，而知识产权制

---

① 国家版权局：《民间文学艺术作品著作权保护条例（征求意见稿）》，中华人民共和国国家版权局官网，http://www.ncac.gov.cn，2014年9月2日。下文对《条例》的引文均出此处，不再逐一标注。

② 国家版权局：《关于〈民间文学艺术作品著作权保护条例〉（草案）的说明》，《民间文艺著作权立法资料汇编》，国家版权局印制2014年版。

度是基于私有制财产理论而建立起来的一套资源分配制度，也就是说，知识产权先验地预设了所有创造性的劳动成果都是一种私有财产。"各国著作权法都规定，著作权具有财产的性质，作者对其创作的作品享有财产权利，即作者可因其作品的使用获取一定的经济利益。"①

作为财产权的著作权具有明确的独占性和排他性，以及市场经济的商品属性，表现为未经作者或作者代理人同意，其他任何人不得控制或使用其作品，否则就会构成侵权行为，需要承担侵权责任。著作权法是一种私法，用以规范因作品的创作、传播等而产生的财产关系和人身关系。针对民间文学艺术作品的著作权保护，WIPO 解释为："'保护'倾向于指保护传统知识和传统文化表现形式反对第三方某种形式的未经授权使用。"②

图2—1　1974 年成立，总部设在日内瓦的世界知识产权组织，是联合国组织系统中的 15 个专门机构之一。

---

①　冯晓青：《著作权法》，法律出版社 2010 年版，第 6 页。
②　WIPO：《知识产权与遗传资源、传统知识和传统文化表现形式重要词语汇编》。

　　所谓"民间文学艺术作品著作权",是一个新兴的法学概念,是发达国家与欠发达国家之间政治博弈的产物。要理解这个问题,必须对概念生产的国际背景有所了解。

　　1960 年代起,非洲掀起独立运动高潮,刚刚摆脱殖民统治的非洲国家为了争取确认其文化身份,进而确立其政治身份,纷纷颁布了本国的知识产权法律。可是,发达国家几乎垄断了所有高新技术的知识产权,依据既有的知识产权制度,非洲国家几乎注定了只有向发达国家交钱的命运,于是,他们开始向国际社会提出自己的知识产权诉求。1963 年,WIPO 和 UNESCO 在布拉柴维尔举办了一次非洲知识产权工作会议,有代表特别提出:"《伯尔尼公约》应当包含'保护非洲国家在民间文学艺术领域的利益的特别条款'。"[1] 接着在 1967 年召开的斯德哥尔摩外交会议上,WIPO 开始认真考虑该项提议,并将之纳入会议议程。

　　《伯尔尼公约》第 15 条是关于作者身份认定的条款,1971 年公布的新增第 4 项是这样表述的:"对于作者不明的未发行作品,如果有充分理由推定作者是本联盟一成员国国民,该国的法律可以指定一主管当局作为作者的代理人,并有权在本联盟成员国保护和执行作者的权利。"[2] 这一经典条文中虽然没有出现"民间文学艺术"一词,但它被默认是用于处理民间文学艺术作品的著作权保护。由于该条款并没有提出具体的认定标准和实施方案,因而在实践中并没有什么实际效用,它的意义只在于从认识上承认了民间文学艺术理应得到保护。即便如此,我们依然认为非洲代表的努力是取得了成效的。

　　在接下来的 1978—1982 年,WIPO 和 UNESCO 曾多次召开会议,研究民间文学艺术保护的国内选择示范条款草案,以及运用国际手段保护民间文学艺术的可能性,最终在 1982 年形成了《保护民间文学表达形式、防止不正当利用及其他侵害行为的国内法示范法条》。

　　不过,几乎所有的欧洲国家以及其他地区的发达国家如美国、俄国、

————————

　　① Slike von Lewinski 编著:《原住民遗产与知识产权:遗传资源、传统知识和民间文学艺术》,廖冰冰、刘硕、卢璐译,中国民主法制出版社 2011 年版,第 323 页。

　　② 刘波林译:《保护文学和艺术作品伯尔尼公约(1971 年巴黎文本)指南》,中国人民大学出版社 2002 年版,第 146 页。

日本、韩国、澳大利亚、加拿大等，都不认为需要对民间文学艺术进行立法保护。民间文学艺术通常被认为是公有领域的一部分，不能视作个别群体的私有财产。而从欠发达国家的一面来说，随着他们对于国际间游戏规则的日渐熟悉，逐步认识到只要多国联手，反复申诉，任何"平权"诉求都有机会取得成果。从 1970 年代开始，一些欠发达国家反复地向 WIPO 提交文件，希望促成民间文学艺术作品的国际保护，同时在国内立法中订立了保护措施。

1999 年，WIPO 先后与非洲国家、亚太地区国家、阿拉伯国家、拉丁美洲国家联合举办了"保护民间文学艺术表现形式的地区咨询会议"。反复磋商的结果是一个崭新的永久性组织的成立——2000 年 9 月，"世界知识产权组织关于知识产权与遗传资源、传统知识和民间文学艺术政府间委员会"（IGC）诞生。该委员会主页的介绍为："WIPO 知识产权与遗传资源、传统知识和民间文学艺术政府间委员会正在根据其任务授权进行基于案文的谈判，目标是议定一部或多部国际法律文书的案文，以确保传统知识（TK）、传统文化表现形式（TCE）和遗传资源（GR）得到有效保护。"①

政府间委员会从 2001 年开始，平均每年召开两次会议，其主要目的是制定一部或多部国际法律文书，实现对传统文化表现形式和传统知识的有效保护，并处理遗传资源获取和惠益分享中的知识产权问题。截至 2017 年年底，该委员会已经召开 34 次会议，形成了一大批诸如《保护传统文化表现形式/民间文学艺术的政策目标和核心原则草案》《保护传统文化表现形式/民间文艺表现形式：经修订的目标与原则》《保护传统文化表现形式：差距分析草案》《保护传统文化表现形式：条款草案》《关于观察员参与知识产权与遗传资源、传统知识和民间文学艺术政府间委员会工作的研究报告草案》等草案文件，还有数百万字的工作文件，以及会议论辩纪要。

可令人遗憾的是，这些文件越分越碎，一次又一次地反复修订，进展却极其缓慢，共识也越来越少。发达国家与欠发达国家在具体条文上

很难达成共识，本该 2015 年召开的第 29 次会议拖到 2016 年才得以召开①，会议重启之后，各项条款和实施方案几乎没有任何实质性的进展。

从现有的、历经反复修订依然无法定稿的 WIPO《保护传统文化表现形式：条款草案》来看，可以将民间文学艺术作品著作权保护方案大致区分为"积极保护"和"防御性保护"两个方面。

积极保护的条款又包括了两个方面。一是在明确了著作权人的前提下，防止第三方的未授权使用："（a）防止其传统文化表现形式被盗用和滥用/冒犯性和诋毁性使用；（b）在必要时控制以超出习惯和传统范围的方式使用其传统文化表现形式。"二是促进著作权人或传统社区的获利使用："（c）在必要时依据自由事先知情同意或批准和参与/公正和公平的补偿，促进公平补偿/分享因使用这些表现形式而产生的利益。"② 比如，著作权人可以利用这些民间文学艺术作品建立自己的文化企业，或者从他人的获利性使用中分享版权利益。

防御性保护主要是指"防止对传统文化表现形式授予错误的知识产权"。"防御性保护指一套策略，用以确保第三方不从传统文化表现形式、传统知识客体和相关遗传资源中获得非法的或无根据的知识产权。传统知识的防御性保护包括采取措施，事先阻止非法宣称先有传统知识为发明的专利或宣告其无效。"③

三　文化遗产角度的"保护"（Safeguarding）

与著作权的私有制保护理念相反，文化遗产强调了作为人类共同财富的一面，因而其保护也更强调全人类对于这些文化遗产的共同拥有、共同维护。不过，从历史上看，文化遗产角度的保护却又是在民间文艺知识产权保护的工作推进中逐渐分化、演进而来的。

UNESCO《保护世界文化和自然遗产公约》于 1972 年在巴黎会议上

---

① WIPO, "A snapshot of recent developments within the IGC," http：//www. wipo. int/tk/en/igc/snapshot. html.

② WIPO：《保护传统文化表现形式：条款草案》。

③ WIPO：《知识产权与遗传资源、传统知识和传统文化表现形式重要词语汇编》。

获得通过，"当时就有一些会员国对保护非物质遗产（虽然当时并未形成这个概念）的重要性表示了关注"①。1973 年，玻利维亚政府曾在其《关于保护民间文艺国际文书的提案》② 中，建议在 1971 年的《世界版权公约》基础上增加一项关于保护民间知识的条款。虽然该提案当时并没有被采纳，但正是在玻利维亚等国以及许多民俗学和人类学学者的推动下，UNESCO 于 1982 年成立了保护民俗专家委员会，设立了非物质遗产处（Section for the Non-Physical Heritage）。这一时期，UNESCO 对于民间文化的保护理念还是倾向于知识产权保护性质的，因而考虑与 WIPO 共同推进该项工作。

但是，随着民俗学和人类学学者的介入，以及非物质遗产概念的提出，UNESCO 进一步认识到了"民间创作在社会、经济、文化和政治方面的重要意义"③。尊重不同族群或社区之间的多样性文化，以及多样性文化之间的相互理解和欣赏，而不是彼此隔断、封锁，无疑有助于人类开展更为广泛的团结互助。相互理解基于相互交流，相互交流基于顺畅的传播渠道，在不断深入的讨论和反复推进的调查中，交流、传播、抢救、互惠互助的理念逐渐偏离了"知识产权"或"财产权""专享权"的预设轨道，民俗学、人类学学者与知识产权法专家之间的分歧也逐渐显露出来。

1989 年，在联合国教科文组织第 25 届会议上通过的《保护民间创作建议案》（简称《建议案》）④ 是一份里程碑式的文件，标志着 UNESCO 与 WIPO 之间的分道扬镳。该建议案一开篇就强调了"民间创作是人类的共同遗产，是促使各国人民和各社会集团更加接近以及确认其文化特性的强有力手段"，"认为各国政府在保护民间创作方面应起决定性作用，并应尽快采取行动"。这一定调与 WIPO 首先将民间文学艺术作品视作

---

① 巴莫曲布嫫：《非物质文化遗产：从概念到实践》，《民族艺术》2008 年第 1 期。

② *Proposal for International Instrument for the Protection of Folklore.* Intergovernmental Copyright Committee. 12th session, Paris, 1973. Ref. IGC/XII/12. Annex A.

③ UNESCO：《保护民间创作建议案》（Recommendation on the Safeguarding of Traditional Culture and Folklore），联合国教育、科学及文化组织大会第 25 届会议通过，1989 年 11 月 15 日。

④ UNESCO：《保护民间创作建议案》。

"私有财产"完全不同，UNESCO 首先将民间创作视为"人类的共同遗产"，因此，其"保护"的取向也完全不同。

那么，UNESCO 视野中的民间创作应该如何保护呢？《建议案》首先提出的方案是保存："保存的目的是使传统的研究者和传播者能够使用有助于他们了解传说演变过程的资料。"具体措施包括建立民间创作资料的国家档案机构或者博物馆、编制总索引、传播情报、培训工作人员、为制作副本提供手段等，"以此确保有关的文化团体能够接触所收集的资料"。其次是经济上的支持、帮助："必须采取措施，在产生民间创作传统的群体内部和外部，保障民间创作传统的地位并保证从经济上给予支〔资〕助。"这种资助包括：重视民间创作的教学与研究，保障各文化团体享用民间创作的权利，建立民间创作协调机构，为民间创作的研究、宣传和致力者提供道义和经济上的支持等。再次是民间创作的传播："为了使人们意识到民间创作的价值和保护民间创作的必要性，广泛传播构成这一文化遗产的基本因素很有必要。"① 传播措施包括：鼓励组织地区性的甚至国际性的活动，传播和出版其成果，为创作者、研究者和传播者提供工作职位，资助民间创作的展览，在媒体上为民间创作提供更多空间，为民间创作的国内和国际交流提供方便等。

不过，UNESCO 在 1995—1999 年组织的调查显示，这个不具法律约束力的国际文书几乎未对其成员国产生任何实质性影响。1999 年 UNESCO 与史密森学会在华盛顿举办了题为"《保护民间创作建议案》全球评估：在地赋权与国际合作"的国际研讨，对《建议案》的实际效果进行全面评估。这次研讨会的主要参加者是一批文化人类学学者，还有部分法学专家，论争达成的基本共识是：将非物质文化遗产视做文化的"最终成果"加以"保存"的理念是有偏颇的，非物质文化是一种变化着、发展着的活态文化，应当把人类文化创造和实施的"活动和过程"视为非物质文化遗产本身。这次会议上，由文化人类学家主导制定的新概念和新保护原则，对随后《保护非物质文化遗产公约》的起草起到了

---

① UNESCO：《保护民间创作建议案》。

指导作用①。

1997—1998 年，UNESCO 启动"宣布人类口头和非物质遗产代表作"项目。2001 年，第一批 19 项代表作获得通过。同年 10 月，成员国通过《教科文组织世界文化多样性宣言》。《宣言》中有两个特别值得我们注意的观念表述，一是"人类是一个统一整体"的表述："希望在承认文化多样性、认识到人类是一个统一的整体和发展文化间交流的基础上开展更广泛的团结互助"。二是文化多样性是"人类共同遗产"的表述："文化多样性是人类的共同遗产，应当从当代人和子孙后代的利益考虑予以承认和肯定。"正是基于这种"人类是统一整体"和"人类共同遗产"的观念，《宣言》主张每种文化都应该以积极、主动、开放的态度表现、宣传、对话、交流，并且指出："每项创作都来源于有关的文化传统，但也在同其他文化传统的交流中得到充分的发展。因此，各种形式的文化遗产都应当作为人类的经历和期望的见证得到保护、开发利用和代代相传，以支持各种创作和建立各种文化之间的真正对话。"② 这与 WIPO 的"守阈保护"完全不同，甚至可说是互相对立的。

2003 年 10 月，UNESCO 第 32 届会议正式通过《保护非物质文化遗产公约》，明确指出："'保护'指确保非物质文化遗产生命力的各种措施，包括这种遗产各个方面的确认、立档、研究、保存、保护、宣传、弘扬、传承（特别是通过正规和非正规教育）和振兴。"③

根据《建议案》《公约》以及《实施〈保护非物质文化遗产公约〉的业务指南》的精神，我们可以将 UNESCO 的非物质文化遗产保护理念归纳为"信息保存"和"动态保护"两个相辅相成、不可分割的方面。

信息保存是一种借助外在力量，使非物质文化遗产转化为物质文

---

① 爱川纪子（Aikawa Faure, Noriko）：《文化遗产の「拡大解釈」から「統合的アプローチ」へ：ユネスコの文化政策にみる文化の「意味」と「役割」》，东京，成城大学民俗学研究所グローカル研究センター，2010 年。

② UNESCO：《教科文组织世界文化多样性宣言》（UNESCO Universal Declaration on Cultural Diversity），联合国教育、科学及文化组织大会第 20 次全体会议通过，2001 年 11 月 2 日。

③ UNESCO：《保护非物质文化遗产公约》（the Convention for the Safeguarding of the Intangible Cultural Heritage），联合国教育、科学及文化组织大会第 32 届会议通过，2003 年 10 月 17 日。

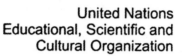

图2—2 联合国教科文组织的"非物质文化遗产"标志，以不同形态的图案相互联结来象征不同文化的相互尊重、相互包容、和谐共处。

遗产，将之存入资料库（数据库）或研究机构的保护方式。信息保存主要分为两个方面：一是建立非物质文化遗产文献中心、博物馆，并创造条件促进对它的利用。比如，借助文字、图片、录音、视频、电影，乃至相应物品，以存档的方式进行保存、利用。二是开展有效保护非物质文化遗产特别是濒危遗产的科学、技术和艺术研究以及方法研究，通过研究、传播，为研究者和传播者提供工作职位等方式保存和理解非物质文化的遗产特性。

动态保护是在遗产所属社区或群体内部的生活语境中实施的复兴保护，旨在保障遗产的传承和再生产，使之焕发可持续发展的生命活力。动态保护主要有四个方面：一是通过遗产认定，使非物质文化遗产在全社会得到确认、尊重和弘扬。二是实施教育计划，在学校或有关社区和群体当中培养遗产传承人，鼓励世代相传和复兴无形文化遗产来保持它的活力。三是促进建立非物质文化遗产的管理机构，尽可能地为遗产传承提供活动和表现的场所和空间，或者吸收他们积极地参与有关的管理，促使他们提高相关技能和艺术修养。四是确保社区或群体对于非物质文化遗产的自主享用，同时对享用这种遗产的特殊方面的习俗做法予以尊重。

无论是静态保护还是动态保护，UNESCO 都强调了政府在保护问题上的主导地位，并且倡导通过政府专项资金、国际援助、社会捐款等方式建立"非物质文化遗产保护基金"，对遗产项目实施保护，并且努力确保遗产传承人能够在保护中获得一定的利益。

四　分道扬镳的两种保护观

无论是 WIPO 的"民间文学艺术作品著作权保护"还是 UNESCO 的"非物质文化遗产保护"，在汉语表述中均使用了"保护"一词，这让许多学者误以为两者的保护理念是一致的。但在英语表述中，这是两种差异明显的"保护"，民间文艺著作权保护是基于对"私有财产"的保护，英文表述为 Protection，倾向于守护、防卫，使某物免受侵犯；非物质文化遗产保护是基于对"人类共同遗产"的保护，英文表述为 Safeguarding，倾向于维护、预防，使某物免遭毁坏。

但无论哪种保护，WIPO 与 UNESCO 对于民间文学艺术作品的价值理念是基本一致的："承认土著人民、当地社区和民族/受益人的文化遗产具有固有价值，包括社会、文化、精神、经济、科学、思想、商业和教育价值"[①]。不同的是，WIPO 的相关讨论主要由知识产权领域的法律专家主导推进，而 UNESCO 的相关讨论主要由一批杰出的民俗学者和人类学者主导推进（如芬兰著名民俗学家劳里·航柯就在 UNESCO 的文件起草中做了大量工作）。两者对于民间文艺作品的保护理念有明显分歧。

UNESCO 非物质文化遗产总干事顾问，前联合国教科文组织非物质遗产处负责人爱川纪子作为主要当事人之一，在一份有关教科文组织文化政策的回顾文献中说到："早在 1972 年《保护世界文化和自然遗产公约》公布之后的第二年（按：也即在玻利维亚政府建议《世界版权公约》增加民间知识保护条款之后），教科文组织就开始着手制定非物质文化遗产的保护计划。当时在非物质遗产的保护观念上有两种不同的观点，一是作为知识产权的财产来保护，一是作为文化遗产来保护。教科文组织试图与世界知识产权组织合作，综合两方面的观点建立一个统一的保护制

---

① WIPO：《保护传统文化表现形式：条款草案》。

度，然而，这两派观点经过了 13 年的辩论，最终的结果是无法融合。1985 年，教科文组织决定放弃知识产权角度的保护话题，此类问题交由世界知识产权组织处理，与此相反，教科文组织把工作焦点放在如何对那些有可能迅速消失的非物质文化遗产进行全面保护的问题上。"①

UNESCO 非物质文化遗产领域专家巴莫曲布嫫因此评价说："这场在'民俗与版权'之间左右颉颃、进退两难的立法努力，可以概括为历时长久、人力物力耗散巨大、辩论不断，而且收效甚微、影响不大，没有达到预期目标……《建议案》明智地强调了民俗保护的积极方面，比如以适当的方法维护和传播民俗；同时避开了消极方面，如'知识产权'及其运用中的棘手问题。其结果是将民俗保护与知识产权问题加以分别对待的取向日益清晰起来，以期绕开长期的困扰和最后出现的僵局，在将来的行动计划中从方法上改善工作途径，在理论基石与预期的操作结果之间厘清观念上的认识，形成内在统一的解决方案。"②

在民间文学艺术作品或者说非物质文化遗产的保护问题上，分道扬镳之后的 WIPO 和 UNESCO 各自成立了自己的"政府间委员会"，前者叫"知识产权与遗传资源、传统知识和民间文学艺术政府间委员会"，后者叫"保护非物质文化遗产政府间委员会"，两者英文缩写都是 IGC。所不同的是，两者分手之后，各自遭遇了完全不同的命运。WIPO 政府间委员会在传统文化表现形式知识产权保护方面的工作推进得极为艰难，从2001 年第 1 次会议至 2017 年第 34 次会议就一直争论不休，发达国家与欠发达国家之间的分歧越来越严重，问题越来越多，事情越搅越复杂，甚至可用一筹莫展来形容其工作进度。而摆脱了知识产权羁绊的 UNESCO 政府间委员会从 2006 年第 1 次会议至 2017 年第 12 次会议，在推进实施《公约》的各个方面都做出了突出成绩，吸引了越来越多民族国家的参与，截至 2017 年 9 月已经达到 175 个缔约国，实可谓高歌猛进，一骑绝尘。

---

① 爱川纪子（Aikawa Faure, Noriko）：《文化遺産の「拡大解釈」から「統合的アプローチ」へ：ユネスコの文化政策にみる文化の「意味」と「役割」》，第 13 页。
② 巴莫曲布嫫：《非物质文化遗产：从概念到实践》。

图2—3 2017年12月，联合国教科文组织保护非物质文化遗产政府间委员会第十届常会NGO年度大会在韩国济州国际会议中心举行。作为IGC认证的NGO组织，中国民俗学会"联合国教科文组织非遗项目评审工作小组"一行10人应邀与会，图为会议临近结束时合影。右三浅衣者为巴莫曲布嫫。民俗学会供图，2017年12月7日。

自从20世纪60年代以来，国际社会就开始关切经济欠发达国家及其土著居民关于文化主权与身份认同方面的精神诉求及其知识产权诉求，确认了"每种文化都具有尊严和价值，必须予以尊重和保存"（《国际文化合作原则宣言》，UNESCO第14届会议，1966年）的基本原则，并逐渐由此形成了一套"政治正确"的国际政治话语体系。但是，国际政治本身就是个矛盾统一体，正如安德明所言："从更深层的意义上而言，亚文化民族或群体保护传统文化的动机中所包含的知识产权诉求，实际上体现了西方资本主义价值观在这些民族或群体的文化中的渗透。'知识产权同占有欲、及个人主义思想体系，构成资本主义社会的一个特性，是属于西方文化的范畴。'民族精神的独立要求与资本主义价值观的普遍渗透，就这样奇特地交织在一起，成了第三世界国家一种无奈的选择。"①

政治很正确，可事实却很残酷，自从非洲知识产权组织的《班吉协定》发布以来，"至今没有获得任何关于其条款实际效果的信息"②。非洲欠发达国家立法保护民间文学艺术四十多年来，并没有因此从发达国家得到丝毫利益回报。在世界知识版权会议上被提及的相关案例，几乎全是发生在非洲本土本国境内的土著居民与文化公司之间的纠纷。1999年，旧版《班吉协定》中的民间文学艺术作品著作权保护条款被删除，重新确立了新的保护理念，着重强调尊重民间文学艺术持有人的"精神权利"，这实际上等于正逐步向 UNESCO 的保护理念靠拢。

五　两种保护观在中国语境中的具体呈现

UNESCO 非常清醒地意识到非物质文化遗产保护与民间文学艺术作品著作权保护之间的分歧和矛盾，为了避免不必要的冲突，在《保护非物质文化遗产公约》中特别强调指出："本公约的任何条款均不得解释为：（二）影响缔约国从其作为缔约方的任何有关知识产权或使用生物和生态资源的国际文书所获得的权利和所负有的义务。"

与此相应，为了避免民间文学艺术作品的过度私有化，WIPO 也在其《保护传统文化表现形式：条款草案》"原则"中强调了保护公有领域的重要性："承认活跃的公有领域和适用于所有人使用、对创造力和创新至关重要的知识体系的价值，承认有必要保护、维护和加强公共领域。"该草案在"第7条：例外与限制"中列举了许多应该允许的使用，如："创作受传统文化表现形式启发、依据传统文化表现形式或借鉴传统文化表现形式的文学、艺术和创意作品。"以及对受益人不具有冒犯性或减损性

---

① 安德明：《非物质文化遗产保护：民俗学的两难选择》，《河南社会科学》2008 年第1 期。
② Slike von Lewinski 编著：《原住民遗产与知识产权：遗传资源、传统知识和民间文学艺术》，廖冰冰、刘硕、卢璐译，第 390 页。

的使用、不与受益人对传统知识的正常利用相抵触的使用，等等①。

一方面，WIPO 的私有财产观与 UNESCO 的人类共同遗产观在保护理念上存在明显分歧，另一方面，恰恰是因为双方都清楚地认识到了分歧，才会在法条的表述上尽可能地减弱这种分歧对于具体执行可能产生的不良影响。

我们再来看看这两种保护观如何在我国的立法工作中落地生根。

我国早在 1990 年即已颁布实施《中华人民共和国著作权法》，但是由于对民间文学艺术作品著作权拿不出切实可行的保护措施，所以只在第六条做了一个意向性的规定："民间文学艺术作品的著作权保护办法由国务院另行规定。"② 自此，制定一部适合中国国情的《民间文学艺术作品著作权保护条例》就成了全国人大每年督促国务院相关职能部门（主要是国家版权局法规司）必须完成的一项重要任务。

可是，一个在 WIPO 争论了半个世纪都没有结果的议题，版权局法规司又如何能够完成呢？尽管困难，法规司的工作人员还是先后拿出了几套方案，可惜的是，它们都在讨论或公示的阶段遭到了民俗学者和部分知识产权领域专家的反对。于是"有人提出，这个条例既然这么长时间出台不了，干脆就把它废掉。自 2011 年启动的著作权法第三次修法活动中，也确实有人提出废除这个条文。在三个由学者提出的修法版本中，没有一个提及民间文学艺术作品版权保护问题"③。

可是，民间文学艺术作品的知识产权保护又是一个由经济欠发达国家（第三世界国家）主导的"政治正确"的国际政治话语，如果没有充分的放弃理由，立法部门也只能知难而上。于是，WIPO 与 UNESCO 的十三年论辩场景就有了一个中国微缩版。在 21 世纪最初几年的《中华人民共和国非物质文化遗产法》起草过程中，"有关立法部门曾经酝酿写入非

---

① WIPO：《保护传统文化表现形式：条款草案》。

② 第七届全国人民代表大会常务委员会第十五次会议通过：《中华人民共和国著作权法》，《出版工作》1990 年第 1 期。

③ 周林：《简论"民间文艺"版权保护立法》，《中国版权》2015 年第 3 期。

物质文化遗产著作权保护条款的方案，但由于种种原因未采纳"①。之所以无法写入，根本原因还是两种保护理念的无法兼容。在国际层面无法融合的保护理念，具体落实到中国，一样无法融合。最后，《中华人民共和国非物质文化遗产法》对于知识产权问题的处理方式也与 UNESCO《保护非物质文化遗产公约》相似，只是在第 44 条作了一个回避矛盾的笼统说明："使用非物质文化遗产涉及知识产权的，适用有关法律、行政法规的规定。"②

2014 年 9 月 2 日，国家版权局终于在官网发布《民间文学艺术作品著作权保护条例（征求意见稿）》③，这似乎意味着"等待了二十多年，我国亟待保护的民间文学艺术作品终于有了专门的保护法律"④，新华网等各大媒体纷纷转载这一消息，普遍认为："加强民间文艺作品的著作权保护立法工作，不仅是推进社会主义文化强国建设的要求，还是参与国际规则制定，争夺国际话语权的要求。"⑤ 不过，这份"征求意见稿"并未获得多数民俗学者的认同，部分民俗学者认为该《条例》虽名为"保护"，实际上很可能起到"破坏"作用。由此可见，在 WIPO 举步维艰的民间文艺保护观，在中国的本土化过程中，一样遭到广泛质疑，《条例》征求意见稿最终没能如期颁布实施。

国际层面对于传统文化表现形式的知识产权保护，主要是发展中国家面对发达国家而实施的一种文化保护策略，具有明显的文化抵抗色彩。但要特别注意的是，我国是一个典型的多民族国家，地区文化发展极不平衡，如果依据同样的保护逻辑，简单地移用于国内民族民间文化

---

① 国家版权局：《关于〈民间文学艺术作品著作权保护条例〉（草案）的说明》，《民间文艺著作权立法资料汇编》，第 7 页。

② 第十一届全国人民代表大会常务委员会第十九次会议通过：《中华人民共和国非物质文化遗产法》，中国人大网，www.npc.gov.cn，2011 年 5 月 10 日。

③ 国家版权局：《国家版权局关于〈民间文学艺术作品著作权保护条例（征求意见稿）〉公开征求意见的通知》，中华人民共和国国家版权局，http://www.ncac.gov.cn，2014 年 9 月 2 日。

④ 姜旭：《民间文学艺术作品将获立法保护》，《中国知识产权报》2014 年 10 月 17 日。

⑤ 方圆：《〈民间文学艺术作品著作权保护条例〉征求意见》，《中国新闻出版报》2014 年 9 月 18 日。

领域，有可能影响到各民族间的文化交流，影响到民族团结。此外，仓
促实施该项保护还极有可能引发或加剧地区之间的文化资源争夺，既不
利于文化繁荣和文化融合，也会影响到民间文学艺术本身的创新和
传播。

反之，UNESCO 将非物质文化遗产视做"人类共同遗产"，所以一再
强调宣传、传播、弘扬、传承的重要性。相应的，《中华人民共和国非物
质文化遗产法》既将我国非物质文化遗产视做"人类共同遗产"，也视为
"中华民族共同遗产"，因此首先强调了遗产保护"有利于增强中华民族
的文化认同，有利于维护国家统一和民族团结，有利于促进社会和谐和
可持续发展"（第 4 条）的根本目的，反复强调"国家鼓励和支持开展非
物质文化遗产代表性项目的传承、传播"（第 28 条），"鼓励开展非物质
文化遗产的记录和非物质文化遗产代表性项目的整理、出版等活动"（第
33 条）等，把传承、传播、宣传、普及、出版、利用视为重要的保护
手段。

曾经参与《非物质文化遗产法》起草工作的刘魁立先生使用了"共
享性"来阐释非物质文化作为"人类共同遗产"的特性："不同的人，不
同的社群、族群，能够同时持有共同享用共同传承同一个文化创造成果。
这种对文化事项能够共同持有、共同享用、共同传承的特性只有在非物
质文化领域才可以见到。"①

积极、开放、共享的非物质文化遗产保护获得了社会各界的广泛认
同和支持，成为一项文化运动，迅速地在中华大地生根发芽，如火如荼
地开展起来。我国在非物质文化遗产保护运动中的杰出成就，以及《民
间文学艺术著作权保护条例》的反复修订和踌躇不前，进一步证明了传
统文化表现形式作为"人类共同遗产"理念的先进性，以及作为特定社
区或群体"私有制财产"理论的局限性。

---

① 刘魁立：《非物质文化遗产的共享性、本真性与人类文化多样性发展》，《山东社会科
学》2010 年第 3 期。

图2—4   破篾、做竹制品曾经是整个中国南方都普遍流行的普通手工技艺。篾匠一般都是流动的，走村串乡帮人做竹制品。他们每到一处，总是在祠堂落脚，把祠堂当作工场。图为江西石城的篾匠在为主家打竹席。温礼明摄，2006 年。

（本章原题《"非物质文化遗产保护"与"民间文艺作品著作权保护"的内在矛盾》，原载《中国人民大学学报》2018 年第 1 期，收入本书有修订。）

附录一   一道"非物质文化遗产代表作"的选择题

我们试着做一道选择题。2016 年 11 月 30 日上午，在联合国教科文组织保护非物质文化遗产政府间委员会第 11 届常会上，中国申报的"二十四节气——中国人通过观察太阳周年运动而形成的时间知识体系及其实践"通过评审。很快，国内的多家媒体进行了热点报道，那么，下面几家媒体的报道中，哪家媒体的标题是正确的？

  A. 北京青年报：《"二十四节气"正式入选世界级非遗》

  B. 北京晨报：《二十四节气成世界非物质文化遗产》

  C. 北京晚报：《"二十四节气"入选世界非遗名录》

  D. 长江日报：《"二十四节气"入选世界非遗　被誉为中国的第五大发明》

  答案是：全错！

  首先，非物质文化遗产是人类共同文化遗产，所以叫"人类非物质文化遗产"，而不是"世界非物质文化遗产"。

  其次，非物质文化遗产的价值没有高下之分，国内依据评审机构和级别的差异，分有国家级、省级、市级、县级非物质文化遗产，但是联合国教科文组织并没有"世界级"的说法。

  再次，所有的非物质文化遗产的价值都应该由其所在的社区、群体或个人自己认定，而不受制于外部的评定，所以，"非遗"并不是因为评审通过才成为"非遗"，而是通过评审，这项遗产被列入了联合国教科文组织的"代表作名录"。

  综上三点，标准的表述应该是遵照"新华网"的这个标题：《"二十四节气"列入联合国教科文组织人类非物质文化遗产代表作名录》。

  "非物质文化遗产"这个概念从 2002 年开始传入中国，2003 年联合国教科文组织通过《保护非物质文化遗产公约》，至今已经超过十七年了。可是，直至今天，许多参与"非遗"实际工作的官员、撰写"非遗"论文的学者，甚至对于"非遗"概念的内涵，以及概念变迁的背景和历史都还不甚了解。

  从人类命运共同体、世界文明良性持续发展、各族群文化平等共存等理念出发，联合国教科文组织在长期的国际交往和文化保护工作事务中逐渐形成了"非物质文化遗产保护"的理念和行动。并且在此基础上衍生出一系列卓越的文化观念，诸如文化多样性、文化遗产共享性、重视活态传承、多方保护与社区参与等理念。

  在这些理念的统领下，联合国教科文组织出台了多种以"公约""宣言""原则"等为名的文件或法规。这些文件成为《非物质文化遗产保护公约》各缔约国政府及社会各方"非遗"保护的指导纲领或工作准则。无论是从事"非遗保护"工作还是进行"非遗保护"研究,准确理解这些概念,以及概念背后的价值理念,都是我们创造性发展和保护文化遗产的必要前提。

当然,教科文组织的这些文件也并非至高无上、不容变通、无需改进的金科玉律,事实上,联合国教科文组织的这些理念和文件也是在反复的讨论中逐渐形成,并在实践中不断改进和完善的。

世界如此广阔,各国具体情况差异很大,通用的文件法规不管如何力求周严,都难免有不到之处。所以,在努力遵行国际通用文件的基础上,根据当地实际情况在非遗保护实践中对国际准则作适当变通或制订适合当地的具体法规也是必要的,但这应该在通晓国际非遗保护理念和非遗传承规律的前提下展开讨论,否则就很容易自作主张,自行其是。进行"非遗保护"研究的学者,不仅应通晓国际"非遗保护"理念、国际国内相关法规和民俗学原理,还应特别熟悉本国国情和"非遗保护"实际情况,能够在实践中发现问题并提出有利于解决问题的建议或创见,这样也能为国际"非遗保护"的理念演进、法规完善和理论创新贡献一分力量。

民间文化知识产权问题,是一个自从"非遗保护"兴起以来就一直存在的饱受争议的重要问题,也是至今难以解决的老大难问题,国家版权局2014年出台的《民间文学艺术作品著作权保护条例(征求意见稿)》受到严重质疑。

本章梳理了国际社会对民间文化知识产权问题的"两种保护,两种思路":一是由联合国教科文组织主导的基于"人类共同遗产"理念而发展出的保护制度,二是由世界知识产权组织主导的基于"私有制财产"理念而试图建立的保护制度。笔者认为前者是先进的,后者是有局限的。围绕两种保护观,并对相关史料进行梳理和评析,可以使我们对国际非遗保护的发展史、基本理念以及关于民间文学艺术著作权保护的争端症结有一个清晰的认识,也促使我们进一步思考:能否制定一个既合乎民间文化特殊属性和非遗共享性,又能对民间文化知识产权加以适度保护的法规呢？如果不能，宁可放弃这种霸王硬上弓式的立法追求。

附录二 给"民间文学作品著作权保护"泼点冷水

题记：中国正当文化立国之时，不仅不必急于实施民间文学作品著作权的隔断保护，而且应该为保障公众自由使用人类文化遗产做出更多努力。

2014 年 9 月，国家版权局发布新版《民间文学艺术作品著作权保护条例（征求意见稿）》，各大媒体纷纷转载此一消息，普遍认为"加强民间文艺作品的著作权保护立法工作，不仅是推进社会主义文化强国建设的要求，还是参与国际规则制定，争夺国际话语权的要求"。不过，这一观点似乎并未得到多数法律学者和民俗学者的认同。

根据《条例》，所谓"民间文学作品"，特指那些找不到具体创作者或执行者，"由特定的民族、族群或者社群内不特定成员集体创作和世代传承，并体现其传统观念和文化价值的文学艺术的表达"。至于那些能够指认具体创作者或表演者的作品，如你从李大娘那里听到的歌谣，我从张大爷那里听来的故事，都已经在《中华人民共和国著作权法》中得到了保护，并不需要我们饶舌多说。

著作权法的理论基础，是将作品视为法律上的财产，将作者视为原始的权利人，预设作者付出了独创性的劳动。可是，民间文学的创作者和传承者并不是特定的个人，因此，既无从确认其权利人、也无法确认其独创性。正如钟敬文先生指出的："民间文学既不是哪一个作者所创作，也不为哪个个人所私有；既不标明哪个作者的名字，也不赋予哪个个人以著作权，它们是人民的集体创作。"

事实上，从国内的情况来看，目前尚未出现一例真正的民间文学作品著作权纠纷，现实生活中基本没有该法律需求。也就是说，《条例》中的问题是我们设想出来的，而不是实际生活中的真实诉求。我们知道，法律是社会关系的调节器。任何部门法皆应以调节、平衡既有社会矛盾为使命。如果我们只是为了立法而立法，其后果必然是在无矛盾处发现矛盾，于无纠纷处挑起纠纷，显然不利于和谐社会的建设。

　　我们知道，民间文艺作品具有鲜明的共享性特点，也正因为这个特点，才使我们的非物质文化遗产保护具有了世界意义。现代著作权法的理念是著作者利益与社会公共利益的双重保护，平衡二者的利益关系是著作权立法的基本精神和目标。民间文学作品由于其集体性、口头性、匿名性、变异性等特点，每一个传播者的每一次创作，都是在复制别人基础上的即兴创作，作品完成之后，同样不可逆转必须将之返还给公共领域，并将作品的再次使用权让渡给其他的传播者，只有这样，才能使社会公众自由接触和继续利用该作品的利益要求得到满足。

　　民间文学鲜活地体现着一个民族的审美风尚，既是一个民族核心价值观的优良载体，也是富于民族特色的文化输出品。自1960年代以来，围绕民间文学著作权保护问题，国际知识产权界展开了旷日持久的论争，但迄今为止，全世界还没有一个文化强国制定法律自缚手脚，限制这种"惠而不费"的文化输出。目前已经实施保护政策的多是一些经济、文化相对落后的非洲国家，其内在理路是弱势国家针对发达国家的文化抵抗，是回避文化竞争的无奈选择。

　　我国的发展中国家定位，使得部分学者认为我国也应该实施该项保护。但要特别注意的是，我国是一个典型的多民族国家，地区文化发展极不平衡，如果将这一国际间的"斗争"策略简单地移用于国内民族民间文化领域，就极有可能影响到各民族间的文化交流，影响到民族团结。

　　民间文化的相互交流与影响，自古以来就是民族融合、民族团结的黏合剂。各民族政治、经济、文化上的密切联系，必然带来民间文化尤其是民间文艺的交流。这种相互学习、相互促进、共同提高的关系，增进了民族团结，活跃了民族文化生活，推动了各民族民间文艺的共同繁荣和发展。这不仅是民间文学工作者的共识，也是全世界知识界的共识。中国正当文化立国之时，不仅不必急于实施民间文学作品著作权的隔断保护，而且还应该为保障公众自由使用人类文化遗产做出更多努力。

　　（原题《隔断保护自缚手脚》，载《经济日报》2015年4月19日第06版。）

第 三 章

随风摇摆的运动式学术

——中国民俗学在非物质文化遗产 保护运动中的尴尬处境

导读

近一百年的中国现代民俗学史，是一部学术与政治的博弈史。民俗学的兴衰成败，一直与各种文化运动，以及政府的文化政策密切相关。"五四"时期，早期民俗学者们主动担负起了文化启蒙的责任，他们为了打破以圣贤历史为中心的旧文化，建设以民众历史为中心的新文化，发愿"要把几千年埋没着的民众艺术、民众信仰、民众习惯，一层一层地发掘出来"①。

1949 年之后，中国政府决心建设一种全新的社会主义新文化形态，对传统文化采取了决裂式的"大革命"方式，试图彻底消灭旧文化，认为根本没必要研究这些必须抛弃的封建旧文化，于是取消了民俗学。

1978 年之后，民俗学学者们在说服政府恢复民俗学研究的时候，着重强调了民俗学对于"移风易俗"的重要性。钟敬文先生提出的"多民族一国民俗学"或"中国特色的民俗学派"②，很大程度上也是呼应了"中国特色社会主义"的基本国策。

---

① 顾颉刚：《"民俗"发刊辞》，《民俗》周刊第 1 期，1928 年 3 月 21 日。
② 钟敬文：《建立中国民俗学派》，黑龙江教育出版社 1999 年版。

当非物质文化遗产概念进入中国的时候，民俗学学者敏锐地抓住了这个能够再次与政治合作的机会。2005 年之后，民俗学学者成了中国非物质文化遗产保护运动中最重要的学术力量，深度介入了中国政府的该项工作。中国民俗学学者普遍认为，参与非物质文化遗产保护运动是民俗学不可推卸的社会职责和学术职责，同时也是一次新的历史机遇。

非物质文化遗产保护运动引起了全社会的广泛关注，为民俗学学者的学术研究提供了充足的资金，使他们可以自由地到世界各地进行学术交流，到全国各地进行田野调查。他们撰写了大量的学术论文，许多新的学术对象得到发现和研究，学术领域得到拓展，民俗学成果的数量也得到了较大的提升。

保护运动的推进大大加快了民俗学研究机构的扩张和完善。这些机构虽然打着"非物质文化遗产研究中心"的新招牌，事实上大多由原来的民俗学旧班底转轨而来，在一定程度上延续和拓展了民俗学学者的生存空间。这些机构的科研经费大都比较充足，许多地方高校增设了相应的课程，许多新科民俗学博士得以充实到这些研究机构中，民俗学科招收的硕士和博士大幅增加，毕业生更容易得到科研经费，也更容易找到一份合适的工作。因此，从硬件建设来看，非物质文化遗产保护运动对于民俗学的意义是积极的。

民俗学学者开始走上电视讲坛，接受新闻记者的采访，他们在公共舆论领域变得更有影响。

但是，在这种热闹的表象背后，也存在令人不安的隐患。

一　学术与运动的结合搅动了学术的纯粹性

非物质文化遗产保护主要是一种实践性的政府行为，而不是思想性的学术行为。学术行为过度转向实践，学者对政府的过度亲昵，学术对政治的过度依赖，往往都是以牺牲学术独立性为代价的。保护和研究是两个范畴的概念，民俗学的参与，主要是器用层面的参与，而不是思想层面的参与。

非物质文化遗产受到各级政府重视，迅速就有了"非物质文化遗产学"这样一个学科门类的诞生。中山大学、华东师范大学、华中师范大学等一大批高校迅速跟进，相继组建班子，成立了名称大同小异的各种非物质文化遗产研究机构。但是，这些研究机构的主要工作并不是"学术研究"，而是与地方政府合作，参与考察、论证、撰写和评审非物质文化遗产项目，参与各种民俗旅游的规划和设计，参与各种地方文化活动，整理和宣传地方文化，主要是服务性应用，而不是独立性研究。

学术重心向应用学术的转移，导致了学科发育阶段理论研究的相对停滞，这很可能会进一步削弱民俗学在整个学术体系中的地位和影响。从中国现代民俗学史的经验来看，任何一次学术运动的结束，都是以整体理论水平的下滑或停滞为代价的。

二　非物质文化遗产保护运动打乱了循序渐进的学术进程

科学哲学确立了"常规科学"在现代学术发展中的重要意义。常规科学"是指坚实地建立在一种或多种过去科学成就基础上的研究，这些科学成就为某个科学共同体在一段时期内公认为是进一步实践的基础"。任何一个科学领域，都必须依赖于既有的研究范式而达到成熟。

"运动"则往往意味着对常规秩序的偏离。所谓"运动"，是指有组织、有目的而声势较大的群众性活动。运动的大规模性质必然意味着参与人员的急剧膨胀，大量没有经受过专业学术训练的从业人员的介入。

中国的非物质文化遗产保护运动作为一次有目的、有组织的政府行为，并不需要（事实上也没有）借助既有的民俗学理论。非物质文化遗产保护运动讨论的是执行者的认识问题、方法问题、实施问题，以及不同执行者之间的关系和利益分配等问题，是一个"工作概念"，而不是"学术概念"。非物质文化遗产保护运动作为一项系统工程，与其说是一个民俗学的课题，还不如说是一个政治学或管理学的课题。在这项复杂的保护工程中，既有的民俗学研究范式根本没有用武之地。民俗学学者要想参与非物质文化遗产保护运动，他就必须首先搁置原有的研究计划，放弃既有的研究范式，投入事务性的非学术工作当中。

学术与时政、与市场的合作必然以牺牲学术的独立思想为代价。当民俗学学者在对非物质文化遗产进行价值评判、对保护工作建言献策的时候，实际上并没有发挥出自己的专业所长，他们是作为"公共知识分子"而不是作为民俗学学者在发言。

三　学者的积极参与消耗了学者的时间和精力

非物质文化遗产保护一旦升格为国家行为，要组织一场声势浩大的保护运动，必然衍生出许多临时机构和项目，同样，也必然衍生出各种各样大大小小的职位与头衔。各级地方政府均成立了非物质文化遗产专家委员会，这些机构的首席专家，也多为各地的知名民俗学学者。相应的头衔必然要履行相应的职责。各种各样的文件起草、没完没了的协商会议、无休无止的评估、评审与考察，让许多民俗学学者疲于奔命（或者乐不思蜀）。

各大高校设立非物质文化遗产保护机构之后，都必须设立一个主任和若干个副主任席位，配备若干研究员副研究员名额，更重要的，是大量的配套资金。教授们有了地位有了钱，就具备了进一步参政议政的资格。在中国现行官本位的学术体制下，参政议政的结果，必然反过来强化这些学者在学术领域的话语权，如此就能进入一个权力和利益相得益彰的"良性循环"。循环的结果，必将使许多善于学术经营的民俗学学者在这场保护运动中名利双收。

但是，"保护工作"与"民俗研究"并不是一回事。事实证明，几乎所有卷入非物质文化遗产保护运动的民俗学者，都不得不偏离既有的研究路向，转向一个新的未知领域。民俗学本来就只是一门冷学科，当大家都热衷于经世致用的时候，常规的学术研究基本就处于停滞状态。没有具体的常规研究做后盾，民俗学学者的参政优势也将逐步丧失，直至被抛弃。

四　学术赶场让民俗学沦为"俗学"

任何民俗现象，只要能贴上"非物质文化遗产"的标签，就意味着取得了"文化"的合法地位，紧接着而来的就是能够得到"保护"。对于民俗学学者来说，"保护项目"则意味着充足的项目经费。一些原本并不从事民俗学的兄弟学科的学者，也纷纷加入民俗学界，试图分享"非物质文化遗产"带来的丰厚利益。

许多刚刚调转方向挤进非物质文化遗产保护运动行列的学者，自己还没开始学习，连非物质文化遗产这一特殊概念的来龙去脉都还没理清楚，就开始招收"非物质文化遗产学"方向的研究生了。

为了取得社会的信任与支持、获取持续的利益和资源，许多民俗学学者常常现身新闻媒体，抢夺各种民俗传统的解释权和话语权。可是，有些民俗学者急于从书斋走向前台，甚至连联合国教科文组织的相关文件都来不及认真读一遍，最基本的文化遗产概念都搞不清楚，就急吼吼地走上媒体 T 台，面向公众秀起了邯郸步。表面上看起来，民俗学的从业者更多了，场子更热闹了，可是，这些赶场的学者是奔着利益而来的，他们并不能为民俗学的学科建设带来任何建设性的成果。相反，他们拉低了学科的整体水准，让专家沦为"砖家"，让民俗学沦为"俗学"。

五　民俗学者越界干预民众生活

民俗学者一直提倡无间隙地密切研究者与被研究者之间的主客体关系，幻想彼此融为一体，如此就能把自己假设为民俗文化传承人的代言者。事实上，所谓代言者的身份是危险的，也是粗暴的，任何代言都有可能违背被代言者的真实诉求。

一些民俗学者不断地将一些非物质文化遗产神化为"民族精神"的象征，试图借助民族主义话语把自己操作成民族精神的守护者。一些民俗学学者耸人听闻地指责春节的"年味淡了"，提出"保卫春节""保卫传统"。他们打着弘扬传统文化的旗帜，教导老百姓应该如何过春节以及不应该如何过春节，为各种本来已经废弃的民俗事项做翻案文章，并赋予它们种种"文化意义"。这种行为实质上构成了对民众生活的干涉。

民俗学者所能掌握的至多是一种有关民俗事项的片面真相。根据社会分工，学者就应该局限在自己的专业领域内做好本职工作，可是，民俗学学者在这场保护运动中所扮演的角色，明显已经越俎代庖，成为干涉民众现实生活的危险分子。我本人在古村落保护的调查中，就曾遭到村民的怒斥。

学者一旦脱离了专业领域的具体研究，他就不再具有任何优越于"公共知识分子"的专业优势，相反，学者若以代言者的身份过多地介入保护运动，反而可能会在一定程度上违背公众的意志，妨碍公众的自由生活。

六 学术研究成为大跃进式的学术狂欢

通过对"中国知网"的关键词检索可以发现（检索时间2019年11月），2004—2018年，短短十五年出现的以"非物质文化遗产"为主题的论文已经达到26008篇，从2008年开始突破每年1000篇，2011年开始突破每年2000篇，顶峰是2018年的2649篇。发表论文最多的六个学术机构分别是中国艺术研究院（313）、中央民族大学（268）、华中师范大学（236）、山东大学（199）、中山大学（182）、浙江师范大学（170）。

这些以"非遗"为主题的论文，大都以"意义""对策""关系"和"保护"作为关键词，既没有创立任何新的研究范式，也没有提出任何新的理论模式，更没有为非物质文化遗产的价值判断提供有意义的衡量标准。从民俗学本位的角度来看，绝大多数的非物质文化遗产研究都无补于民俗学的理论建设。相反，由于受到资源调配的影响，传统的民俗研究不仅未能乘风而上，反而变得日薄西山。

政论性和时效性，是保护运动中涌现出来的"学术成果"所共有的突出特征。民俗学学者享受了保护运动所带来的利益与荣光，同时，也得接受这些"学术成果"迅速被垃圾化的残酷现实，忍受着虚度年华、浪费光阴的痛苦与煎熬。政论性和时效性决定了这些"成果"随风飘逝

图3—1　江西省会昌县"羊角水堡"是保存完好、规模宏大的明清时期军事城堡，城堡内遗存有大量的军事、民居建筑，以及其他公共设施。2013 年 8 月 6 日，我在田野调查中遇见的这位老人，一听说我是为调研古村落保护而来的，激动地把我赶出家门，还用手里的扇子指着我追骂了十几米，大意是说："你看看我这房子破成什么样了，这也不让拆，那也不让建，你到我这里来住几年试试，你不要走，你来住几年试试！你不要走！"施爱东摄，2013 年。

的必然命运。

　　表面上看，非物质文化遗产保护运动对于民俗学的意义有利也有弊。可是，只要我们细加分析就会发现，所有积极的一面都是暂时的、不能作为学术遗产留给后人的现世利益，而所有消极的一面都是致命的、难以修复的学术创伤。

　　各大高校的"非物质文化遗产研究中心"几乎全是顺应时势大潮而成立的临时机构。对于政府职能部门来说，每一个阶段都有每一个阶段的中心工作，这一个阶段可能强调非物质文化遗产保护，下一个阶段自然会有下一个阶段的新形势和新任务。当政府职能部门的工作重心发生转移之后，非物质文化遗产研究就会变得无利可图。作为一次"运动"，非物质文化遗产保护热潮总有落幕的一天，那时，民俗学很可能面临更加严重的学科危机。

中国现代民俗学历经百年，几经起伏却始终没有大的发展，究其原因，与过于频繁的"运动"不无关系。每一次运动，都是紧跟政治和时势。这种运动除了造就一批投机分子，极少给民俗学留下值得后人继承和学习的学术遗产。历史似乎在提醒我们，这场非物质文化遗产保护运动，对于好不容易走上了常规科学轨道的民俗学来说，很可能又是一次新的停滞与伤害。当然，历史难以预测，我们也不能排除民俗学在经历这场运动式"狂欢"的涅槃之后，将以更成熟的面孔重新回归到常规科学的轨道上。

（本章原题《民俗学在非物质文化遗产保护运动中的尴尬处境》，原载《民间文化论坛》2014年第2期，收入本书有修订。）

附录　基层社会对非物质文化遗产的理解及其症结

1. 当代中国，旅游和休闲经济在整个国民总收入中所占的比例越来越高，一些远离中心城市的偏远地区，亟须挖掘各种自然与文化资源吸引城市居民。入选非物质文化遗产名录，相当于一种"权威认证"，可以作为旅游文化的宣传工具。

2. 越是远离文化中心的偏远地区，文化进程越缓慢，民间社会所保存的非物质文化遗产越完整，越有利于打造旅游和休闲产业。非物质文化遗产名录的出现，正适应了许多偏远地区的现实需求。

3. 基层政府的某项工作如果能够得到来自北京的肯定，是其莫大的荣耀。因此，地方官员能在其任内使辖区的民俗事象列入国家非物质文化遗产名录，是一种有功于民的政绩，是值得官员在其为官履历中大书特书的事件。

4. 每个地方都会有一批热衷传统民俗的地方知识分子。当传统民俗活动被当作"迷信活动"的时候，知识分子会自动地与这些民俗活动保持一种安全的距离。非物质文化遗产新概念进入中国之后，被赋予了一定的政治色彩，代表着一种先进的文化观念。新概念及其背后的文化理念，解除了大多数民俗事象的"迷信"桎梏，从而也解除了地方知识分子与传统民俗活动之间的安全距离。

5. 地方知识分子大都擅长从政府文件和各种新闻渠道中捕捉政治气候的变化，理解其潜台词，并借助那些来自北京的信息调整其文化姿态。一旦发现有利于传统民俗生长的空间，他们会不遗余力地向地方官员献言献策。如果他们的建议不被现任官员接纳，他们会静待下一任官员的到来，直到其意见被接纳且实施。

6. 一般来说，越是经济发达地区，地方官员对于文化产业的经济期望值越低，因而对非物质文化遗产项目的兴趣和重视程度也越低，但这并不意味着他们会放弃非物质文化遗产项目的保护。地方官员迫于民众文化需求的压力，以及对自身政治声誉的追求，会对非物质文化遗产项目进行适当投入。地方官员如果拒绝接受新概念和新理念，会被认为落伍和保守，不能与先进文化"与时俱进"。

7. 在非物质文化遗产概念兴起之前，多数传统民俗难以跻身"健康文化活动"之列，那些民俗活动的传承者往往没有合法的文化身份，他们多是因为信仰或者爱好而积极参与这些传统民俗活动中，他们不仅希望借助非物质文化遗产新概念为传统民俗争得合法地位，更希望借助列入政府名录而获得政府的资金援助，以改善设备、扩充队伍，甚至获得某种经济效益。

8. 非物质文化遗产传承者与地方知识分子很容易结成"申遗"同盟。多数民俗活动的传承者都是处于社会底层的普通民众，文化程度相对较低，不擅长与政府官员沟通。地方知识分子往往在其中起到一种桥梁的作用，他们既熟悉传统民俗，又通晓官方话语，一方面知道如何向官方解释和推荐这些传统民俗，一方面又懂得揣摩官方意志，不断调整传统民俗的表现内容，使之更加适应官方的文化政策。

9. 地方官员对非物质文化遗产的理解不总是准确的，他们会习惯性地试图利用新政策谋取更多的利益。他们会试图将一些企业项目，或者虚构的文化事象当成非物质文化遗产项目申报名录，并借机宣传。

10. 如果非物质文化遗产名录不能为地方经济带来持续的效益，不能为官员的政绩增加新的筹码，地方官员一般会在争得名录、取得政绩之后，迅速减弱其资金投入。但民众自身的热情会持续高涨，他们依然会因为信仰或爱好而继续该传统，最重要的是，传统民俗事象自此拥有了合法的文化地位。

11. 非物质文化遗产传承人评选很容易对传统民俗活动造成伤害。是否入选为"传承人"，对于民俗活动的主体来说，不仅是一种荣誉认证，也是利益资源的再分配。在政府认定的"传承人"与"非传承人"之间，其实并没有传承技艺上的明显层级，可是，政府对于"传承人"的选拔是有名额限制的，这种"二桃杀三士"式的限额制可能会严重分化民俗活动的传承主体，挫伤多数传承者的积极性。

（参加美国民俗学会与范德堡大学联合举办"第二届美中非物质文化遗产论坛"的报告提纲。2012 年 4 月 30 日。）

第 四 章

竞择生存的历史叙事

——以骊靬古罗马军团后裔的传说为例

导读

1989 年以来，甘肃永昌的一个小村寨引起了举国媒体的持续关注。在永昌县城南 10 公里有个者来寨，据说是西汉骊靬古城遗址。有学者认为，所谓骊靬，就是西汉时对古罗马的称呼。可是，古罗马怎么会与甘肃的一个小村寨扯上关系呢？又据说，在公元前 53 年，有一支古罗马军团远征失败后神秘失踪，这些失踪的士兵后来被汉军降服，并被安置于骊靬城，即现在的者来寨。两千多年后，者来寨的村民们居然还遗存了"祖先"的许多体貌特征：高鼻、深目、黄毛、卷发，等等。

一　传说的由来

2006 年，《中国青年报》两个记者专程来到永昌，向县城居民打听有关古罗马军团的传说。"卖票的车老板就是一个永昌人，她说自己以前从没听说过什么古罗马兵团后裔的事情，只是这几年县上抓旅游搞宣传才知道的。"[①] 现在的永昌街头，不论男女老少，个个都知道这些传说，而

① 罗颖凤、狄多华：《甘肃永昌真有古罗马军团后裔？》，《中国青年报》2006 年 6 月 30 日。

且逐渐地相信骊靬古城就是古罗马军团的居留地。

传说的始作俑者是英国汉学家德效骞（Homer H. Dubs），他在出版于1957 年的《古代中国一座罗马人的城市》中提出一种假说：古罗马叙利亚总督克拉苏率领罗马军团东征安息失败后，一些逃脱的士兵曾经流徙中亚，投奔郅支单于，公元前 36 年，西汉将领陈汤攻灭郅支，这支罗马军队被当作战俘带回中国，安置于骊靬城①。德效骞的骊靬传说旁征博引，曲折离奇，在西方影响不小。

这一传说引起中国社会广泛关注始于 1989 年，《参考消息》9 月 30 日转发了一则法西社新闻《中国西部有古罗马城市》，说一名澳大利亚教师戴维·哈里斯在甘肃发现了古罗马军团的具体流落地点。西北民族学院历史系的关意权教授是哈里斯的合作者之一，此前他们已经有过较长一段时间的合作，经过文献阅读与实地考察，他们将追寻的目光停留在了甘肃永昌的者来寨②。这一事件随后经《人民日报》以《永昌有座西汉安置罗马战俘城》③ 为题进行了详细报道，引起巨大反响。还有语言学学者撰文作证，西方几大语系中，"军团"往往特指"罗马军团"，发音均为"骊靬"。

二　大众传媒的偏向性宣传

这是一个非常诱人的历史考古课题，先后有许多知名学者投入其中，如台湾费海玑、北京杨希枚、常征、杨共乐、山东张维华、上海葛剑雄等。兰州大学历史系刘光华教授是最坚决的反方代表，他提出的另一个假设是，《史记》等史书中提到的"黎轩"是埃及亚历山大城的对音，公元前 30 年之前的古罗马不能称做犁靬，因此，骊靬城与古罗马军团无关④。进一步研究后，刘光华作了一些修正，认为骊靬是犁汗的音转，是

---

① ［英］德效骞著：《古代中国一座罗马人的城市》，屈直敏译，《敦煌学辑刊》2001 年第2 期。

② 瞿学忠：《失踪千年的"古罗马军团"》，《兰州晚报》2006 年 4 月 16 日。

③ 郗永年、孙雷钧：《永昌有座西汉安置罗马战俘城》，《人民日报》1989 年 12 月 15 日。

④ 郗百施：《西汉骊靬城与罗马战俘无关》，《兰州大学学报》1990 年第 4 期。

用来安置西汉犁汗王部众而不是古罗马俘虏的，另外，从时间上看，西汉骊靬设县的时间也不会晚于陈汤攻灭郅支单于的时间①，所以说，骊靬城与罗马军团没有关系。至于那些具有欧化体貌特征的村民，"当与中亚各族定居河西者之后裔有关，未必就是什么古罗马人与当地民族通婚遗传的后裔"②。

西北师范大学李并成则从另外一个角度否定了者来寨为骊靬城说。他在实地考察中发现者来寨气候寒凉，地表粗糙，满地砾块卵石，地面坡降较大，农耕条件极差，而且偏离丝路大道，又非军事要口，并不具备设立县城的条件。另外，从者来寨考古遗物看，只有元明以后的遗物，未见任何更早的遗迹，因而断定者来寨的开发应是元代以后的事。该村韩建福、李茂华等许多长者也说，相传者来寨最早是元代时蒙古人修的马圈。由此可见，即使历史上曾有过一个骊靬城，那也不可能设在者来寨③。

刘光华的同事汪受宽教授也对此进行了关注，先后发表了《驳古罗马军团安置骊靬说》和《骊靬县名由来与设置年代检论》，汪受宽查检了大量的文献，认为自己能够"以确凿的史实批驳古罗马军团安置于骊靬城的说法，指出，突围罗马军团之说是张冠李戴，郅支单于的阵式和城建不必罗马人参与，骊靬城为公元前 121 年—前 111 年沿用匈奴犁汗旧名所建，永昌者来寨的考古和人文资料都与罗马人无关"④。

反方的声音大都发表于《兰州大学学报》《甘肃社会科学》《西北民族研究》《敦煌学辑刊》这样的纯学术期刊上。普罗大众当然不会有机会，也不会有兴趣去阅读这些专业的学术论文，因此这些质疑的声音只能在学术的小众中取得部分共鸣。

那些被刘光华批为"实在有些滑天下之大稽"的正方观点，却往往是大众传媒的喜爱。像《科学之友》《民族团结》《中国旅游》《新西部》

① 刘光华：《西汉骊靬县与犁靬国无关》，《丝绸之路》1994 年第 3 期。

② 刘光华、谢玉杰：《骊靬是西汉安置罗马战俘城商榷》，《西北第二民族学院学报》1999 年第 2 期。

③ 李并成：《汉张掖郡昭武、骊靬二县城址考》，《丝绸之路》1993 年第 1 期。

④ 汪受宽：《驳古罗马军团安置骊靬说》，《甘肃社会科学》1999 年第 6 期。

这样的普通文化期刊以及几乎所有的报纸，都更愿意刊发一些诸如《古罗马军团失踪悬案》《大漠深处的古罗马人后裔》《古罗马第一军团失踪之谜》等具有轰动效应的新闻。大众传媒拥有比学术期刊多得多的读者，因而具有更加强大的传播能力。

正方德效骞等使用一连串巧合生产了一则新奇的传说，反方刘光华等则钩沉了大量的古文献试图打破这一传说。每一位学者的论文都只使用那些有利于自己的论据，同时摒弃那些不利于自己的材料。反方的论证看起来似乎更科学更严肃一些，但这也只是五十步和一百步的差别，反方的观点本身也只是一种"合情推论"，他们并没有找到一条绝对充分的论据可以证明他们的反证观点，而且，即使在反方内部，具体的推论与观点也很不一致。比如，常征并不否认骊靬城与失踪的罗马士兵有关，只是否认其与郅支单于的关系，而刘光华、汪受宽等人却根本否认骊靬城与罗马人有关；刘光华并不否认者来寨就是骊靬古城，而李并成则认为骊靬古城根本不可能设在现在的者来寨。而在一般读者看来，这一切都无非是公说公有理、婆说婆有理。

学术的语言是佶屈聱牙刻板无趣的，而大众传媒却可以借助想象，使用更加诗意的修辞手法来进行故事叙述，因而具有更强的感染力："骊靬城，这个一度辉煌的丝绸古道上的传奇古城，在悠悠岁月，茫茫风雨中，就这样神秘地消失了。驻足这块土地上，近视对面这残破不堪的低矮墙垣——千古揭秘的'罗马古城'，无论怎样专注，无论怎样追思，也听不到那悠悠传奇的远古潮声、漠海箫笛，这公元前 53 年酿成的悲壮故事，如今已被岁月剥蚀得荡然无存。"① 这样的修辞，表面上说的是什么也找不着了，但是，任谁都能读出来，言下之意是在肯定那些传奇的故事确实发生过。

三　旅游经济打蛇随棍上

永昌人敏锐地意识到这是一个发展旅游产业的契机。当历史学家

---

① 　易之：《中国"罗马第一城"——永昌骊靬城记》，《丝绸之路》1994 年第 6 期。

埋头故纸堆忙于寻找证据考镜源流的时候，永昌已经着手在国道旁矗立起了古罗马人的巨型石雕，把县政府招待所改成了"骊靬宾馆"，把者来寨改成了"骊靬村"，建起了一座罗马亭，成立了"骊靬文化研究会"。

骊靬文化研究会成员主要由县文化馆的工作人员以及当地的历史文化爱好者组成。一位40多岁的村民，只是因为身材高大、眼窝深陷，相貌酷似欧洲人，就被调入县文化馆，专事接待工作。作为骊靬传说的主要建构者、地方精英、原永昌县委书记贾笑天还将骊靬传说扩充成了十集电视剧《一支古罗马军团在中国》[1]，据说这个剧本曾在《欧洲时报》连载了长达一年时间，引得许多罗马人后裔前来中国"走亲戚"。

出于旅游经济的考虑，地方政府和当地村民都有意把者来寨打造成一个"古罗马军团的居留地"。正是基于这样的考虑，永昌县总是选择邀请那些支持骊靬传说的学者前往考察，并为他们提供各种方便。

大众传媒也一样，总是循着"人咬狗"的方向找新闻。如此，刘光华、汪受宽那几篇关于"狗咬人"的学术论文几乎从不被大众传媒提及，而那些受到永昌县邀请的学者却有更多的机会零敲碎打地搞点考古挖掘，发布些人咬狗的考古新闻，不断现诸大众传媒。

二十年前还从来没有人把永昌与欧洲联系起来，者来寨的村民"因为长相与其他村民有着不同，时常会遭到乡亲邻里的嘲笑甚至是辱骂，而他们又无法对自己的长相说出原因，所以总觉得抬不起头来"[2]。但今天的永昌县城以"罗马""骊靬"为名的企业和商业网点比比皆是，"在记者的采访中，不少当地农民了解'罗马军团溃败'的历史，并对自己的欧洲人血统深信不疑"[3]。据说一个外号叫蔡罗马的人"有段时间可风光了，外国来的记者找他去上海，来回坐的全是飞机。他家里还有和外国人一起照的照片"[4]。一些长相欧化的永昌人已经开始穿上戏装一样的古罗马战士服，偶尔做一些旅游性的亮相表演。

---

① 贾笑天、张弛：《一支古罗马军团在中国》，甘肃文化出版社1999年版。
② 贺闻：《消失的军团》，央视国际2005年9月12日。
③ 纪新宇、郭琼、范维：《中国罗马城市 骊靬传说》，《法制晚报》2005年10月4日。
④ 罗颖凤、狄多华：《甘肃永昌真有古罗马军团后裔？》。

图 4—1   骊靬古城景区游客接待中心的古罗马战士雕像，前面甚至摆着一个颇有中国特色的"功德箱"。徐祎摄，2016 年。

借助于"骊靬"的名头，永昌县可谓一朝成名天下知，县城街头的外地人也明显多了起来。其实所谓的骊靬古城什么也没有，永昌人宣传的只是个骊靬传说的概念，但或许正因为什么都没有，也就更具有"念天地之悠悠，独怆然而涕下"的怀旧效果。贾笑天认为"这是一个发展旅游经济的机会"①。

者来寨是个贫瘠的山村，改名"骊靬"给村民带来了许多实际的利益和希望，很显然，传奇的身世和现实的利益左右了村民的情感和判断。大众传媒连篇累牍的视觉轰炸，以及官方的、海外的、御用专家的观点，无疑具有权威的宣示作用。村民们越来越搞不明白自己的祖先是什么人了。

媒体的造势活动在 2007 年 3 月迎来了新的高潮。"意大利广播电视公司派出摄制组，沿着骊靬人历史的痕迹走进大漠深处，在茫茫戈壁中

① 《骊靬：中国的"罗马城"——访甘肃省经委副主任贾笑天》，《新西部》2005 年第7 期。

寻觅罗马东征军流落者后裔的蛛丝马迹。意大利媒体的到来，使沉寂在祁连山下的骊靬遗址再次热闹了起来。"[①] 尽管所谓的意大利摄制组只不过是两个受委托的中国籍记者，但多数媒体却有意只提他们隶属的公司头衔，从不提及记者的中国身份。紧接着，意大利安特国际影视集团时长 80 分钟的电视片《祁连山下的古罗马城》又在永昌开拍[②]。这一时期，全国各地翻炒的骊靬传说数以百计，但中心内容与 1989 年《参考消息》和《人民日报》的报道别无二致，所更换的，只是采写新闻的记者与发布新闻的媒体。

四　学术研究无法左右传说的生长方向

学术研究忌讳重复劳动人云亦云，而大众传播却不一样，不仅可以在不同的时期进行反复炒作，还可以在同一个时期遍地开花。进入 21 世纪之后，正规的学术论文已经不再讨论骊靬问题了，而媒体却还在不断寻找新的借口翻炒冷饭。所以当个别记者找到刘光华教授的时候，刘光华多少显得有些不耐烦："这事十几年前就说过了，怎么还没完没了的。"沉潜的研究型学者往往会与媒体保持一种安全的距离，而那些热衷于文化评论的传播型学者却更愿意与媒体保持良好的互动，于是，大众传媒为受众送上的知识大餐，往往并不是来自严肃的学术成果。

纵观骊靬传说的生产流程，我们知道这是一个由德效骞的"假说"而起，在地方精英和大众传媒的合作推动下不断完善、坐实的叙事。但在中央电视台科技频道《消失的军团》[③] 节目中，完全抛开了德效骞其人，找了两位中国学者扮演福尔摩斯，从者来寨村民的奇特长相说起，用中国学者的探索历程作为线索，使用了"发现异相—产生疑惑—实地考察—考古挖掘—考释结果"的叙事方式，一步步倒推回到德效骞的假

① 武永明：《意大利媒体来甘踏访"骊靬人"》，《兰州晨报》2007 年 3 月 5 日。

② 武永明、杨晓丽：《"洋眼"近观"骊靬"古城》，《兰州晨报》2007 年 4 月 17 日。

③ 贺闻：《消失的军团》，央视网—央视国际，http://www.cctv.com，2005 年 9 月 12 日。

说体系中。于是，一种"假说的观点"在央视的口中变成了"实证的结果"。不由得观众不相信一切都是事实。

讲故事的两位专家，一位是关意权教授的儿子，半路出家子承父业的会计，"平时与史学界也没什么联系，对于不同于父亲的观点，他也并不了解"①。而另一位则是多年没有写过一篇正式论文的大学老师。看电视的观众决不会无端质疑电视屏幕上"甘肃省骊靬文化研究院研究员""兰州大学历史系教授"的真实性，也没有义务去追问他们的任职资格，观众预设了这些基本信息已经为中央电视台所核实。观众只是听一个故事，满足一下自己的猎奇心理，然后拿它们当作茶余饭后的谈资，口口相传。

骊靬传说的持续高温，把自然科学家也扯了进来。2006 年，兰州大学生命科学学院谢小冬副教授拿下了一个国家自然科学基金项目"河西走廊骊靬人群体遗传研究"。据媒体报道，该项目从 91 名者来寨村民中采集了血样，预计将于 2008 年拿出最终检测结果，等全部检测结果出来后，项目组将会同历史学、民族学、人类学、考古学等学科的专家进行最后的综合研究，然后才能得出结论②。

事实上，谢小冬指导的博士生周瑞霞早在 2007 年就以《中国甘肃永昌骊靬人的父系遗传多态性研究》摘下了生物学博士学位。周瑞霞在论文摘要中明确指出："根据 PC 和 MDS 分析筛选出与骊靬遗传关系最近的古老人群：汉族和蒙古族。这两个人群假定为骊靬人的祖先人群，而骊靬人则被认为是这两个人群的杂合人群而进行混合度的计算，结果表明：汉族对骊靬人的父系遗传贡献高达 70% 之多，蒙古族对骊靬的遗传贡献相对较小。……在统计学上，骊靬人和北方汉族之间的遗传差异不显著，和其余欧亚人群均表现出显著的遗传差异。……总之，根据骊靬父系遗传变异的研究结果，不支持罗马军团起源说。当前的骊靬人更具一个汉民族亚人群的特征。"③

---

① 冯玥：《历史之谜？还是神话》，《中国青年报》1999 年 8 月 19 日。
② 武永明：《甘肃"罗马军团"谜底明年公诸于世》，《兰州晨报》2007 年 2 月 14 日。
③ 周瑞霞：《中国甘肃永昌骊靬人的父系遗传多态性研究》，兰州大学生物学博士论文，指导老师：王勋陵、安黎哲、谢小冬，2007 年 5 月，第 1、2 页。

2009 年，谢小冬又指导了一篇硕士论文，"通过线粒体母系遗传的角度去探究其种族起源"，其结论是："骊靬人的线粒体多态性的研究结果并不支持骊靬人是古罗马军团的后裔的假说。简言之，骊靬人是中国汉族和中亚人或欧洲人基因交流，融合的一个特殊群体。并且中国汉族人对于整个骊靬人基因文库的形成起到了决定性的作用。"①

但是，科学并不万能。任何科学的结论都是或左或右的"或然"结论，其可信程度只在于"或然率"的高低差别，毕竟70%不等于100%，剩下的小概率事件也可能是曾经发生过的事件。也就是说，就算把结果摆在我们面前，那也只是一个可能的、大致的结果，是一个概率论的问题，而不是一个确定性的答案。你可以拿70%来肯定这个结论，我也可以拿30%来否定这个结论。只要还留有余地，论争以及传说就能继续生长。

故事是排斥科学的。越是大概率的事件越没有传播价值，有传播价值的都是小概率事件。换句话说，在故事的传播中，越奇异的情节越有传播价值。几乎所有的民间传说，都会依靠"巧合""偶然"来结构故事情节，正所谓"无巧不成书"。古罗马军团突围后的神秘失踪、郅支单于的奇特布阵、骊靬古城的身世之谜、者来寨民的欧式长相、出土文物的各自解读，在在都有可能滋生神奇的故事，更何况是这么多巧合凑在一起。

地方愿望和传媒效果决定了历史的叙述方式必然朝着传奇性方向发展。随着时间的推移，当地村民也在逐渐加入新传说的建构队伍中，他们已经提交了，还将继续提交更多的证据，以证明他们就是古罗马军团的后裔。无论历史学家写出多么有力的驳论文章，也无法说服永昌县拆毁路旁的古罗马士兵雕像、摘下街头的各种骊靬招牌，无法说服骊靬村民回到原来的生活道路上了。

关于骊靬传说的纯学术探讨早已接近尾声，而新闻炒作却没有停止，骊靬村民的生活也还将继续。学术引发了骊靬传说的生产，却无法左右

① 马国荣：《中国西北骊靬人起源的线粒体遗传多态性研究》，兰州大学生物学硕士论文，指导老师：谢小冬，2009 年5 月，第1、2 页。

骊靬传说的生长方向。

（本章原题《骊靬传说：竞择生存的历史叙事》，原载王兆成、王学典主编的《历史学家茶座》总第 12 辑，山东人民出版社 2008 年版，收入本书有修订。）

第 五 章

犀利的文化批评与功利的地方诉求

——以各地方政府的"公祭大典""文化旅游节"为例

导读

1985 年以来,以哈尔滨国际冰雪节和深圳荔枝节为龙头,举国上下突然兴起一大批"文化旅游节",当这些新兴节日逐渐退潮的时候,突然又刮起一股"公祭"风潮。这些"文化搭台,经济唱戏"的举措遭到了许多学者和知识分子的猛烈批评,被指斥为制造虚假文化记忆、糟蹋文化、对人民群众与子孙后代不负责任。

可是,如果我们站在地方经济的角度来看,就会发现这些"虚假的"文化活动各有其自身的逻辑和背景。正是地方精英们所生产的那些非理性、"没文化"的新传说,为地方经济带来了直接的利益,且迅速为当地民众所接受。在强大的世俗生活面前,学者的文化批评是如此的无力。学者的理性思考与民众的生活要求就这样分道扬镳了。

学术研究本来就是盲人摸象,学术成果永远只能是具体专业中的部分真理,若是用以指导生活,必将顾此失彼。因此,学术与生活的关系只能是旁观者和操作者的关系。生活只是学术的观察对象、描述对象,而不是批评对象。

一　备受责难的新造神运动

2007 年清明前后，忽如一夜春风来，千树万树梨花开，各种各样的公祭活动竞相在全国各地上演。你是伏羲故里，我是女娲源地，你有黄帝陵，我有盘古庙。各地竞相挖掘名人资源，打造祖宗文化。

受公祭的历史人物中，最具轰动效应的莫过于诸葛孔明了。2007 年 4 月 3 日，陕西勉县举办了诸葛亮逝世 1773 周年祭祀活动①。4 月 13 日，湖北襄樊在古隆中隆重纪念诸葛亮出山 1800 年。5 月 30 日，山东省沂南县"诸葛亮诞辰 1826 周年祭祀纪念活动"盛大开幕②。

虚拟的神话人物也一样备享尊荣。湖北竹山、河北涉县、甘肃天水、山西长治等地均为女娲举行了公祭，其中又以竹山县的规模为大。据报道："竹山地处秦巴山区，是全国 592 个特困县之一，也是湖北的重点贫困县，2006 年全县财政收入刚过亿元。就这么一个贫困县，几年已投资 1500 多万元，塑造了 18 米高的女娲雕像，建起了女娲祭坛、圣母亭、问天阁等景观，建造了'中华母亲山'文化石。为了举办这次女娲文化节，县里又掏出 20 多万元，派出大量工作人员负责安排和接待，动员不少农民演员沿路表演民俗节目，出动大批警力维护现场治安。"③

至于"中华始祖"黄帝炎帝的公祭就更加隆重了，祭祀规格以及主祭者的行政级别都上了好几个档次，陕西、河南、湖南、湖北等多个地方均有公祭活动。2007 年 4 月 5 日，在陕西黄陵轩辕殿广场，仅乐舞表演一项，"人数达到 1000 多人，整个场面气势恢弘（宏）"④，光是到会的记者就有 500 多名。4 月 19 日，"黄帝故里拜祖大典"又在河南新郑举

① 陆敏、赵勇：《武侯墓清明文化庙会昨开幕》，《三秦都市报》2007 年 4 月 4 日。

② 《第二届诸葛亮文化旅游节盛大开幕》，临沂资讯网，http：//www. lyxinwen. com，2007 年 5 月 30 日。

③ 刘紫凌、廖君：《莫让发展走进劳民伤财的豪华公祭误区》，新华网—湖北频道，http：//www. hb. xinhuanet. com，2007 年 5 月 18 日。

④ 朱月怡：《公祭轩辕黄帝典礼在陕西举行》，人民网—人大新闻网，http：//npc. people. com. cn，2007 年 4 月 5 日。

图5—1　竹山县从 **2005** 年开始着手女娲山风景区建设，修建了女娲雕像，建造了一系列与女娲相关的人文景观。图片来源：**湖北省人民政府门户网站，2016 年。**

行，"现场鸣放 21 响礼炮。大典共分盛世礼炮、敬献花篮、净手上香、行施拜礼、恭读拜文、点燃圣火、高唱颂歌、乐舞敬拜、天地人和九项议程"①。

　　各地公祭的对象五花八门，从子虚乌有的盘古、伏羲、女娲，到分不清是神话人物还是历史人物的黄帝、炎帝、颛顼、帝喾、大禹、仓颉，再到被神话化了的历史人物孔子、老子、孙子、屈原、伍子胥、司马迁、诸葛亮、欧阳修、纪晓岚等，甚至历史上名声并不太好的武则天，以及没有具体人物形象的"中国洪洞大槐树"，各种古老的神话英雄或者历史文化名人，一一被捧上祭坛。

　　事与愿违的是，打着"弘扬民族精神"旗帜的公祭活动不仅没有赢得各方称许，反而招致了来自文化界的激烈批评。

①　曲昌荣、曹树林：《黄帝故里拜祖大典在新郑举行》，《人民日报》2007 年 4 月 20 日。

客气一点的学者认为这是一场新的造神运动:"他们并不问所造神灵的真正文化价值与文化意义,而注重的是投资规模、占地面积与高度,因为这些人为因素将是旅游卖点与新闻宣传点。"① 刻薄一点的学者则戏谑其为五个一工程:"抬出一个死人,建了一座假坟,演了一场闹剧,花了一堆金银,坑了一方百姓。"② 大部分学者倾向于认为公祭活动是在制造虚假文化记忆,糟蹋文化,"如此盲目、一窝蜂地乱搭'文化台',对人民群众与子孙后代是不负责任的"③。

学者对地方官员竞相"祭祖"的批评,成了媒体舆论的主流声音。他们甚至质疑这些"祖宗"本身的文化内涵:"炎黄二帝塑像,要弘扬什么样的民族精神呢?翻开历史传说,我们看到的是古代两个部落间的一场残酷的兼并战争,有什么人文意义可言?炎黄时代中华民族的土地上就已是多民族共居共荣、多元文化发达的时代了,我们今天仅用两个部落的首领为人文始祖的象征,既不科学也是对历史的不尊重。"④

二 一个学者与一个政治家的决裂

学者与官员,两者对于女娲、黄帝等"民族始祖"价值认同的差异,早在 1920 年代就曾有过一段著名的公案。

"五四"运动之后,科学主义和理性主义思潮席卷了整个文化界,逐渐波及普通民众的日常生活,随后借助国家机器,打倒了孔家店,幻灭了帝王将相的神圣想象。1923 年,顾颉刚在他著名的《与钱玄同先生论古史书》⑤ 中,指出上古历史是"层累地造成的":周代人心目中最古的人是禹;到孔子的时代才虚构出了尧和舜;至于黄帝、神农,那

① 吴祚来:《弘扬文化不需要新造神运动》,《广州日报》2007 年 4 月 17 日。
② 郑华淦:《公款应退出,莫让公祭变公害》,人民网—文化频道,http://culture. people. com. cn,2007 年 7 月 2 日。
③ 闻白:《搭什么台,唱什么戏?》,《人民日报》2007 年 5 月 23 日。
④ 吴祚来:《弘扬文化不需要新造神运动》。
⑤ 顾颉刚:《与钱玄同先生论古史书》,《古史辨》第一册,北京:朴社出版,中华民国十五年(1926),第 59—66 页。

是到了战国时才被想象出来的；所谓的"三皇"，是秦以后才有的概念；我们现在所知的最古老的开天辟地的盘古，则更是到了汉代之后才发明出来的。

顾颉刚认为，自西周以至春秋初年，当时人们对于"古代"还没有什么悠久的推测，他们只是把本族形成时的传说人物当作自己的始祖，并没有推想更远的始祖。他们只是认定一个民族有一个民族的始祖，并没有跨越不同部族之间的"共祖"概念。

直到春秋初年，所谓的"始祖"还只有一个"禹"。禹到底是人的名字还是神的名字，今天已经无法得知，顾颉刚认为"禹是上帝派下来的神，不是人"。到了鲁僖公的时候，禹才慢慢地由"神"落实为"人"。商族把禹当作下凡的天神，到了周族，才为禹脱去神的外衣，把他当成了最古的人王。

商周时期，黄帝、炎帝、尧、舜这些"中华始祖"都还没有生产出来。"帝"的概念在《诗》《书》中都是特指上帝，是至高无上的神，绝不可能以"帝"作为人名的后缀，所以，"黄帝"这个概念是不可能存在的。

祭黄帝的传统始于战国时期的秦灵公（前424—前414年在位）。灵公在吴阳作上畤时，祭黄帝，后来经过历代御用方士的大力鼓吹，再有《世本》的出现，硬替古人造了个所谓的"世系"，按照这个世系，大家全都成了黄帝的子孙。

顾颉刚这封信一经发表，即在学术界引起了激烈的论争。论争的后期，顾颉刚以他渊博的知识、严谨的思辨和雄辩的笔力，取得了空前的胜利。顾颉刚乘胜追击，随即以《古史辨》为题，将论争结集出版。这一学术事件迅速波及全社会知识界，"疑古""辨伪"一时成为文化时尚，其影响所及，历经百年至今而不衰。

数千年的黄帝信仰，就这样被一个手无缚鸡之力的文弱书生的一封书信给推得摇摇欲坠。时任国民党中宣部长的戴季陶尽管非常欣赏顾颉刚的学问和才华，但在读过《古史辨》之后，还是大吃一惊，"谓如此直使中华民族解体（无共同信仰之故）"①。

图5—2　刊载在上海报纸上的"现代初中教科书"广告，其中顾颉刚编纂的"本国史"位列第一，可见其畅销程度。《时报》，1923年8月7日。

1923年，顾颉刚为商务印书馆编写的《现代初中教科书·本国史》②，认为三皇五帝都是神话传说而非历史人物，不承认三皇五帝为事实。这本书非常畅销，很快卖出25万册，前后共印了160万册，影响极大。一些地方学政官员读到此书，既惊又忧，立马组织力量上书弹劾，诉其"非圣无法"。戴季陶作为国民党主管意识形态的宣传部长，当然不能坐视不理，基于"中国所以能团结为一体，全由于人民共信自己为出于一个祖先"的理由，戴季陶提出："学者的讨论是可以的，但不能在教科书上这样说，否则动摇了民族的自信力，必于国家不利。"1929年春，国民政府审查《现代初中教科书·本国史》，下令禁止该书发行。随后，北平《新晨报》以《国府严禁反动教材发行》为题刊出此事，封杀了这本初中教材③。

---

① 顾颉刚日记，1928年12月31日。
② 顾颉刚、王钟麒编，胡适校：《现代初中教科书·本国史》，上海商务印书馆1923年版。
③ 顾潮：《顾颉刚年谱》，中国社会科学出版社1993年版，第172页。

顾颉刚只是个学问家,他将"求真""求是"当成自己人生追求的最高目标,认为民族自信力本该建立于理性之上,三皇五帝既然不可信,就不该强行维持一种虚幻的假象。这在科学与理性逐渐成为新信仰的"五四"时期,无疑有巨大的号召力。

而戴季陶是个政治家,政治家只追求政治意义,而不问求真辨伪。在当时山雨欲来风满楼的民族危机时刻,戴季陶的考虑也不是没有任何道理的。

不同的角色站在不同的立场面对同一个问题,会作出截然不同的判断。角色差异决定了顾颉刚与戴季陶的必然决裂。

三 性质世界与意义世界的分歧

2007年6月,四川北川县申报"大禹文化之乡"。我们前往考察的时候,发现当地无论是政府官员还是普通民众,都非常愿意为大禹文化出钱出力。北川是中国唯一的羌族自治县,北川羌族人民非常真诚地相信大禹就是从他们羌寨走向中原大地的。

2006年6月,一位自称是大禹第143代后裔的姒姓先生应邀参加了在北川举行的"全国第二届禹羌文化学术研讨会",考察了"大禹故里"与相关古迹,为北川题词"四川北川我始祖生地,六月初六乃大禹诞辰"①,当地政府如获至宝,奉为金玉。据说这位姒姓先生所到之处,甚至有许多农民对着他烧香磕头。

禹到底是人还是神,今天已经无从得知;稍有谱学知识的人都知道,所谓的"第143代后裔",更是天方夜谭;而对着姒姓先生磕头,则多少显得有些可笑。北川的官员们解释说,祭祀大禹和邀请姒姓先生,都是当地民众的要求,过去政府不敢公祭大禹,是害怕别人指责他们搞迷信活动,这些年有了"非物质文化遗产"的尚方宝剑,他们决定顺应民心,建立一种更和谐的政民关系,这才有了一系列的公祭活动。

---

① 谢兴鹏:《禹生之地在北川》,中国先秦史网站,http://www.zgxqs.cn,2007年7月15日。

**图5—3   汶川大地震前，北川民众在石纽山祭祀大禹的场面。图中的大禹像在
2008 年的 5·12 大地震中倒塌。施爱东摄，2007 年。**

　　文化明星余秋雨说过一句颇具诗意的哲言："任何真正的信仰，都不
应该被历史透析，就像再精确的尺子也度量不了夜色中的月光。"① 这种
类比虽然矫情，但也不无道理。学术是理性的，而人的精神世界是丰富
的、多元的，理性的学术是不是一定得介入多元的生活？确实是一道斯
芬克斯之谜。当你身处当地民众那种真诚、质朴的情感氛围中时，你会
不忍心用你的理性去戳破他们的精神世界。

　　禹也许是虚构的，但民众的感情是真实的，他们真诚地景仰大禹这
样的哪怕是虚构的英雄人物。大禹信仰的传衍，无论对于当地民众还是
对于我们整个社会，也许都是有益无害的。而人在现代社会的遭遇是，

---

　　①   余秋雨：《黔东南考察手记（一）》，新浪博客"余秋雨"，http：//blog. sina. com. cn/yu-
qiuyu，2007 年 9 月 8 日。

自科学主义滥觞以来，学术的理性就一直在嘲弄和抑制着人的精神文化的多元化发展。

吕微认为：学术对于生活的伤害，源于学术研究所提供的"本质"和"真理"。学术研究只能提供"对象"在形而上学逻辑体系中的"性质"真理，而不能提供"对象"作为存在者个体和主体的自在、自由存在的"意义"真理。"对于人来说，被给予的有关事实性质的世界、实然的世界、现实的世界与自我选择的有关事实意义的世界、应然的世界、可能的世界都是必须的。固然，没有性质的世界，人不能生存；但是，没有意义的世界，人无法作为人而存在。"①

学者往往喜欢以求真为标榜，而生活着的文化传承者却没有这种义务，他们根本不必关心传说在性质世界内是否为"真"，他们更关心这些传说在意义世界内是否为"善"，即是否对他们的现实生活有"好处"，因为他们更关心自己的生活质量。"传统文化对现代化的价值如何，一方面要看它本身有否可以利用的价值，另一方面要看我们这个时代的人对它的选择、改造和利用而定。"②

休谟在《人性论》中指出，我们不能从"是"推导出"应该"，即纯事实的描述性说明凭其自身的力量只能引起或包含其他事实的描述性说明，而决不是做什么事情的标准、道德准则或规范。学者们的失策在于总是喜欢把自己的"事实判断"当作"价值命题"来批评公祭事件，从而推导出"应该不这样"或"不应该这样"的判断。文化传承人的目的是要在传统的继承与发展中求得利益之"善"，而学者却是外在的"他者"，不在这个利益圈内。学者们必须清醒地区分这种身份差别，大可不必以一种文化权威的姿态横加批评。

文化传承人及其生活世界是学者的研究对象而不是改造对象。地方官员以及地方文化工作者就是地方文化的具体传承人，是地方文化的阐释者，他们是学术研究的对象，而不是学术研究者，因此，不能以"求

---

① 吕微：《民间文学—民俗学研究中的"性质世界"、"意义世界"与"生活世界"——重新解读〈歌谣〉周刊的"两个目的"》，《民间文化论坛》2006 年第 3 期。

② 陈正夫：《哲学的发展与中国传统哲学》，《南昌大学学报》1994 年第 1 期。

真"的标准来要求他们。

　　学者们往往喜欢对社会进行分层，把特定区域的人分为"官"和"民"，而且自作主张地认为两者是对立的，同时，学者们先验地把自己设定为站在"民"的一方。这种划分多少有点自作多情。如果我们深入其中就很容易发现，在真实的地方社会，"官"往往是"民"中的精英分子。地方文化的搜集、整理和阐释，往往都是由地方精英来执行的。甚至许多地方官员身上所体现出来的一些陋习，往往也是这个地区民众的普遍陋习。在对于地方文化的理解上，"官"与"民"并没有明显的对立，反倒是我们这些外来的学者，更容易从异文化的角度把他们一同视为"当地人"。我在北川的考察中，对这一点感触尤深。

　　由于知识结构、价值立场、利益牵扯的不同，学者、媒体，以及当地民众，恐怕很难站到同一个立场。公祭活动对于地方文化建设的意义，恐怕只能等历史来回答。

四　借助共同知识生产新的传说

　　被学者们批得最狠的，莫过于湖北竹山的女娲公祭。学者们普遍斥之为劳民伤财："动辄大轰大嗡，兴师动众，奢侈华丽，挥金如土，建庙宇，塑金身，毁良田，修广场，平山头，筑亭台。美其名曰：'文化搭台，经济唱戏'，筑巢引凤，借梯上楼。到头来劳民伤财，收效甚微。"①

　　只要动手做事，无论做什么事，肯定都得"劳民伤财"，关键不在于过程，而在于结果。结果是不是收效甚微？我们得了解当地民众的看法。

　　我没去过竹山，得先从我自己的家乡，革命老区江西信丰县说起。2002 年 8 月，为了"纪念陈毅元帅诞辰 102 周年"（套用今天的理解，这也是一种公祭活动），信丰以地置换，引进某集团投资 3000 万元建设了一个陈毅广场。

　　至于广场建设有没有经济漏洞或权钱交易，那是另一个话题，不在

① 彧君：《奢侈华丽、劳民伤财 公祭风当刹！》，人民网—文化频道，http：//culture. people. com. cn，2007 年 7 月 2 日。

本文讨论范围。我只知道我一回到家乡，亲戚同学朋友都向我提起陈毅广场，个个热心地要带我去看，自豪与喜爱之情溢于言表。每一入夜，广场上人山人海，个个欢天喜地，老头老太载歌载舞。广场的落成无疑丰富了信丰人民的物质和精神生活。由于广场周边的房地产价格迅速飙升，狠狠地拉动了地方经济的发展，县财政也大大受益。全国各地类似的"广场"数不胜数，大多属于地方旅游、市政建设的大工程，且多为当地民众所喜爱。

我们再来看看被学者们骂得最狠的竹山女娲文化节。

竹山经济最大的潜力股莫过于绿松石，据说其地质储量约达 5 万吨，占了全世界储量的 70%。竹山一直在宣传他们的绿松石，2005 年 5 月还曾举办过一个盛大的"中国竹山首届宝石文化节"，尝到一些甜头，但影响不大。

竹山人崇奉女娲，在许多民间文艺形式中，还残存有大量的女娲神话，各地还有众多诸如女娲山、圣母山之类的地名。女娲文化的中心点在宝丰镇，这里有个年代久远的女娲庙，始建时代不可考，另外还有女娲抟土造人大席场、女娲青锁等古迹和景点。随着举国上下非物质文化遗产保护运动的展开，竹山人意识到可以更好地利用女娲传说这一无形文化做些文章，正如竹山县委书记所说："20 世纪 80 年代发现了世界最大的以绿松石为主的五彩石矿带，与《山海经》中'女娲炼五色彩石以补苍天'之说不谋而合。"[1]

他们自此开始把绿松石与女娲炼石补天的"五彩石"捆绑在一起进行宣传。新华社等多家媒体在关于女娲文化节的新闻报道中均采纳了竹山县提供的新闻通稿，特别提到"竹山占世界总储量 70% 以上的绿松石，即是传说中女娲炼石补天的五彩石"[2]。宝丰镇的官方网站上，更是把有关绿松石的各种资料归在"女娲文化"频道[3]。

接下来我们再看看，劳民伤财是不是一定会把老百姓"折腾得鸡犬

---

[1] 中共竹山县委书记董永祥：《中国竹山女娲文化暨民俗旅游研讨会上的祝辞》，2005 年 7 月 5 日。

[2] 龙桥、郭齐成、黄治荣、胡光凯：《湖北竹山举行女娲公祭大典 200 人共拜东方圣母》，《楚天都市报》2007 年 5 月 14 日。

[3] 详见"宝丰政务信息网"，http：//web.zhushan.cn/zsbf，未详具体日期。

不宁"①？

　　据曾经参加 2005 年"女娲文化暨民俗旅游研讨会"的部分学者介绍，宝丰镇上上下下，无论官员还是普通农民，对于打造该镇女娲文化一事都寄予很高的期望，认为这一举措不仅能改善他们的交通和生活，还能拉动他们的旅游产业，似乎并没有出现"长官意志"与"民众意愿"的对立。相反，竹山为了办好节日，除了建好女娲山风景旅游区，宝丰还挖掘和整理了彩船歌舞、快板说唱、竹山牌子锣、民歌、剪纸、皮影等非物质文化遗产项目②，集中整治了集镇环境卫生，加强了大堤和宝丰大桥的建设③。自宝丰集镇至女娲山山顶的水泥路，受益村民达一万余人，沿途村民莫不拍手叫好，曹家湾村民更是喜形于色，集资过程中，沿途群众还主动捐款相助④。

　　竹山绿松石，只是全国无数矿产资源中的一种，如果只是单纯的商业宣传，效果极其微弱，而女娲抟土造人、女娲炼石补天，都是中华民族的共同知识。借用共同知识来宣传地方风物特产，无疑起到了事半功倍的效果。

　　无论被学者们批也好、捧也好，竹山已经名扬天下，竹山与女娲的关系也被许多人记住了。今天的我们都知道绿松石与补天石的关系是一种当下发明的虚拟的关系，但将来的竹山人呢？还有那些不明就里的外国人呢？他们会把这种关系当成一个代代相传的民间传说，会不断赋予它们各种美好的想象，会为绿松石加上许多额外的附加值。

　　2006 年的女娲祭坛开坛大典上，"女娲山一卖香火的，5 月 18 日这天就卖了 1000 多元；21 日这天，宝丰镇各旅社住宿的游客还是爆满"⑤。

　　① 刘紫凌、廖君：《莫让发展走进劳民伤财的豪华公祭误区》："虽说活动都是地方政府出面，财政拿钱，但羊毛出在羊身上，最终买单的还是老百姓。而且，修建场地、组织排演、接待参观、维护安全，一个大典下来，折腾得鸡犬不宁。"
　　② 袁斌、田耀明：《女娲文化节活动内容敲定 四项主要活动为文化节添彩》，今日竹山网，http：//www. zhushan. cn，2007 年 4 月 28 日。
　　③ 苗东升：《办好女娲文化节　提高竹山美誉度》，今日竹山网，http：//www. zhushan. cn，2006 年 4 月 12 日。
　　④ 袁斌：《三年辛苦不寻常》，今日竹山网，http：//www. zhushan. cn，2007 年 6 月 5 日。
　　⑤ 袁平凡：《"女娲"迎来八方客》，今日竹山网，http：//www. zhushan. cn，2006 年 5 月 22 日。

至 2007 年，"两届女娲文化节，共签约项目 65 个，协议资金 6.9 亿元，绿松石行业更借此跃上新台阶"①。其中还有一些是中小学教育项目②。

竹山借助于"女娲文化"的共同知识举办公祭大典，虽然招致外界批评，但不可否认的是，这一活动却起到了一箭三雕的作用：一是，提高了竹山的知名度，吸引了更多的海内外客商；二是，使竹山成为知名的绿松石开采、加工、营销中心和知名的女娲文化传承地；三是，完善了宝丰镇的基础设施建设与文化、教育、卫生建设。

如果我们悬置女娲的真实性问题不论，单从效果上来看，竹山的经营策略无疑是成功的，也是聪明的。相比于江西信丰的陈毅纪念活动，湖北竹山的女娲祭祀活动似乎取得了更丰厚的回报。

如果我们把这一事件放在民间文学的生产、传播的角度来看，竹山人无疑正在生产一种新的民间文化、一个新的传说。民间文学所反映的，本来就是民众的意愿，而不是历史的真实。民间文化从来就是以反映文化创造者和传承者的利益、意愿为主，而不是以表现历史真实为主。

至于公祭的决策程序是否合法，活动过程中是否有以权谋私、贪赃枉法、违章摊派、强拆民房等行为，那是法律层面的问题，自有法律去追究，又关学者底事？这类问题当然也不在本文的讨论范围。

五　有什么家底打什么牌

许多学者指责那些大搞公祭活动的地区"穷折腾"，葛剑雄就曾指出："这些祭祀地一般都不是中心城市或经济发达地区，最近更扩大到一些贫困地区。"③

其实这个问题一点也不难理解，正因为不是中心城市，工业欠发达、商业欠发达、传统的经济资源比较匮乏，才导致贫困，才更有必要绞尽

---

① 袁斌：《一花引来百花开》，今日竹山网，http：//www. zhushan. cn，2007 年 6 月 8 日。

② 陆龙和、徐勇：《第二届女娲文化节签约引资项目推进顺利》，今日竹山网，http：//www. zhushan. cn，2007 年 7 月 11 日。

③ 葛剑雄：《算一下经济账如何》，新浪博客"葛剑雄"，http：//blog. sina. com. cn/ge-jianxiong，2007 年 6 月 21 日。

脑汁挖掘可资利用的文化资源，以期借助文化的东风，把当地的特色产品推向市场，打开新的局面。

1980年代，深圳刚刚从一个不知名的小渔村发展起来的时候，他们就意识到，没有文化做支撑，经济发展将受到严重制约，于是，深圳逐渐明确了"文化搭台，经济唱戏"的发展策略，确立了"文化立市"的指导思想。可是文化从哪里来呢？他们最初想到的是从传统民俗和现代生活中提炼部分文化特质，加以升华。

从1988年开始，深圳每年举办10天"荔枝节"。对外的宣传口径是说：深圳市民有一个传统的习俗，每逢蝉鸣荔香时节，都要邀请海内外亲朋好友光临荔园，即摘即啖，既品尝了鲜荔的独特美味，又可饱览旖旎的荔乡风光，借此沟通感情，增进友谊。他们甚至把"传统荔枝节"形容成"往往是你争我夺，场面十分欢快"。

这当然是一套临时提炼出来的宣传口径，以前从未听说有哪位海外客人漂洋越海来深圳吃荔枝的，而且，深圳的荔枝在周边地区毫无优势可言。其目的只不过是以荔枝为名，招引海外客商及内陆大贾，开展各种形式的经贸、文化联谊活动。

1980年代，"深圳经验"在全国具有很强的号召力。东莞、从化、增城、茂名，以及广西灵山等地紧跟而上，相继设立"荔枝节"。荔枝节当然不只是吃荔枝，项庄舞剑，意在招商。短短十几年，我们能数得出来的水果品种几乎全都有了自己的节日[①]，有些地区没有什么特色水果，则干脆一网打尽所有水果，直接叫做水果节[②]。

数量最多的当然还是为葡萄、苹果、桃、梨四大品种所设立的节日。桃和梨因为是单名，叫起来不大上口，为了把拗口的单名改成上口的双名，于是有了千变万化的组合。以桃为例，分别可以"某 + 桃"组合为蟠桃节、肥桃节、蜜桃节、大桃节、采桃节、摘桃节、品桃节（摘、采、品、蜜等字也可用于梨、枣等单字水果名前）等，其中以蟠桃节名字漂

---

① 全国各地计有近两百个县市设立了水果节，如中国丝绸之路葡萄节、永德芒果节、乐东香蕉节、云和雪梨节、崂山樱桃节、恭城月柿节、贵定冰脆酥李节、新郑打枣节、邛崃采柚节、莱西山楂节、郑州摘杏节、荥阳石榴文化节、河套番茄节、大兴西瓜节，等等。

② 如重庆水果节、北京国际精品水果节、广东万顷沙水果文化节等。

亮，被选用的频率也较高。

果树都得开花，那么，花开烂漫的时候，不也可以举办一个关于"浪漫"的花的节日吗？于是，全国各地又冒出了几十个桃花节、梨花节、李花节、梅花节、杏花节、枣花节，等等①。

种水果的靠地吃饭。可是，那些北国苦寒之地，水果资源不足，他们能靠什么吃饭呢？聪明的哈尔滨人首先学会了靠天吃饭。

1980 年代初，哈尔滨市委的有关同志在接待来哈观赏冰灯的港、澳、台胞过程中，发现他们不仅爱哈尔滨的冰灯，而且也爱哈尔滨的白雪，由此产生了举办冰雪节的设想，1985 年 1 月首届哈尔滨冰雪节开幕，当年接待国内外游客 200 多万人次。如今，哈尔滨国际冰雪节已经有了巨大的国际声誉，是世界上少数几个内容丰富气氛热烈的冬令盛典之一。

哈尔滨经验一样刺激着邻近的北部城市。我们可以看这样一组资料：1991 年，吉林市举办首届"中国·吉林雾凇冰雪节"。1999 年，满洲里举办首届"中俄蒙三国交界地区国际冰雪节"②；2001 年，成都举办首届"中国（四川）南国冰雪节"；2003 年，昌吉州举办"首届天山天池冰雪风情节"、阿尔山市举办"内蒙古自治区首届冰雪节"；2004 年，本溪市举办"首届本溪冰雪节"；2005 年，沈阳举办首届"中国沈阳国际冰雪节"、东乌旗举办"首届草原冰雪节"、张家口市举办首届"上水源国际冰雪节"；2006 年，太原举办首届冰雪文化节；2007 年，长春举办首届"中国长春冰雪旅游节暨净月潭瓦萨国际滑雪节"；等等。

那些上不着天下不着地的现代节日，则更是多如牛毛、数不胜数，著名的如青岛国际啤酒节、大连国际服装节、成都国际美食节、杭州国际动漫节之类。但无论打着什么旗号举办宣传活动，有一个基本原则是不变的：靠山吃山，靠海吃海，有什么家底打什么牌。

当然，那些底蕴不够深厚的节日未必一直举办下去。深圳荔枝节只

---

① 至于那些非食用的观赏型花卉，就更是借浪漫而尊荣，如牡丹、芍药、菊花、水仙、月季、杜鹃、桂花、茶花、兰花、荷花、葵花、樱花等，全都有了属于自己的节日。

② 该冰雪节始于 1999 年，原名"冰灯雪景游园会"；2000 年，满洲里市采取与俄罗斯赤塔市合办的方式，更名为"中俄满洲里—赤塔国际冰雪节"；2003 年，又邀请蒙古国东方省加盟，再次更名为"中俄蒙三国交界地区国际冰雪节"。

办了10届，随着形势的变化，深圳人认为荔枝已经难以体现深圳的地位和影响，于是把荔枝节改成了"深圳高新技术成果交易会"，直白地以高科技作为新诉求。淄博市也在举办了6届"国际陶瓷玻璃艺术节"之后宣布停办。我们可以预料，各种新兴的祭典和节日还将不断上演，而许多渐次褪色的节日和祭典则会陆续停办。历史总在不断地大浪淘沙。

图5—4　传说蜀将张飞曾经牧守四川阆中长达七年之久。他保境安民，爱民如子，被当地民众誉为"虎臣良牧"。2005年开始，阆中市文化馆发明了"张飞巡城"表演，每逢周末或重大节庆活动，都会在步行街上举行该项活动。巡城表演如今已经成为当地颇具特色的旅游项目，游客可以穿上古代士兵的盔甲，甚至穿上张飞衣服，戴上张飞面具，手执丈八蛇矛，跃马策鞭，巡城游乐。施爱东摄，2009年。

没有条件的，创造条件都得造出点声势，这对于那些好不容易撞上一次机遇的地区来说，就更是机不可失，时不再来了。因此我们也就很容易理解，为什么襄樊会认为"纪念诸葛亮出山一千八百年是襄樊不容错过的机遇，抓住并利用好这一难得的机遇是我们义不容辞的历史责任和义务。假如对这一机遇视而不见，我们将愧对历史、愧对时代、愧对市民、愧对后人"①。襄樊一千八百年等来了一次机会，当然得紧紧抓住大做文章，借助一个有力的宣传途径"打好诸葛亮文化牌"，以拉动三国文化旅游产业②。

六　民间文化不应受到"真实性"的束缚

随着旅游业的快速发展，一些偏远地区发现除了自然风光，异质文化也是一个卖点，于是相继开发一些民俗旅游项目，此举招来了猎奇的游客，但也招来了严厉的文化批评，被学者们指斥为制造"伪民俗"。著名学者俞吾金说："所谓的伪民俗，指的是受商业利益驱动的、趣味低俗的、粗制滥造的民俗。其虚假与肤浅的特点破坏了民俗的自然与淳朴。制作或再现这种伪民俗的动机是为了营利，而不是恢复传统民俗、民间文化中真正有价值的内容。争抢文化名人的闹剧、虚构伪造文化名人历史的怪事，无不与'孔方兄'有关。"③

伪民俗的制造显然与文化的自卑心态有关，像北京这样的文化名城，根本无须通过伪民俗来招徕游客，而偏远地区正因为资源匮乏，才更需要夸张地放大一些异质文化，甚至人为制造一些新的卖点，以凸显地方特色，提升地方知名度。

客观上说，伪民俗的生产对于地方经济和文化建设并没有什么坏处。如果一种出于表演而生产的伪民俗在实际生活中不具有实用功能，民众也决不会因为看了表演而放弃他们原有的生活。如果一种伪民俗为民众所接受并融入了他们的生活，那就说明伪民俗具有优于旧民俗的特质，伪民俗也就变成了真民俗。无论结果如何，伪民俗都不会对民众的生活造成伤害，相反，能为他们带来表演收益。伪民俗的唯一害处是，它扰乱了学术研究的历史视线，妨碍了学术求取历史之"真"的进程。

---

① 王洋：《襄樊明日举办诸葛亮出山1800年大型庆典》，新民网—新闻频道，http：//news. xmnext. com，2007年4月12日。

② 社论：《打好诸葛亮文化牌》，《襄樊日报》2007年4月14日。

③ 俞吾金：《我们不需要"伪民俗"》，《人民日报》2006年9月12日。

对于伪民俗的讨论在文化界热了近二十年,"伪"在汉语中是个贬义词,且总是和"劣"放在一起合成"伪劣"。"伪民俗"先天地规定了民俗旅游的受批判地位。为此,叶春生教授曾经建议使用中性的"仿民俗"来代替"伪民俗"。德国民俗学者也提出"民俗主义"这样一个中性概念,用以指称那些脱离了原来的生存空间,带表演性质的民俗活动。

但是,多数学者的眼中容不得砂子。于庆新就曾呼吁说:"建议有关管理部门对本地区、本部门传统文化的展示、推广工作认真做一番清理,披沙拣金,去伪存真,以进一步纯洁我们的旅游文化市场。万万不可让旅游文化成为伪文化的保护伞。"① 一些文化人士甚至认为"春节联欢晚会"就是最大的伪民俗,呼吁:"我们应该提倡一场'关上电视放鞭炮'的恢复传统春节文化运动。让春节晚会这种新民俗、或伪民俗成为历史!"②

中国人的"历史感"特别强,什么事须得"正本清源"才能"名正言顺","有历史""有年头"的东西总是更具合法性,反过来说,合法性的事物也必须得有历史的意义。郭沫若就曾经借助于"历史"来强调民间文化的地位:"民间文艺给历史家提供了最正确的社会史料。过去的读书人只读一部二十四史,只读一些官家或准官家的史料。但我们知道民间文艺才是研究历史的最真实、最可贵的第一手的材料。因此要站在研究社会发展史、研究历史的立场来加以好好利用。"③

郭沫若这段话在民间文化界影响极大,它与西方学界对于民俗文化的"遗留物说"一拍即合,民间文化作为"社会史料"的观点几乎成了20 世纪下半叶放之四海而皆准的文化定律。民间文化一旦被赋予"社会史料"的历史使命,就必然被套上"真实性"的紧箍咒,而与当下发明绝缘。

---

① 于庆新:《旅游文化不能成为'伪'文化的保护伞》,《人民音乐》2003 年第 10 期。

② 议宣:《让"春节晚会"的"伪民俗"成为历史》,学术批评网,http://www. acriticism. com,2004 年 1 月 24 日。

③ 郭沫若:《我们研究民间文艺的目的》,《民间文艺集刊》第 1 册,人民文学出版社 1950 年版;钟敬文主编:《中国民间文艺学的新时代》,敦煌文艺出版社 1991 年版,第 8 页。

2006年，苏州宣布将在端午节正式举行"伍子胥大型祭祀活动"，以宣传端午节的"伍子胥起源说"，此举迅速招来了文化界的广泛批评。一些文化学者认为："苏州准备祭拜伍子胥及由此引发的端午节问题争论，其用心和旨趣，明显不在学术考证，甚至也不在文化传承，而更多是在受现实功利所左右，而且主要又是商业功利。"①"几千年来，在端午节纪念伟大爱国诗人屈原的习俗，早已深入华夏炎黄子孙的心中，不容争议。苏州要公祭伍子胥无可厚非，但不能打着幌子，去改变端午祭屈原这个文化共识。"②

其实闻一多等学者早就论证过端午节的起源远早于屈原出生的年代，也就是说，端午节的"屈原说"同样是一个虚构的传说。

据苏州科技大学历史系戈春源教授说："加上伍子胥，中国的端午一共曾纪念五个人：东汉的曹娥被后人以孝女铭记；广西的陈临因爱戴黎民百姓，当地人民为纪念他而过端午节；越王勾践也最早提出以划龙舟来操练水兵；再有就是屈原，他是联合国确认的中国历史上最伟大的世界文化名人之一，因为千年来，屈原名气太大，人们渐渐把端午作为纪念屈原的节日。"③也就是说，在众多虚构的传说中，选择张扬这一传统而不是那一传统、赋予某种传统以特别意义，并不存在"真"与"假"的差别、"正宗"与"非正宗"的差别，而是取决于当事人的利益诉求。而这一传统能否被接受，则取决于它的传播能力。

撇开苏州历史上是不是有过端午节祭伍子胥的史实不论，单就文化的创造而言，尽管今天的许多学者已经走出了郭沫若的阴影，认识到了民间文化的非历史性，但是，他们还有另外一个误识，即认为民间文化必须是古老相传的，而不能是当下发明的。换句话说，他们可以允许古人虚构故事，却不允许今人虚构故事。

今人古人的生活方式也许不同，但人们虚构故事的热情是不会变的。

---

① 桐人：《公祭伍子胥没必要扯上端午节》，《新京报》2006年5月26日。

② 人民网评论部：《屈原伍子胥 端午节祭谁》，人民网—文化频道，http：//culture.people.com.cn，2006年6月2日。

③ 吴明明、王彪：《苏州在端午公祭伍子胥 专家称文化共享是重点》，新华网，http：//www.xinhuanet.com，2006年5月23日。

在传统的乡土社会，地方精英们为了推动地方经济文化、维护地方秩序，总是在不断地制造一些非理性的神圣叙事，以表达他们的各种理性诉求。这种具有极强目的性和功能意义的新的神圣叙事，客观上促进了民俗文化的自我净化与自我发展，使它能够持续有效地在乡土社会中发挥其积极的社会功能，所以萧放教授认为："苏州和湖南争相为端午'申遗'，这不是一种单纯竞争，它使主办城市的民众有种自豪感，背后的根本精神是中国民俗的文化共享，这才是最重要的。对老百姓来说，依照所在地的习俗过节，是件贴心的事。"①

图5—5 青海湟源的"中华母亲节"是由青海省社科院院长赵宗福倡议发明的新民俗活动。2011年的"首届中华母亲节暨第三届王母故里敬母大典"，来自欧亚多国的民俗学者济济一堂，漫山遍野挤满了兴高采烈的观礼群众。施爱东摄，2011年。

_____

① 吴明明、王彪：《苏州在端午公祭伍子胥 专家称文化共享是重点》。

七　文化从来就没有纯粹过

"文化搭台，经济唱戏"的做法在 1990 年代曾被许多地方当作发展经济的好经验加以推广，但是到了 21 世纪头十年，这一经验受到了来自文化界的强势反击。社会学家郑也夫的批评意见是最有代表性的："出于经济的目的搞公祭，是很荒诞的事情，也搞不好。应该是独立的做文化活动，这样做目的很纯，也许会带来一定的经济效益，但经济效益不应该是搞文化活动的目的。"[①]

吃文化饭的人当然不甘心文化活动依附于任何非文化的因素，他们希望文化拥有独立的价值，且地位越高越好，因为文化人的地位是与文化的地位成正比的。可是，我们回过头看一看，这个世界上有没有一种所谓"目的很纯"的文化活动？

文化如何界定，本身就是文化史上最大的一个难题。为了避免纠缠于此，既然大家都认可公祭是一种文化现象，那我们就只拿公祭来说事吧。

《左传》称"国之大事，在祀与戎"，可见国家祭祀自古以来就是重大的文化事件。但是，国家祭祀最根本的目的并非单纯地纪念祖先，而是作为一种权力象征、秩序象征的仪式政治。

周代的祖先祭祀一般可分为常祀与临时祭告两种，但无论哪种，按周代制度，祭祀都有严格的权力界限，周王室立后稷为大祖，但并不是所有后人都有祭祀后稷的资格，即使是诸侯国王，也只能以其本国的始封之君为大祖，不得立后稷为大祖，否则被视为僭越[②]。舍此不论，凡常祀必求家族绵延、世代发达、个人平安，凡临时祭告必出于禳祓、祈请、军事等具体目的，而且"每次祭祀因不同的具体目的而举行，祭祖仪式就无固定的内容"[③]。祭祀活动的功利目的是毋庸置疑的。

---

① 《学者批公祭功利化"荒谬"　政府角色如何担当》，人民网—时政频道，http://politics. people. com. cn，2007 年 7 月 16 日。

② 傅亚庶：《中国上古祭祀文化》，高等教育出版社 2005 年版，第 136—137 页。

③ 刘源：《商周祭祖礼研究》，商务印书馆 2004 年版，第 46 页。

　　不同朝代的祭祀活动各有其仪礼制度，但是，祭祀活动中的权力格局却作为一种秩序象征，几乎从未动摇。比如，明初规定，只有皇帝有权祭祀天地与宗庙，从而规定了只有"天子"具有沟通天地主神的资格、也只有"天子"具有沟通列祖列宗的神圣权力。"从国家角度看，与最高主神'天'以及普遍、最高等级的神的沟通只能由皇帝代表国家来进行，地方官祭祀与辖区有特殊关系的神，各类民人则祭祀与私人生活有直接关系的神。"①

　　近现代以来，作为帝王权力象征的国家祭祀，在民族主义的推动下，逐渐转换成了"民族国家"的仪式政治。

　　民族主义依据某种标准把人类划分为不同的群体，人为地在群体与群体之间开挖出一条条巨大的鸿沟，因而具有强烈的排他性。如果站在全人类的角度看，民族主义无疑阻碍了人与人、群体与群体之间的和谐交往与和平共处。但是，如果站在特定群体的角度来看，尤其是站在弱势群体的角度来看，别人都民族主义了，团结起来对付你了，你再不团结起来，就只能受压迫、受欺侮。这个时候，你也只能操起民族主义的大旗，借助民族主义的意志，抵抗外族的侵略。

　　既然是同一个民族的成员，就必须在成员之间有一些共通的、共享的象征物，以作为民族的标志或旗帜。清末以来的知识分子以及政治家们，一直在搜集、强化这样的一些象征物，于是，作为图腾的龙被凸显出来了，作为共同祖先的黄帝被符号化了，这种意识一旦到了生死存亡的关键时刻，会迸发出惊人的凝聚力量。

　　九一八事变后，中国民间的反日情绪日益高涨，民族危机日益深重，如何凝聚国内的各方力量，成为一个迫切需要解决的问题。1933 年，时任国民党宣传委员会主任的邵元冲提出公祭黄陵，国民政府主席林森深以为是，随即安排修陵筑路等事宜。1935 年清明期间，国民党中央各机关人员及民众 5000 余人，以鞠躬礼仪与香花酒醴祭祀黄陵，发出要实现中华民族"复兴之大谊"的强烈呼声。黄陵祭祀由此被列入现代国家祀典。

---

①　赵轶峰：《明朝国家祭祀体系的寓意》，《东北师大学报》2006 年第 2 期。

1936 年西安事变为国共两党共祭黄陵提供了可能，中华苏维埃共和国中央政府"为对中华民族之始祖致敬，并表示誓死为抗日救亡之前驱，努力实现民族团结"，特派代表林伯渠前往参加"民族扫墓典礼"。在肃穆隆重的祭祀典礼中，在民族大义的神圣气氛中，同室操戈的兄弟党派握手言和，一致对外。当公祭成为一种具有强大号召力的神圣仪式的时候，黄帝到底是传说人物还是历史人物，根本不是一个值得讨论的问题。

在民族危机日益深重的历史条件下，国共两党共祭黄陵，把国家祭祀当作神圣庄严的仪式政治，其重大意义在于借助一个共同的神圣符号，向全国人民宣示共同抵御外族的决心，并以神圣的名义相互制约内部矛盾，促进了抗日统一战线的形成。

1949 年后的黄陵祭祀以 2005 年宋楚瑜率领台湾亲民党的认祖归宗活动影响最大，宋楚瑜在祭文里面特别提到"炎黄子孙不忘本，两岸兄弟一家亲"。无疑，炎黄陵墓的存在，公祭活动的举办，在两岸问题上具有极其重要的象征意义。由此可见，"仪式政治，是一种利用特殊对象、场景、氛围、话语、道具和感性手段营造统一性象征符号的可操控性流程体系。祭祀仪式，是一种死人与活人阴阳两个世界的不对等对话，效果如何，悉在操作"①。21 世纪最初的十几年，公祭活动在全国范围的全面铺开，与连战、宋楚瑜大陆之行的几次公祭活动所引起的轰动效果不无关系。

不同时代的祭祀活动，呈现为不同的功能和目的。正如黄陵县官方网站上转载的一篇文章所说："近代以来，扬弃了作为天神的黄帝观念，淡化了作为帝王的黄帝观念，重新突出了作为祖先的黄帝观念，而对黄帝是中华民族祖先的解释着重于黄帝是中华人文始祖。祭祀中黄帝观念的变化，是中华民族发展史不同阶段的时代需要的反映，对于中华民族发展产生过积极的历史作用。当今的黄帝祭祀是无神而祭的政治文化活动，对于中华民族伟大复兴和促进祖国和平统一有重要意义。"②

①　田海林、李俊领：《仪式政治：国民党与南京国民政府对孙中山的祭祀典礼》，《史学月刊》2007 年第 4 期。

②　刘宝才：《黄帝祭祀与中华民族》，黄陵县公众信息网，http：//www.huangling.gov.cn，2007 年 4 月 5 日。

"往昔学派，常以文化为自生自长，自具目的之实体，功能派始确认文化为人类生活之手段。人类之目的在生活，此乃生物界之常态，文化乃人类用以达到此目的之手段。"① 简言之，什么是文化？文化就是谋生的手段。也就是说，借公祭活动谋求经济利益，本身就是一种文化行为。

如此，在全球经济一体化的大潮中，地方官员为了谋求地方利益，"出于经济的目的搞公祭"，也就无可指责了。

八　学术干预生活注定吃力不讨好

就人文科学来说，学术研究的对象必须是曾经存在过的实象或观念。换句话说，学术的对象就是生活或者学术自身。学术依赖生活提供对象资源，而生活远在学术萌芽之前就已经存在，也可以在没有学术的时空中继续存在。

当学术面对生活的时候，学术滞后于生活是一种先验的规定，严肃的学术研究不可能去操作一种在现实中不曾存在的对象，学术只有言说过去的资格。以"现在"为界，任何超前于"现在"的学术都是伪学术。从这个意义上说，所有的人文学者都是历史学者。

当学术面对学术自身的时候，它构筑了一个自成体系的理论世界，它在自己的世界里"双手互搏"，越行越远，逐渐远离了生活的直观和感性，学术成为一种纯粹的、高端的智力游戏，它的功能在于不断挑战人类的智力极限。

现代学术越来越向专业化、精细化方向发展。学术在将无限丰富多彩的生活肢解之后，不同学术领域的学者们各领一块，如盲人摸象一般，将自己领到的那一块细细研磨、仔细推究，最后得出一个个极其精致的、互不相容的"片面真理"。如果学术真可以用以指导生活的话，那么，不同学术领域的学者基于自己的专业角度，就会像摸象的盲人一样公说公有理，婆说婆有理，吵个不可开交。

在地方文化建设问题上，学者不是决策者，他只会站在自己的专业

① 费孝通：《译序》，［英］马凌诺斯基《文化论》，华夏出版社 2002 年版，第 2 页。

角度针对过去的某一方面发言，他既不负责权衡各方利弊，也不负责承担决策后果，因为他只是历史学者，他不必对任何尚未发生的事件负责。而地方官员作为文化实践的操作者和决策者，如果片面地听从了某个专业学者的建言，他将独自承担顾此失彼所造成的所有行政后果。正因如此，许多地方官员选择了彻底不理会学者的批评。

站在纯粹学术或者科学的层面来看，"文化"无法言说，"祭祀"乃是迷信，"民族"本属虚无，"黄帝"无法实证。然而，在现实生活中，各种"难以理喻"的事情却一直在不断地上演，而且，一点也看不出需要或将要走向理性的趋势。所以有人叹息说："自从《刘邦文化节是什么节》和《嫦娥奔月 20000 周年纪念》等文章在《人民日报》等报刊发表后，我就以为这类名声不佳的'文化节'已成为过街老鼠，只有人人喊打的份了。然后，正是这人人喊打的过街老鼠，偏偏有人喜欢。"①

生活只会是学术的观察对象，难以成为改造对象。如果学术总是将一把理性的达摩克利斯之剑高悬在生活头顶之上，生活将变得如履薄冰，纯净而没有意义，人也就无法作为人而存在。而且事实上，生活永远只受利益的驱动，即使学术愿意干预生活，生活也不会将学术放在眼里，除非学术能给生活带来直接的效益。

在丰富的世俗生活面前，学术是如此的无力。

就在学者们对于公祭活动的一片责难声中，2007 年曲阜孔子文化节隆重开幕了，据其官方报道："今年的孔子文化节首次由省政府和国家有关部委主办，规格高、规模大，坚持政府主导、市场运作、社会参与，坚持文化活动与经科贸、旅游活动紧密结合，突出国际性、彰显开放性，以进一步扩大山东对外开放，推动齐鲁文化走向世界。"② 被学者们反复抨击的"劳民伤财""豪化规模""文化搭台，经济唱戏"等，都在这段官方报道中被赋予了正面的形象。

老百姓有句俗话，尤为清楚地揭示了理性面对现实的无奈："说你

---

① 淡文节：《还有多少'文化节'在劳民伤财》，《红旗文稿》2003 年第 24 期。

② 曲阜市信息化管理中心：《2007 中国曲阜国际孔子文化节开幕式隆重举行》，2007 中国曲阜国际孔子文化节官方网站，http：//www. qufu. gov. cn/whj，2007 年 9 月 27 日。

是，你就是，不是也是；说不是，就不是，是也不是。"世俗生活中只要是有利可图的事，就会有市场，就能"不是也是"。襄樊的祭亮大典凭什么选在4月13日？南阳诸葛亮研究会负责人张晓刚如此解释："史书记载诸葛亮出山辅助刘备是在公元207年，但具体年月日并不详，襄樊在此时举行纪念诸葛亮出山1800年庆典，用意很明显，再过半月就是'五一黄金周'。"①

2007年，竹山的女娲祭典选在5月13日，据说因为是母亲节。世界各地母亲节时间并不统一，把每年5月的第二个星期日作为母亲节是美国国会1914年提出的，这与我们几千年前土生土长的女娲可是八竿子打不着。这种中西合璧的组合方式在学者看来简直就是不伦不类，可竹山的地方精英们就这么干了，老百姓也就这么认了。

现在的问题是，学术面对生活，还能做点什么？如果什么都不作为，学术的"意义"又从何而来？吕微认为："民间文学—民俗学学者的任务只是把每一个人的自我陈述和自我表达记录下来，并把这些陈述和表达传递给全世界，让他们的声音在全世界传播，在传递和传播中，让世界知道他们，承认他们的愿望、欲求，让他们能够作为在意义世界中存在的主体而存在。"② 也就是说，学术既是生活的观察者，也是生活的讲述者。

当学术以"客观"的姿态讲述生活的时候，必然夹带着讲述者的"主观"思考与倾向，这些思考必然会潜移默化地影响阅读者的思想方式，如此，学术又在另一个层面上影响了生活。轮转一回，我们又转回到了顾颉刚早在1920年代就已经思考过的问题："当我初下'学'的界说的时候，以为它是指导人生的。'学了没有用，那么费了气力去学为的是什么！'普通人都这样想，我也这样想。但经过了长期的考虑，始感到学的范围原比人生的范围大得多，如果我们要求真知，我们便不能不离开了人生的约束而前进。学问固然可以应用，但应用只是学问的自然的

---

① 本报讯：《诸葛亮出山纪念引争议》，《新京报》2007年4月14日。
② 吕微：《民间文学—民俗学研究中的"性质世界"、"意义世界"与"生活世界"》

结果，而不是着手做学问时的目的。"① 我对这段话的理解是：如果学术对生活有所影响，那也只是读者自然阅读与自主选择的结果，而不是学术指导下的生活实践。

来自广西的民俗学博士陆晓芹有一次跟我说到：某些"地方文化工作者"非常热衷参与文化建设，但是，他们往往热情有余而学识有限，常常自以为是地搬弄一些似是而非的"假传统"，不仅没能弘扬真正的传统文化，反而大大地破坏了原有的文化生态，作为"学者"，我们很难与他们沟通合作。

我提出与陆晓芹交流的意见大致如下：

1. 地方文化工作者与地方官员都是地方精英，他们比学者更具地方立场。相对于地方民众来说，我们这些民俗学学者才是旁观的"他者"，而他们却是"当地人"。

2. 学者不应武断地把"当地人"区分为"官员"和"民众"，更不必自作多情地以为自己一定能够站在"民众"的立场。

3. 似是而非的"假传统"，恰恰就是我们天天面对的"真民间"。所谓"真正的传统"本身就是理想主义的浪漫想象。

4. 不必指望这些地方精英会按学者的要求去操作文化。他们本身就是民间文化的传承者，他们有自己的生活逻辑、文化理想与当下诉求，如果我们能把他们理解为文化传承链中的一个自然环节，那么，他们对于传统的"传承"和"变异"就是一个硬币的正反面。选择继承传统中的哪一部分，或者扬弃传统中的哪一部分，应该视乎他们自己的需要，而不是学者的理想图景。

5. 学者往往喜欢以"求真"为标榜，可地方精英们并没有求真的义务，他们最大的目的是要在传统的继承与发展中求得"利益"。地方精英是我们的研究对象，而不是我们中间的成员，既不是我们的改造对象，也不是我们的同化对象。

6. 一个负责任的学者，不会以一种文化持有者或者文化权威的姿态武断地批评地方精英的工作，而是密切关注他们的工作，客观描述他们

---

① 顾颉刚：《我与古史辨》，上海文艺出版社 2001 年版，第 28 页。

的生活世界，冷静地观察和思考一种新的文化现象是否能够，或者如何成为当下发明的新传统。

7. 当我们冷眼旁观的时候，我们是一个学者；而当我们积极参与其中的时候，事实上我们也变成了一个特殊的传承人、当事人。选择以学者身份旁观，或者以当事人身份介入地方文化的建设，视乎学者个人的性情。

8. 只有当我们拉开了与"民间"的距离，只有作为旁观者，我们才不会有感情因素的介入，才不会当局者迷，也才能更真切地认识"传统"如何在民间被阐释、被利用、被创造、被传承。

9. 一个民俗学学者如果不能理解以上几点，只能徒增烦恼。

（本章原题《学术与生活：分道扬镳的合作者——以各类"公祭大典""文化旅游节"为中心的讨论》，原载《民族艺术》2008年第1期，收入本书有修订。）

附录　关于学术与生活关系的网络讨论

【子曰诗云（匿名网友）】2007年年底，全国很多大报都转载了新华社编发的《四大传统节日有望成假日》一文。全国人民都听到了萧放、黄涛、施爱东的声音。学者的研究成果一旦被国家承认和接纳，还是可以发挥巨大作用的。并不像施爱东自己说的："在丰富的世俗生活面前，学术是如此的无力。"

【张勃（北京联合大学）】看来学术和生活还是不能分道扬镳哈。

【大漠孤烟（中山大学）】我摘一位新浪网友的发言给大家看看："我坚决反对假日改革方案。这个方案根本不能解决黄金周人出行多的问题。反而使矛盾更突出。春节从除夕到初六也是所谓专家们闭门想出来的。现在谁除夕还上班呀，这样无形中减少了休息日呢！另外，五一不休息的日子改到其他节日各只一天，其实对家在外地人没用，反而会增加思乡的烦恼。总之这是一个失败的改革，不如维持原来的三个黄金周。带薪休假制度真正能够执行后，再考虑有关黄金周改革的问题吧。"

【宜家（中国科技大学）】看来，人们不会太在意"五一""十一"的什么象征意义，在意的是现实的生存意义和既得利益。可见，人们活得有多累。

【大漠孤烟】一个国家假期的设置，关系到每一个公民最基本的生存权。在现代社会，假期究竟是选择传统节日，分散时间休闲，以一厢情愿地所谓延续传统文化，还是充分考虑到现代人的工作生存压力，给予比较集中的时间休闲放松？这是一个问题。

这几年，越来越多的民俗学家介入国家的制度建设、文化建设之中，如何在民俗学家的个人浪漫情感与社会现实之间找到合理的平衡，更好地服务于国家的制度建设和文化建设，可能是今后民俗学者经常会面临的问题。

情感是浪漫的，现实却是残酷的。

【施爱东】不知道的人都以为这些节日是学者忽悠出来的。其实是政府心里有了主张，找了些学者来替政府说话。学者嘛，不就是政府指好了方向，他来阐释意义吗？

【张勃】这样说有委屈自己冤枉别人之嫌啊。学者还是有独立性的。一个学者这样说是因为他认为这样说对，而不是因为有人让他这样说。

现代政府需要学者发挥政策咨询功能，学者不应是政府的秘书班子。政府已经有秘书班子了。学者自己也许应该有这样一种自觉意识。

【萧放（北京师范大学）】本人觉得，政府是尊重了民意，适应了民情，终于以民为本。学者只是从自己的认识角度，从社会责任感方面提出自己的意见。我们这些人并没有因为假日增多而获取利益，甚至是多了几天埋头苦干的时间。我不觉得是为政府说话，只是说了我们自己的意见。

【张勃】爱东兄，我突然这样来理解"合作"了。我（指学者们）对政府认真地说出我认为真的，而政府采纳了我的意见，将其上升为国家政策，作用于百姓的生活。或者政府在权衡之后没有采纳我，没有作用于百姓的生活。

总之，只要我认真地说出了自己认为真的意见，而政府认真地考虑了我的意见，无论采纳与否，都是合作。学术与生活的合作。

【施爱东】我绝对相信学者说的是"真话"，但是，"真话"总能被政府和媒体采纳吗？如果政府不想做这件事，他一样可以找到一批反对派的学者来说说"反对节日改革"的"真话"。

比如，刘铁梁教授就是反对这种改革的，他有一大堆理由认为传统节日成为国家法定假日后，弊大于利，为什么这些报纸不找刘铁梁老师来说"真话"呢？

大家都在说"真话"，真话与真话之间，也是相差十万八千里的。采纳谁不采纳谁，难道不是政府说了算吗？

同样的真话，为什么十年前、二十年前、三十年前不让学者来说？

难道真是学者主政的时代到来了？

当然不是，而是因为国力增强了，民族意识高涨了，国家开始重视民族自身的文化了，于是，找些这方面的、持这一观点的学者来鼓吹一下。

我不是说学者说了假话，而是说，是政府选择了让这一部分人说"真话"。

【蔷薇剑（山东大学）】学者在节日立法这事上，各自表达自己的看法，或许各执一端。

这些看法，都是基于学者认为的"真"（事实）而被构建出来。进入文化的层面，就不仅仅是事实本身的问题了，开始有了自己的"意义"，具有一种指向、定位甚至主义。

政府只采纳对自己"有意义"的一面。

【子曰诗云】学者任何时候都是对事实之真相与现实之意义的双重追逐，除非这个学者是一位地地道道的书呆子。只追求意义、价值而罔顾真相的地方派实用主义"学者"，因其浅薄而难以成就任何事业，只会制造文化泡沫和垃圾。

这次学者谈论多年的民俗节日设立公假问题变成国家现实，不在于学者谈论的有多么真，而在于学者谈论富有意义。

【张勃】这其实不仅仅涉及节日问题，而是牵涉民俗学学者在当今社会中应该如何发挥作用的问题，是学者与政府之间是何种关系的问题，是学者是不是要与政府合作又如何合作、政府要不要与学者合作又如何合作的问题。

当民俗复兴成为当前的一种潮流，当非物质文化遗产（民俗学者的研究对象）保护成为当前政府的一项工作要务时，民俗学者应该如何定位自己并非无关痛痒。

【匪兵甲（山东大学）】不过照俺懒人的逻辑，如今事情成了，学者就该功成身退、重新回到书斋了，就像当初上帝造好了天地和世间万物之后，就退隐江湖一样。事情其实就像爱东讲的，我们貌似有了发言权，其实只是在权力需要的时候，被拉出来替权力吆喝两句而已。

对于学者来说，比将节日设置为法定假期更有意义的问题是，弄清楚我们的节日在历史上的意义、来历及其演变消亡的机制和背景等之类比较学究性的问题，我们在这一方面做的其实远远不够。

而且，从公众的反映来看，这次假期改制，很多人其实并不买账。

为什么学者以为做了件大好事，但仍然有人出来骂娘？

窃以为学者说事，很难摆脱文化本位的立场。这种文化本位，在学术上是绝对需要的。但作为一个牵扯千家万户生活日用的政策，还是要在审时度势的前提下，坚持以人为本位。

【黄涛（中国人民大学）】匪兵甲先生说得好，其实呼吁放假的人也是顺应潮流才能起点作用，如果掌权的人没这打算，学者喊得再凶也没用。既然官方有重视传统节日的打算，搞民俗学的人提些建议、推波助澜也是应该的。只要是不说违心的话，能说的时候说几句也不妨，只要对人们没坏处。

【张勃】在民俗学界里，有些学者往往不愿参与现实问题，而愿意在当下去从事纯粹的学问（作为个人选择，当然可以，只是从学科发展，从对国民的贡献而言，未必是好事情）。究其原因，依我的浅见，主要有二：一是认为一旦与政府挂起钩，就影响了学问的纯粹和深入，弄得学问不像学问；二是不信任政府，认为政府召集学者是为了装点门面，或者借学者之口表达自己之需，让学者失去了独立人格。其结果是，许多学者，尤其是优秀的学者为了人格的独立，为了学问的纯粹就不屑于参与现实问题。

匪兵甲自我界定为"懒人"，应该是不屑于做"勤快人"或不愿意做

"勤快人"的结果，而不是不能做勤快人的结果。我当然赞同匪兵甲所说的"弄清楚我们的节日在历史上的意义、来历及其演变消亡的机制和背景等之类比较学究性的问题，我们在这一方面做的其实远远不够"。但对他将这视为比将节日设置为法定假期更有"意义"却有异议。在我看来，二者具有同等重要的意义，如果后者不是更重要的话。因为民俗学者不仅要将求真作为追求，也应将向善作为追求。而且求真和向善未必冲突，为了向善，求真成为必需。

匪兵甲说："事情其实就像爱东讲的，我们貌似有了发言权，其实只是在权力需要的时候，被拉出来替权力吆喝两句而已。"但是权力（掌握权力的人）并不是在任何时候都对自己需要什么有非常明确的认识。更何况知道了需要什么，也未必就一定知道满足这样需要的途径。对于政府应该如何做，学者应该表明自己的主张。表明自己的主张，不是取媚于政府，不是顺着政府说话，是实事求是地表明自己的主张。表明的主张，既可能与政府的观点一致，也可能不同，甚至相左。

学者表明自己的主张，不仅可以强化决策者或领导人对某一问题的看法，也可以改变决策者对问题的看法；因此也就不仅可以促使政策下定决心颁布政策做某事，而且可以阻止或减缓政府颁布某项政策的步伐，帮助政府纠偏改错。

有必要区分学者与政府，事实上我们不有意区分，二者也不可能相同，但不一定要把二者对立起来。二者在许多方面有合作的可能。学者不应该把自己视为政府的附庸，也不应该把政府让学者出来说话一味看成是没有诚意的对学者的利用。

政府的公共政策决策是项复杂的过程，需要公众的广泛参与，也需要学者们的积极参与。在关涉民俗文化政策的制定方面、对政策实施的反思评估方面，学者们应该有更加积极主动的姿态。

如何在研究的基础上更好地发挥民俗学者的政策咨询功能、政策监督评估功能是值得思考和讨论的问题。

当前应该是民俗学者大有作为的时期，个人退居书斋是个人偏好，但倡导退居书斋就并非明智之举了。

【黑木堂主（匿名网友）】支持。民俗学本不是不食人间烟火的学科，而是与国计民生紧密结合的学问。学者应有自己的独立见解，应该比政府决策有超前性，其成果可以为政府所用，也可以受政府委托为政府出谋划策。而暂时不能为社会所用时，那就可为学术而学术。但是，在发现政府决策失误时，也应该有勇气站出来唱反调。不能为捧场而捧场，不能为唱反调而唱反调。

第 六 章

城镇化进程中的经济增长与文化迷失

——以江西省信丰县城的春节见闻为例

导读

　　2013 年年前，我接到好几个同学用"信丰普通话"打来的电话，初中毕业三十周年，希望一同回母校聚聚。我最惊讶的是这些老同学在电话中的方言口音，三十年来，多数同学都没有联系，突然间操着一种既熟悉又陌生的新方言——"信丰普通话"，不知从哪里冒了出来。

　　在我的家乡江西省信丰县，县城所在地嘉定镇的"城里话"和县城之外的其他 15 个乡镇的"乡下话"是迥然不同的两种方言。即使是同为城里话，一个词也有多种讲法，比如"吃饭"，城里话讲"七饭"，或者"唆饭"，或者"逮饭"，而乡下话则讲"食饭"，或者"掐饭"。

　　很多年以后我才知道，整个赣南地区都是客家方言区，唯独赣州市区和信丰县城是西南官话的两个"方言岛"。赣南山多林密，历来匪盗横行，为了维稳，明初曾在赣州设立一个卫署（军士编制 2277 人，民兵610 人）和两个千户所，其中信丰千户所最大（军士编制 1087 人，民兵 450 人）。卫所军士多为外地人，他们操一种与当地截然不同的"军话"，久而久之，围绕现在的赣州市区和信丰县城就形成了两个"军话"方言岛。明朝覆亡之后，信丰驻军就地解散，军人和军话就"在地"扎根了。

　　明代的陈年往事早已无人知晓，唯有军话在这里传承了六百多年。

可是，进入 21 世纪以来，军话正在快速消亡，信丰县城开始流行一种彼此大同小异，但是既没有标准语音、标准词汇，也没有标准语法的新型方言——"信丰普通话"。

一　同班同学的两个同学会

初中同学会的核心是莫子。莫子高中毕业后通过招工考试进了信丰水泥厂，得知厂长爱下围棋，于是苦练围棋技术，很快成为厂长的铁杆棋友，过了几年，升任水泥厂销售科长。1990 年代以来，到处修路盖房大干快上，水泥非常紧俏，莫子不仅借助水泥营销建立了广泛的人脉，也挣足了发家致富的第一桶金。2000 年 5 月，水泥厂转制为股份公司，莫子摇身一变成为公司大股东。过了不久，听说莫子买了两座煤矿，又过了几年，他开始进军房地产业，还建起了信丰县第一座集桑拿、按摩、美容美发、健身美体于一体的三星级大酒店，成为信丰本土发家致富的代表性人物。

莫子人缘好，每逢岁末，他会提前问问外地的同学何时回家，然后开着凌志车去接站。在把你送到家之前，他会先把你拉到路边小店吃一顿家乡萝卜饺或者粑粑干，虽然只是十几块钱的一顿点心，却让你体会到深深的兄弟情谊。过完年，莫子会在他的三星级酒店大宴宾朋，大凡有头有脸的同学，不论同班还是同级，一般都会受邀赴宴，每年都能灌醉好几个。

闹完酒，总有一拨同学驱车前往莫家别墅玩"争上游"，一张牌 50 元，一晚下来，输赢几千上万是常事。莫子不玩，只是端茶倒水。同学们说他玩大不玩小，低于一万一张的牌局都不玩。莫子外号"铁狮子"，因为他在牌局上赢多输少，铁口吃人，自己一毛不拔。

京九铁路 1996 年开通，信丰县迎来了有史以来最大的一次发展机遇，铁路输出了信丰资源产品的同时，也输入了外地的资金和老板。"广东老板"带来了丰富的夜生活，也带来了六合彩，带来了新的赌博方式——买码。买码的都是些渴望一夜暴富的屌丝，莫子是富豪，所以不和屌丝赌码，只和老板赌牌。他战绩辉煌，连广东老板都惧他三分。

但是，2013 年的春节我没有接到莫子电话，他出事了。最早告诉我消息的是堂姐，她说莫子赌博，一星期输掉两亿元，输得倾家荡产。据说东窗事发于电力公司经理王某，不仅输掉数百万元公款，而且欠下一堆赌债，被黑社会逼得全家不敢出门，只好去赣州市公安局自首。莫子收到风声，连夜"跑路"，从此再未现身。我电话询诸同学，没人知道莫子到底输了多少钱，只知道他这一走，留下了大约 8000 万元的集资债务。

以往同学聚会多由莫子召集，莫子一倒，同学会风流云散。初中毕业三十周年前夕，女同学卜真群牵头张罗了两个月，居然拉扯起了一个新的同学会。奇怪的是，过去围绕在莫子周围的同学都很少参加新同学会的活动；那些莫子交际圈外的同学，这时反倒成了新同学会的活跃分子。

同学聚会是春节最重要的活动项目之一。莫子时代，我们总是在大酒店山呼海啸"吃大户"，几乎年年都是老面孔；卜真群时代，没有了东道主，大家转到城郊的农家酒馆"凑份子"，环桌四顾，多半是新面孔的老同学。莫子时代，与会同学多是县城出身的"发小"，酒席用语是地道的"城里话"；卜真群时代，与会同学大都是后来从乡镇迁居县城的"新城里人"，酒席用语变成了"信丰普通话"。莫子时代的集体活动一般都是喝酒、打牌、泡歌厅，活动有声有色；卜正群时代的集体活动是驾车下乡，到边远乡村寻访失联的老同学，力所能及地济困扶贫。

我所奇怪的是，同一个班的两个同学会，为什么莫子时代的活跃分子，多数都没有成为卜真群时代的有机成员，卜真群只是淡淡地说："我叫了他们，他们不来。"后来我才慢慢悟出个中缘由：莫子倒了，可倒下的不是莫子一个人，而是莫子的家族、莫子的同学会、莫子的整个社交圈。

图6—1 卜真群带领城里的同学，去参加乡下同学女儿的婚礼。右三高个女子为卜真群。施爱东摄，2013年春节。

二 狂热的地下钱庄

全盛时期的莫子，曾以煤矿、地产、酒店业等项目为名，向亲朋好友进行了大量集资。莫子信誉很好，每年春节都会如期奉上4分红利。40％的回报，高出存款利息13倍，大大刺激了周围的朋友。以同学中的杨局长为例，2012年春节，他把家族的近亲全都发动起来，允诺3分的年利，吸纳了数十万的闲散资金，然后以4分的年利将钱交给了莫子。不料春节刚过一个多月，莫子赌博事发，留下了据说8000万元的"非法债务"，还有一大批血本无归的"债权人"，其中就包括我们的杨局长。

赣州市委就此成立了专案组，官方虽然没有公告处理结果，但几乎全信丰的人都知道，这次恶性赌博事件的庄家是县公安局副局长和城镇派出所所长。2012年3月16日下午，信丰县召开领导干部警示教育会议。赣州市委专案组坐镇信丰，县长邱建军要求涉案人员认清形势，珍惜机会，主动交代问题，在政策时限内尽快到专案组投案，积极配合市委专案组做好调查处理工作，争取从轻处罚。

这次事件引发了信丰官场大地震。许多单位领导公然以2分或3分的利息向本单位职工集资，再以4分利息贷给地下钱庄。赣州专案组的进驻，导致地下钱庄迅速崩溃，"广东大老板"几乎尽数卷款"跑路"。因为这事，据说倒下了十几个单位的领导干部。杨局长幸而未向单位职工募资，侥幸躲过一劫。为了保住乌纱帽，他对亲戚否认将钱贷给了莫子，声称投资绝对安全。为免东窗事发，他这两年一直疲于奔命，一面筹钱还款，一面赚钱给亲戚们发春节"红利"。我不知道杨局长最后用什么办法安全度过了2013年的春节，他始终没有参与新同学会的任何活动，同学们说他"一年老了十岁"。

我在同学家拜年的时候，巧遇县公安局某领导，说起那位设赌局的副局长，我说很难想象他一个星期之内赢走莫子两亿元，如此巨额赌博，真是胆大包天。这位领导只淡淡应了一句："其实就赢一百多万。"再问就王顾左右而言他了。

且不说其他输家，光是莫子原有的资产，加上他这一两年所募集的资金，就已经过亿元，而赢家却只赢了一百多万元。如此悬殊的出入差额，只有一种解释，有人隐瞒了真相。

我一直很奇怪莫子为什么要高息集资，8000万元，年息4分，意味着一年的利息就得支付3200万元。莫子并不是什么商界奇才，整天跟一帮狐朋狗友喝酒打牌，他到哪去找这么些来快钱的项目？而且从莫子有限的投资项目来看，似乎并没有急募资金的必要。

2010年春节前后，信丰开始兴起高息集资的狂潮，包括我的母亲在内，都曾卷入这股狂潮，她以2分的年利将钱托付给一位邻居，邻居声称将钱托付了一位"有路子"的亲戚。亲戚将钱投向何处，邻居并不清楚，我母亲就更是一头雾水了，她只知道一到年底就该向邻居要她的2分红利。

这些资金大多流向了名为"担保公司"的地下钱庄。2012年4月的《江南都市报》曾经发表一篇题为《赣州市组织专案组信丰反赌，赌博之风得到遏制》的专题报道，其中提到地下钱庄的运营方式："在赌场里，有一群人在转悠,他们不参与赌博,专门盯着输家。一见有人输光了,他们便会上去问,要不要借钱。这些人都是担保公司的,他们会向赌客提供源源不断的资金。阿峰说,借一万元,一晚上的利息是500元,如果扳本失败,第二天还钱,利息就变成了1000元。每次借钱,都是先付当晚利息的,借一万元,只给9500元。正是看到了赌场里丰厚的利息,进入21世纪的最初十年中,信丰的担保公司雨后春笋般冒了出来。保守估计有三四十家,一些不正规的担保公司,都是以低利息向亲戚朋友集资,然后以高利息借出去,从中赚取差价。阿峰说,担保公司的人大多是混社会的,手段很多,借了他们的钱还不起,会被整得很惨。"

报道还提到了专案组反赌之后的局面:"专案组的到来,立即刹住了信丰的赌博之风,同时,也陆续有人因为涉赌被专案组带走,其中不乏政府公务人员。依附赌场生存的小担保公司,有些已经关门歇业。一个担保公司王经理告诉记者,半个月没接到一个单子了,他正考虑转行。有几家担保公司因为借给赌客的钱被输了个精光,赌客跑路了,担保公司的钱没办法收回来,也只能跟着跑路了。"

我不知道莫子的"跑路"属于哪一种,但一星期输掉两亿的可能性真是不大。或许他早就把钱亏空了,只是借着赌博事件,找个借口一走了之?

三　衰落的山村、暴富的农民

2013年春节我提前了一星期回家,因为姐姐要讨新妇(娶儿媳妇)。姐姐家在离县城20里的正平镇,前两年刚盖了新楼,很有现代气派,自来水上了楼,楼上有了卫生间。这是政府搞新农村建设统一规划设计的,每家补贴一万五,农民说起来都很高兴。

我从未去过姐姐家,这次让外甥带我去老屋看了看。那是典型的客家土楼排屋,背山而建,家家户户肩并着肩,左邻右舍墙瓦相连,排屋前有风水鱼塘,后有山林坟场,侧有空旷禾坪,四周芭蕉竹林。时间若是倒退二十年,这也是客家乡民理想的新农村模式。可是现在,这近百幢土楼几乎空无一人,家家锈锁把门,门前水沟野草及膝,幽美中透着奇诡。

外甥告诉我，村里年轻人基本都在广东打工。许多人赚了钱都到县城或镇上买房，不回来了；留守的村民，也都领了补贴，盖了新楼；土楼光线差、虫子多、老鼠多，没有自来水，还潮湿，村民们都不爱住了。我问他有没有打算到县城买房，外甥迟疑了一下，说："没那么多钱。"看来只要赚够了钱，他也会离开自己的村子。

农村日渐空巢看来是大势所趋。更偏远一点的，有些山村已经整村迁走。2004 年开始的赣州新农村建设，先后出台了一系列扶持项目，凡是列入项目支持的新农村，绝大多数都已实施"三清三改"（清垃圾、清污泥、清路障，改水、改厕、改路）。而那些未能得到政府扶持的山村，则呈现出加速衰落的趋势。

趁着年节，我回了一趟曾经工作过的上迳水库。水库所在地安西镇比我 1989 年在这里时繁华多了，从镇上到水库大坝全铺成了水泥路面，可惜过了大坝就只有土路了，我们冒险前行，数次停车清障，好不容易才到达库尾的小山村。二十多年，时间仿佛停滞了，这里依然山清水秀、草木葱茏，独木桥、泥瓦房、石围塘一仍其旧，可惜人丁稀少，几乎寥无炊烟。偶遇回乡过年的一家三口，说是村里只有老人留守，种点薄田，丰歉随意。

山村之美是供城里人欣赏的，山里的年轻人却都向往城里的生活，他们喜欢钢筋水泥的高楼大厦，喜欢电视电脑智能手机，喜欢逛超市，向往坐飞机。他们更愿意坐在公园的长凳上谈情说爱，而不是漫步在乡间的小路上。走不出乡间小路的男人是找不到老婆的。

农民由乡村向城镇的迁徙，是蜕变为城镇居民的重生涅槃，涅槃的代价是无条件废弃乡村已有的房屋。这种携款进城的方向无疑是对传统乡土社会赚钱还乡的一种反动。按照传统习俗，无论官宦还是商贾，发财之后总会叶落归根，文人将之解释为对于土地的热爱。

如今最热爱土地的农民是县郊农民。随着城镇化步伐的推进，城区急剧扩张，县郊农村迅速城市化，土地价格以及农民的拆迁补偿因此大幅飙升。同学老马家在县城水东，他们几年前就已得到消息，城区开发将要延伸到他们村，一些村民早早就放弃了种地，大家心里都很清楚，

图6—2　这些山清水秀的小山村，如今已经空无一人。图为江西省石城县的燕珠村，该村距离县城仅10公里，可是自从2015年仅有的一位老人被儿子接往镇上居住以后，就再也没有人烟了。施爱东摄，2016年春节。

与其在地里累死累活，不如趁机多盖几间房，把土地价格闹高一点，这样就有可能大幅提升拆迁补偿。

　　信丰县城从1990年代就开始了大规模的征地和拆迁，新城建设让县城变得更加宽敞明亮，增设了休闲景观，有了现代都市的感觉。许多"公共知识分子"坐在书桌前含泪刷看微博，想象全中国农民都在抗征地、抗拆迁，不惜以死相争，但是，至少在信丰的情况不是这样。就我所知，80%以上的旧城居民和县郊农民，都在伸长脖子盼征地、盼拆迁。拆迁是下层贫民住进现代高楼最快捷、最便利的途径。老马所在的磨下村，最穷最少房产的一家人，也获得了至少价值200万元的拆迁补偿，这相当于县城中心地带400平方米的高档豪宅。村民还享有购置临街店铺的优先权，这意味着将来他们只需出租店铺就可衣食无忧。

不过，衣食无忧也未必是好事。我的表弟李卫东，2004 年因为征地和拆迁得了一笔钱，他用这笔钱在县城开了个小餐馆，生意不错，房子车子、妻子、儿子都有了。小两口生活富足却没有目标，很快就染上了赌博的恶习。2011 年夏天的某个深夜，夫妇俩受朋友蛊惑，驱车去邻县赌博，不仅把身上的钱输光了、把车子当了，还欠下一百多万元的高利贷。回家后把餐馆卖了，依然抵不上赌债，只好扔下一对儿女两个老人，双双出逃躲债。

类似的案例特别容易发生在城乡接合部。城区扩张让县郊农民迅速成为县城新富，一夜暴富让许多年轻人迷失了生活追求，而没有一技之长又让他们变得无所事事，于是，赌博几乎成了他们消磨时间和精力的主要娱乐方式。地下钱庄盯得最紧的就是这些新富农，一些"担保公司"想方设法拉拢他们参与地下赌博。新富农一旦下水，很快就会由暴富者沦为暴贫者，成为社会的边缘人群。新型城镇化进程中，这类急剧增加的边缘人群无疑成为了社会的不安定因素。

四　城里人、乡下人、外地人

郊区的农民在坐盼征地，城里的贫民在苦等拆迁，乡镇的农民在攒钱进城。一方面是乡镇"能人"向县城涌入，一方面则是县城"能人"朝赣州市迁出。我的三个堂姐，几乎无一例外地在赣州市区购置了房产，一有机会，她们就会举家迁移，如果等不到机会，她们也会在退休后离开信丰。

"乡下人"想变成"城里人"，"城里人"却想变成"赣州人"，满城到处都是外地人。商铺是浙江人开的，赌场是广东人开的，夜总会的姑娘除了江西外县人，还有广西人、湖南人、福建人。那些一路和我说着"城里话"的老同学，一只脚刚刚踏进夜总会，马上就改口说起了"信丰普通话"。

城区空间扩张、人口更替，直接导致了"城里话"的衰落。"肯七饭"变成了"有没有吃饭"，"可剿"变成了"去不去"，越是地道的方言词汇越快退出了人们的口语。

　　信丰县城所在地嘉定镇，我上大学的 1985 年是 3 万人，2000 年还只有 5 万人，2013 年却已突破 25 万人。县委县政府原定"打造 30 万人口、30 平方公里现代中等城市"的目标，估计很快就会变得过时、落伍。我们假定 2000 年的 5 万人全都是讲"城里话"的"城里人"，到了 2013 年，这 5 万"城里人"迅速沦落为只占城区总人口五分之一的"方言弱势群体"。不仅新增人口无须学习"城里话"，连许多"城里人"都逐渐放弃了自己的方言，开始说一种以普通话为主体、城里话与乡下话口音相结合的"信丰普通话"。

图 6—3　2000 年还只有 5 万常住居民的信丰县城，短短 15 年，已经发展成为拥有 26 万人口的小型城市。赖启俊摄，2017 年。

　　人对外部世界、外来人口的恐惧是与生俱来的。在中国人看来，有效"围合"是安全空间的最高境界，人只有充分了解和熟悉了自己所处空间的人和环境，才能产生信任，将这一空间认可为安全的围合空间。方言的丧失恰恰折射了围合空间的崩溃。对于"城里人"来说，快速流动的人口极大地扰乱了传统熟人社会的交际圈，信丰城变成了一个由陌生人组成的社会，人与人之间失却了默契，安全的围合空间被打破了。生活在没有固定方言的社区空间，到处都是陌生的面孔，城区居民感受着强烈的不安全感，家家户户装上了防盗门窗，一到晚上门户紧闭，把原本安全的社区围合蜷缩到了铁窗内的居家围合。

春节期间的同学聚会上，当同学们不自觉就操起了"信丰普通话"的时候，我这一口纯正的旧方言就显得格格不入了。新方言将我隔在了新语言共同体的外部，也让我对家乡有了一种日渐疏离的感觉。

五　要让孩子到城里读书

进城农民大多是乡村社会的"能人"，他们的共同特点是"能折腾"。为了成为"城里人"，他们毅然离开了乡村的土地、房屋，以及家族的、乡土的社会关系。在解释为什么要进城的问题时，他们最常说的一句话就是："要让孩子到城里读书。"

科举制度是中国历史上最公平的进阶模式，也是下层民众改变命运最重要的进阶路径。我小时候每次挨打，父亲最常说的一句话就是："你有本事到北京、到美国读书，我卖了裤子也缴你；你要不读书，我打死你！"1990 年代以来，虽然读书无用论略见抬头，但是，知识就是力量、高考改变命运、"书中自有黄金屋，书中自有颜如玉"的读书进阶论依然是中国社会的主流思潮。

越是中心城市，教育越受社会重视；相反，越是偏僻乡村，教育越是无法受到乡民重视。这倒不是说乡村农民意识不到教育的重要性，而是他们清醒地意识到了教育竞争的无力、无奈，他们中的绝大多数人，无论再怎么努力，也考不上大学，改变不了命运。

1998 年，我曾经挂职在广东连山县太堡中学任副校长，第一次翻阅学生成绩单的时候，我只能用瞠目结舌来形容我的惊讶，该校初中学生的数学平均成绩不到 30 分，英语平均成绩不到 25 分。一个极端的例子是，有个学生住得比较偏远，从家到校需三小时山路，每天早晨 5 点从家出发，回到家已是晚上 8 点，尽管其风雨无阻从不旷课，可是每天来了学校就打瞌睡，学习成绩非常差，没有一科能突破 20 分。

像数学、物理都是一环扣一环的，前面的知识不掌握，后面的课程就只能听天书。可是，教材和进度的要求却没有城乡差别，城里的孩子用什么课本，乡下的孩子也用什么课本，城里的教学是什么进度，乡下的教学也得是什么进度。我所在的中学，80%以上的学生跟不上课程进度，每天干坐在教室里受罪，如果只打瞌睡不捣乱，基本就算好学生。

乡村学校条件差，师资流失严重，往往只能以较低报酬聘用代课教师。信丰县乡村小学的代课教师数甚至超出专任教师数10%。一些代课老师素质低下，备课不认真，上课不用心，照葫芦画瓢都画不好。县教育行政管理部门鞭长莫及，部分学校甚至出现随意"自治"的乱象，出现安全事故和教师失德事件。

乡村学校的生源也是问题：一是学生居住地过于分散，由于村级教学点的撤并，上学路途变得更加遥远；二是学生年龄差距大，乡村小学常常出现一个年级只有几个学生的状况，成班率低，教师配备出现困难；三是心理问题复杂，乡村学生多为留守儿童，生活习惯较差、道德教育缺失、情感体验冷漠，管理难度非常大。

城镇化大潮下，乡村教育的困境是无解的死结，唯一的出路是尽可能让学生到中心学校就读。政府的决策和部署是需要漫长的时间来逐步实施、改善的，可是对于每一位家长来说，孩子的教育是一天都不能耽误的。"让孩子到城里读书"是父母最强大的进城动力，许多年轻夫妇自己含辛茹苦在广东打工，却让老人带着孩子在县城租房，就为了让孩子有个更好的受教育机会。

与乡村学校不断萎缩相应的，是城区中学的不断扩张。2000年，信丰中学将原初中部剥离出来，另辟了信丰三中，本校只保留高中部，尽管如此，腾出的教室还是无法满足快速膨胀的生源需求，每个班级都超过了80人，远远超出了50人的班额极限。我毕业时（1985年）全校六个年级的学生总和，也只相当于现在一个年级的学生数。

信丰四中过去叫桃江中学，1980年代我伯父担任校长的时候，教学区只有几排平房，山坡上有大片茶林。如今平房变成了教学大楼，茶林变成了教师住宅区，学生人数由当年的全校不足千人变成了现在的每个年级1500人。班级人数暴涨至90人，教室人满为患，闹哄哄乱糟糟，老师维持正常的教学秩序都变得越来越困难，所谓因材施教更是天方夜谭，就连改作业、改考卷都成为一项沉重的负担。

无论从哪个方面来看，乡村教育与都市教育都是完全不同的两个世界，一个旱极，一个涝极。旱和涝都是灾害，过于快速的城镇化进程，如果不能均衡布局、协调发展、前瞻性地综合考虑各方诉求和各种可能出现的问题，所造成的旱涝灾害又何止于中小学教育呢？土地问题、就业问题、交通问题、环境质量问题、贫富差距问题，没有一件省心的事。

（本章原题《一个县城的春节故事》，原载杨早、萨支山主编《话题2013》，生活·读书·新知三联书店 2014 年版，收入本书有修订。）

附录　变化最大莫过县城

【施爱东】进入 21 世纪以来，中国的城镇化进程得到快速推进，变化最大的莫过于基层的县级城市，恰好民俗学界也在提倡"家乡民俗学"，所以我就以自己的家乡，江西省信丰县的城镇化过程中出现的各种问题当入手点，试写该章。

但是由于我身在异乡，一般只有春节才能回家小住几天，所有故事都是我在春节期间的所见所闻，而且故事主人公多数都是我的同学和亲戚。我无法从总体上把握家乡的城镇化进程，只能支离破碎地就自己的初浅调查写下这篇文章，我相信在信丰生活和工作了四十多年的陈老师对于信丰城镇化的了解和理解都会比我全面、准确得多。

【陈喜莲（人大附中深圳学校高级教师）】谈不上全面和准确，说说面积和人口吧。我大致算了一下，今天（2014 年）的县城的面积大约是十年前的 4 倍。原来县城附近的一些小山坡，现在都打平了，低洼的地方填上了，原来县城和周边有许多池塘，现在都填掉了。今天县城方圆 20 平方公里之内，土地平整、高楼耸立、商铺云集，再也见不到鱼塘、菜地、果园，更看不到小树林、小草坪，所谓休闲场所只是一些广场、公园、水泥地。

县城居民也迅速增加，新增居民的主要来源有四种：①乡镇进城做生意的农村商贩及其家属；②近十年通过招干录用在县城工作的"农二代"及其家属；③20 世纪 90 年代末"农转非"的无根"城一代"；④在

乡镇发家或在外务工回县城购房并举家迁居县城的人员。总人口数由十
年前的 5 万人增至 25 万人，县城居民增加了 5 倍。

**6—4　城乡接合部的农贸市场，既有脏乱差的一面，也有生机勃勃、充满活力的一
面。在这里摆摊设点的大多是从乡镇进县城谋生的新城镇人口。施爱东摄，
2014 年。**

【施爱东】全国各地的县城改造和扩张，都是一种模式，走到哪里都
和信丰差不多。城区土地只要是能够利用起来的，全都被利用起来了，
哪里还能留得下鱼塘和果园？1996 年京九铁路开通以后，信丰县城很快
就有了公共汽车，还有摩的和出租车，突然就有了"现代城市"的感觉。
但是这么多年过去了，公共交通好像没有多大改进，反而显得有点乱。

【陈喜莲】是啊。交通混乱，出行困难。县城面积不断扩大，可是城
区主干道一直只有两条，一条是 105 国道，一条是穿城而过的阳明路。近
十年为了迎接各种检查或承办"脐橙节"，对这两条道路作了无数次的延
伸和翻新，年年都修路，城镇居民不堪其扰。进出新人民医院的必经之
路，从 2006 开通一年后到现在，这么多年，就一直处于反复修补的状态，
进出车辆像乘轿前行，急救车也无法一路畅通，县城交通问题由此可见
一斑。

2011 年以来，由于沿桃江河两岸的房地产开发，开发商修了一条沿江路，可是靠南的一段扬尘纷纷，靠北的一段塌方连连，也无法从根本上缓解县城交通的紧张局面。加上道路设计的缺陷、城镇居民交通意识的淡薄等因素，上班早晚高峰时间，县城交通的拥堵，人行与车行的混乱情况特别严重，交通事故频繁发生。

县城的公共交通条件差，出行困难。公共汽车开始只有两条班线，现在又加了一两条，但还是少。一趟公交车相隔时间长达 10—30 分钟不等，不靠站停车，随时随地上下客。出租车县内一般不载客，即使载客也不打表，县城范围内需要 20 元打车费。另外还有摩的，随手叫停，但费用 5—10 元，主要是太不安全，开得快，不戴头盔，在人流车流中快速穿梭，恶性交通事故时有发生。

【施爱东】飞速发展的城镇化建设，的确存在毛泽东主席所说的"大治"和"大乱"的矛盾，这方面的话题大概会涉及许多的复杂关系，我也插不上嘴。这里我想问一个自己感触比较深的敏感问题，我每年春节回家，都会看到老同学聚在一起打牌，一晚上输赢几百上千甚至过万元，都是很常见的，这简直就是我们书上常说的挥金如土嘛。信丰人真这么有钱吗？他们这么多的钱从哪里来？

【陈喜莲】我也不知道他们的钱从哪里来，但信丰县贫富差距越来越大确是事实。信丰县在赣南 19 县市区中是最有名的房价高、消费高的县城。房价高出毗邻的广东省韶关市，2014 年最高价的商住楼已经逼近 1 万元，均价也要 5000 元左右。消费高主要体现在餐饮业和娱乐业。高档的商务聚餐以 10 人为标准，过万元常有，2000—5000 元必需。一般的朋友聚餐也要千元左右，这个餐饮消费水平已超出了江西省会城市南昌。娱乐业的消费也挺高，这一项并不太清楚，KTV 普通消费也在 1000 元左右。

但房价高、消费高并不说明县城居民收入高，生活水平高，而是县城贫富差距大的一个体现。因为，这些高消费项目的参与者只是少数富翁和官员，普通百姓往往因为几毛钱菜价在农贸市场讨价还价。我在信丰中学的学生中有许多贫困子弟，或因病致贫，或因天灾致贫，或因劳动力不足致贫。2011 届有个曾姓学生，母亲多病，下有弟妹一双，家庭仅靠父亲开摩托车拉客为生。父亲因拉客遇上交通事故，事主逃逸，雪上加霜。我们家访时，看到家徒四壁，连一张像样的凳子都没有。我的学生连续几个月学校、医院两头跑，还吃不饱饭，面黄肌瘦，无心读书。像这样的家庭在我们县城绝不是个别，因为居民生活保障不到位，不少居民从温饱坠入贫困往往就在一瞬之间。

【施爱东】你长期在信丰中学任教，对教育这一块应该是最熟悉的。

【陈喜莲】关于就读难的问题，你已经在文中具体阐述了，我身为老师体会最为深刻，稍微作个补充。县城就读难的主要根源来源于乡村教育资源和师资配备的不足，引发了乡镇居民千方百计要挤进县城就读，从而造成了县城就读难的问题。这不是一个简单的教育问题，也是城镇化过程中必须面对的困境之一。

【施爱东】县城每年以这么快的速度膨胀，它如何解决这么多人口的就业问题？总不能让人进了城，却把他晾在家里不管吧？

【陈喜莲】就业问题我不是太了解，据我观察有两点：一是城镇居民没有土地耕种，平时游手好闲，不愿意从事较为辛苦的工作。姑娘常常去商铺售货、售房，或从事文员等较为轻松的工作。后生常常去修车铺、装修公司、广告公司等工资较高的岗位就业。而在小县城，这些单位都是以私营形式为主的，双方没有签书面合同的习惯，各方面都以口头协议为主，劳动缺乏必要的保障，工作流动性就很大，总体呈现流动、散发的状态。加之最近十几年来，县城赌博之风的盛行，不少城镇居民热衷"买码"，常常处于职业赌博、业余从业的就业状况。持续正经就业的人大都是踏实稳重之人。二是工业园就业的人群以乡镇进城务工人员为主，工作辛苦，薪资一般，但是较为稳定。

【施爱东】最后为家乡做个小广告吧。1980 年代的时候，我听说"信丰有三宝，酱油、瓜子、萝卜饺"，但这三样东西都是没法向外推销的，萝卜饺只能现做现吃，根本出不了信丰，酱油更是大路货，拿不出去，瓜子是唯一方便携带和输出的。可是，信丰瓜子只有信丰人能嗑，大学期间我们班几十个同学，没几个能把信丰瓜子嗑出个完整的仁来，太小，一嗑就碎。

现在三宝的说法改了，叫作"信丰有三宝，脐橙、草菇、萝卜饺"，保留萝卜饺是为了押"宝"字韵，草菇是凑数的，只有信丰脐橙是全国最好、最著名的地方特产。

北京市场的"赣南脐橙"，就是以"信丰脐橙"为龙头的，杨早、萨支山还有我的许多同事朋友吃过都说好。不过，我的出生地，江西石城县的同学说，石城的脐橙还更好，但我没吃过。

第 七 章

新乡土社会的"关系网"和"信息圈"

——以客家地区一个宗族村落的城乡关系为例

导读

在新一轮的中国城镇化建设大潮中,中国乡村社会正经历着一场比辛亥革命更深刻、更彻底的社会变革。传统的乡土社会逐渐遭到瓦解,农村人口正在大范围地涌向城镇。那么,城乡之间的人际关系正在经历着一场怎样的变化?

我们试着从一个单姓客家村落的族群构成、亲属关系、年节祭祀、礼物流动、信息分享,以及对于风俗习惯的传承与变革,来看待新城镇化大背景下中国乡村的社会变革。

在我的家乡,江西省信丰县,"沛东"既是一个地理概念,也是一个族群概念,同时还是一个认同标签。出自沛东的所有施姓族人,在族内是以四代结构来定亲疏的,可是一旦面对非族亲的外部世界,他们全成了浑然一体的"本家"。他们通过不断更新的沛东信息圈,勉力地巩固和维护着"沛东人"这个概念,力求在纷纭复杂的新城市生活中编织起一张细密的族群网络,以网罗更多的社会资源。

一 沛东人的辈分关系与亲属关系

我的老家沛东村,是赣南地区最著名的客家村落之一。之所以著名,主要有两点：一是该村为单一的施姓家族；二是自从恢复高考以来，该村几乎每年都有成批的年轻人考上大学，而且几乎每年都有人考上重点大学，这在教育相对落后的赣南农村来说，是一个极为值得夸耀的亮点。

图7—1　沛东村是信丰县最著名的"才子之乡"，村委会门前的一个小广场上，赫然立着一块"沛东才子广场"的大石碑。施爱东摄，2014年。

据信丰施氏族谱记载，施氏始祖于元泰定元年（1324）占籍信丰桃溪，至四世分祖两房，长房施懋昭一支徙居沛东，时间在公元1390年前后。历经六百多年的繁衍发展，如今的沛东村已经发展到近1700户家庭，总人口超过7300人，分为27个自然村，全村平均每户4.3人。但据2013年的统计，全村耕地面积3430亩，有效灌溉面积仅818亩，人均耕地面积仅0.45亩，人均纯收入仅为4900元/年（数据截至2015年1月）。

沛东村位于桃江河东岸的一个小肘窝内，距离大塘埠镇2公里，大塘埠镇距离县城13公里。该村主要经济作物有二：萝卜、烟叶。全村有1100户农户从事萝卜种植，年产萝卜9000吨，产值达180万元；另有362户农户从事烟叶种植，产值达320万元，是农业产业大村。2006年，信丰县委县政府曾授予沛东村"信丰萝卜第一村"称号。2020年初的新冠病毒肺炎疫情中，江西省捐助湖北的大萝卜，绝大部分都来自信丰，而信丰萝卜的主要产地，则是沛东。这是沛东萝卜最风光的一次全国亮相。不过，萝卜这东西从来就没有卖出过好价钱，种萝卜是致不了富的，沛东村因而成为典型的人口多、耕地少、收入低的贫困村。

沛东村既是"十二五"江西省扶贫重点村，同时也是赣州市"十大和谐·魅力乡村"之一。要说这个村有什么独特的"魅力"，恐怕也只是人际关系的"和谐"。

人多地少，资源缺乏，必然导致家庭与家庭之间的激烈竞争，但是，全体村民又都是同宗同族的亲戚，邻里之间一有矛盾，很快就会牵扯出一大批唇齿相依的兄弟、叔伯、大爷爷小爷爷，经不住轮番调解，矛盾总能得到化解，想打也打不起来。村里的恶性斗殴事件极少，村民之间的竞争主要体现为外向型发展。

村民住得越近，越容易产生矛盾，但其族亲关系也越近。每个屋场（自然村），村民之间宗亲关系，都在掰着指头可以数得清楚的范围之内。我家住在县城，小时候父亲带我回乡探亲，一排屋子挨个走过去，几乎家家都是亲戚，一些和我差不多同龄的孩子，父亲告诉我要叫"小达达"（小爷爷），而一些比我父亲还年长的成年人，父亲却吩咐我叫"某某哥哥"。在沛东村，辈分比年龄更重要，村民们也很自觉地遵循着这一坚硬的习俗，我要是将年长的同辈人错叫成"叔叔"，对方还会笑呵呵地纠正我说："喊哥哥。"

但是，这种坚硬的辈分关系却在现代教育下遭到了全盘瓦解。许多原本已经接受了辈分观念的儿童，一旦进入学校就会发现，在这个更加社会化的"大家庭"里，彼此都是"兄弟姐妹"，而不是"爷叔侄孙"。在这个以学习成绩序次尊卑的"大家庭"里，晚辈欺负长辈，或者长辈成为晚辈小跟班的现象是很常见的，如果没有好的学习成绩或者孔武有力的体格作保障，想要凭辈分压人一头，几乎是异想天开的事。更为关键的是，这种在学校教育中所确立下来的"兄弟关系"，并不因为离开学校而失效，即使回到村落社会，同学们也找不回原有的辈分关系了。取代辈分关系的，是一个更为宽泛的关系词汇——"本家"。在沛东人口中，狭义的本家并不泛指所有的同姓，而是一个没有辈分界限的，类似于"同宗同族"的概念。

　　在沛东施家，我们家这一支在全宗族的辈分几乎是最低的，但我在信丰中学读书的时候，因为成绩比较好，我的那些来自沛东村的叔叔辈、爷爷辈，甚至曾祖辈的同学，没一个敢让我叫他们叔叔、小达达，或者曾达达，相反，个别同学还因为曾经在我面前炫过辈分而遭到我的排挤甚至打击，此后再也不敢在我面前提及辈分二字。

　　沛东村的所有家庭，理论上全都是族亲，但是，实质性的家族关系基本只局限于"四代结构"之内。其关系界限的划分，是以"祭祖仪式"来得以确认的。以我本人为例，我小时候只参与过曾祖父，以及祖父、伯祖、叔祖的墓祭仪式，也就是说，我的亲属关系是以曾祖父为顶点的家族关系，即：第一代（曾祖父1）——第二代（伯祖1、祖父1、叔祖2）——第三代（伯父3、父亲1、叔父3）——第四代（堂兄2、堂姐5、我1、弟弟1、堂弟8、堂妹5）。

图7—2　一个"四代结构"的家族合影。施爱东摄，2013年

　　当我们站在曾祖父的墓前除草、烧香、燃烛、杀鸡、跪拜的时候，我们获得了彼此的认同。由于我祖父只养活了我父亲一个独子，当我和我的伯祖、叔祖的子孙一同来到我祖父的墓地行跪拜礼的时候，我心中升腾起一种"他们和我是一家人，我们会互相帮助"的感情。我甚至特别在意这些堂兄弟们在我祖父墓前的虔诚态度，我会很留心地关注着谁在墓前除草培土的时候最卖力、谁在跪拜叩头的时候最虔诚，然后我会默默地在心中念叨："将来我要对他更好一点。"

我的一位堂弟比较木讷，从小就不被大家看好，但是每年墓祭的时候，他总是挑着祭品走在最前面，跪拜先人的时候也总是全心全意一拜到地，从不敷衍，我对他的印象一直很好。成年以后，这位堂弟的日子过得比较窘迫，虽然我的母亲常常在我面前数落他的各种"不懂事"，可是我从来不这么认为，每年回乡拜年的时候，我给他母亲的红包都是最大的，这是我对堂弟敬我祖父所能回馈的一点小报答。相反，另一位堂弟因为从未参与过我祖父的墓祭活动，我每次回乡，只要不是打上了照面绕不开，我就不会专程转去他家。从血缘关系上来说，这两位堂弟和我的关系是平行的，但是我心里基本只认同参与我祖父墓祭活动的兄弟，而且，认同的程度还与参与的态度相关。

时过境迁，如今我的父辈大半已经去世，他们自己也由祭祀活动的主导者，逐渐演变成了祭祀的对象。近些年，祭祀活动的主导权逐渐地落到了我这一辈的肩上。这时，要想组织起曾祖父名下的近百名曾孙玄孙一同参与祭祀仪式已经不大可能，而且，我这一代人都没有见过曾祖父，也谈不上直观的感情。失去了父辈的主导，我们既没有精力，也没有强大的动力来组织一次对于曾祖父的大祭活动。这时，对于曾祖父的祭祀也就式微了。也就是说，普遍新增一代，祭祀对象也会相应下延一代，基本保持着四代结构的稳定性。

近些年的祭祀活动中，我的所有堂兄弟都已经不再参与我祖父的墓祭活动，因为他们各自有了自己的孩子，甚至孙子，组成了新的四代结构。我的祖父、伯祖、叔祖，已经分别成为新四代结构的三个新顶点。基于新"四代结构"的新边界，我们很容易就会发现，我们的下一代中，对于新四代结构之外堂兄弟堂姐妹的亲属认同感已经非常淡漠，几乎没有了我们堂兄弟之间那种"一家人"的感觉。

从中我们可以看出，对于沛东村的任何一个男丁来说，基本上只有在他的曾祖之下的四代结构之内，才会被视作同一家族的成员，而对于四代结构之外的族亲，即使是他父辈四代结构之内的亲属，也很难得到他的认同。最简单的实例，我对于我堂兄来说，是四代结构之内的，我们彼此认同，可是，我对于我堂兄的儿子来说，却是四代结构之外的，我们之间不仅有代际隔阂，还有亲疏隔阂、地域隔阂，相互之间几乎没有任何共同语言，即使在家族聚会当中，他们也很少过来跟我说话，更谈不上亲近感，照面叫声"叔叔"就走开了。

二　城里沛东人和乡下沛东人

沛东人有"一半在乡下，一半在城里"的说法。沛东村之所以在信丰县特别有名，还在于县城的沛东人特别多。施姓人口在全县所占比例并不大，但在县级职能部门的干部职工中所占比例却远远超过它在全县总人口中的比例，几乎没有一个科级单位没有沛东人。从沛东村走出来的施姓族人，对于沛东的认同感非常强烈，即使像我这种从未在沛东村生活过的，也毫无疑义地被称作"城里的沛东人"。

早在中华人民共和国成立前，沛东村人多地少的矛盾就已经很突出了，许多农民都面临着"无田可种"的困境。向外寻求机会，大概是近百年来族人所能想到的最好的发展途径，尤其是村中的男丁，大都以出村向外发展为荣。但在1949年以前，这种外向型发展似乎以失败者居多。以我的族亲为例，我的小叔祖，据说年轻时是兄弟中最精明的一个，外出经商三年，不仅没赚到钱，还染上了花柳病，回村不久就去世了；我的祖父不定期地在外打散工，当过保镖和护院，也染上了酗酒的毛病，一生贫穷潦倒；我的祖母靠给人打短工补贴家用；我的父亲从小就跟着他表哥外出倒卖水果，不仅没有赚到钱，还把本钱亏光了。他们大概都曾努力地试图向外寻求发展，但是没有一个成功。

由于资料缺乏，我无法追溯得太远。1949年之后的七十年中，沛东人的外向型发展大约可以分为中华人民共和国成立初期、恢复高考之后、改革开放之后三个不同时期。

1950年代，沛东人的生活普遍得到了明显改善，尤其是大批年轻人得到了"参加革命工作"的机会，他们纷纷走出沛东，投身到国家的社会主义建设大潮之中。

据老人们说，中华人民共和国成立初期大量招收干部和工人，年轻人只要识得几个字，都可以报名参加革命工作。到了"三年困难时期"，县城机关和工厂连吃饱饭都成了问题，许多人受不住饥荒，纷纷辞职还乡，而沛东人由于乡下无田可种，所以多数人都咬着牙留下来了，这些人后来基本都定居县城。这也是信丰县城沛东人特别多的原因之一。

我父亲的几个堂兄弟，凡是中华人民共和国成立初期达到工作年龄的，几乎全都出来工作了。我的大伯父去了赣州砖窑厂当工人；二伯父、我父亲、五叔三人断断续续读完初中之后，都考取了中等专业学校，成了国家干部。七兄弟中，四个吃上了"国家粮"。

沛东人第二个出族高峰是1977年恢复高考之后。1997年完成的《施氏十一修族谱序》中即称："今沛东等地，地少人多，烟火日稠，族居延绵，数里不断。施氏子孙，多发扬传统，勤奋向学，虽家徒四壁，而好学不倦，学以经世致用，故多出族而居。""勤奋向学"从何时成为施氏子孙的传统标识已经很难考证，询诸乡贤里老，历史上找不出一个以学知名的沛东人。我的二伯父大概算是老一辈中最著名的以学知名的乡贤了，他曾经长期担任桃江中学的校长。而真正让沛东人"学名大振"的，是一年一度的高考。

恢复高考之后，从1978年开始，沛东村保持着每年都有人考上大学的纪录，这在信丰县是绝无仅有的奇迹。尤其是我的一位族兄施卫富，1979年考上南京大学，后来留学日本、定居美国。这在当时的小县城里，是不得了的辉煌成就，人们只要一说起沛东人"会读书"，都得拿他来举例。读书改变着沛东人的命运，年轻人或者通过考取大学、中专，或者通过每年的招工、招干考试，从而定居外地或者县城，是120世纪八九十年代的沛东人最常见的出族方式。

第三个出族高峰是21世纪初期。信丰县城从1990年代中后期开始了大规模的征地和拆迁，旧城改造、新城建设让县城得以迅速扩张，大量农村人口蜂拥进入县城。那些早在1980年代就到珠江三角洲打工攒钱的沛东村民，彼时还是一穷二白的年轻人，这时正值人生巅峰时期，他们在攒够买房资金之后，大多在县城买房，或者在圩镇上自盖新房。他们的第二代可能依旧需要通过打工攒钱，但是，他们的第三代却已经和"城里人"没有什么差别，说着同样的城里话，穿着同样时尚的衣服，享受着同样的城里的教育。

当我们说沛东人"一半在乡下，一半在城里"的时候，不仅仅指的是一半沛东"人"留在村里，也指那些已经定居县城或圩镇的沛东人，依旧会保留他们在沛东的房屋和田产。以我的二伯父为例，他早在1950年代就参加革命工作，可是他却先后在沛东盖过两次房，他的妻子及儿女也长时间生活在沛东村，直到1980年代全家转成商品粮，在县城盖了新房。但即使他们全家迁居县城，却依旧保持着沛东的旧宅，既没有卖，也没有拆，逢年过节还回去打扫一下。在我二伯父去世之后，沛东旧宅无人光顾日渐颓败，但依旧是他们家的房产。我的大伯父家则是另一种情况，由于大伯父没能攒够迁居县城的钱，他在退休后就回到了沛东且终老于此，大儿子顶替他的工作，带着老婆孩子迁去了赣州砖窑厂，小儿子在县城打打散工。每年春节，无论大儿子小儿子，全家老少都一定是在沛东村度过。

三　大年初二的拜年"红包"

信丰县有大年初二祭祖的习俗。年初二对于沛东人来说，大概是一年中最最重要的日子，这一天，既是拜年首日（信丰习俗初一家庭团聚，初二家族拜年，初三起才是同事或朋友拜年），也是上坟祭祖之日。无论是远在异乡的游子，还是近在县城、圩镇的沛东人，这一天都会想方设法回到沛东村拜年、祭祖。

大年初二的圩镇几乎没有营业的商店，家家户户都在准备上坟祭祖。这天上午永远是沛东最热闹的时刻，家家户户人声鼎沸。散居各处的沛东人，全都携妻挈子回村拜年、祭祖。合族老少在这一天互相拜会、辨识、确认亲属关系。

每一个成年男子，都要提前准备大量的红包，分送给他所见到的每一个尚无经济能力的晚辈，或者已经失去经济能力的长辈。这是一次刻

图7—3　沛东村大年初二的家族扫墓。施爱东摄，2013 年。

意制造的，不对等的礼物流动。礼物流动的不对等主要体现在三个方面。

一是红包的金额不对等。普通的红包是一张百元钞。一些众所周知的贫困家庭可能会准备一些20 元或50 元的红包，用来打发那些登门玩耍的邻家儿童（其实邻家一般也是亲戚）。但是，那些出族的沛东人不可能使用这种小额红包，他们要么隔年回村拜年，减少分发红包的频次，但只要初二这天回到村里，就至少得准备十几个百元红包。经济条件略好一点的，或者是送给长辈的红包，一般都会大于一张百元钞。我本人平均每年大约会准备二十几个百元红包（多数年份只发出十几个，个别年份会出现红包准备不足的情形，只能直接发钱），五个左右三百元的大额红包，大额红包主要用来包给伯母、婶婶等长辈。

二是红包的数量不对等。一般来说，回乡的沛东人都是一对夫妇带着一个小孩，所以，他们向每一家拜年都会收到一个红包。可是，留守在沛东村里的家庭，几乎家家都有两个以上的儿童。住在城里的老人如果身体不便，很可能就不回村了，而村里的老人就算身体再不好，他也一定在家。所以，一个回乡的沛东人在每家发出的红包数，一般都是三个甚至更多。

此外，还有许多成年人是像我这样只身回村祭祖拜年的，这样，我的礼物流动就是完全单向的，我平均每年发出约二十个红包，却从未收到过一个红包。还有一些是刻意不带儿童回村拜年的，如我的二姐施少颖。她有一个女儿一个孙女，有时还让女儿开车把我们送到沛东，可是，每次到了村口，她就让女儿把孙女带回县城，不让孙女进村。我问她为什么，她说："带小孩来就是讨红包，算了。"很显然，她是刻意回来发红包的。她认识的人多，走的家数比我多，平均每年大约要发出三十多个红包。

三是单向流动的资助性红包。如果村里的某家发生什么大事，需要大笔的花销，回乡的亲属总是会在拜年的时候包上一个带资助性质的大红包。资助的范围大约包括子女考上大学、家中出现重病患者、有卧床老人，以及其他一些意外的变故。比如，2013 年我的两个叔叔分别发现脑瘤和中风，2014 年春节我给他们的红包就分别包了 800 元。又如，据说我的一个家境贫寒的堂弟考上大学，第二年春节我二姐一次性给他包了 3000 元。这种资助性的红包有时也会有所回流，我的父亲生病住院时，我的叔叔也到医院来看望我父亲，同时带来了一个 300 元的慰问红包，以及一箱牛奶，一袋水果。

沛东村的亲属之间不对等的礼物流动，本质上是一种"经济扶助"。一般来说，城里的沛东人总是比留守的沛东人更活络、更有闯劲，因此也更富裕一些，所以，他们在这个倾斜的礼物流动链中必然是多付出的一方，当然，他们也会因此而收获更多的荣耀、更高的地位，他们遗留在村里的一些琐碎事务，诸如看房、照地（沛东人将祖坟称作"地"）之类，也还需要留守的亲属们帮忙打理。

正如阎云翔在《礼物的流动》中所说："中国人的礼物被视为传达重要的精神信息——诸如关心、眷恋、道德关怀和感情联系——的最有力和最受欢迎的工具之一。因而，礼物创造出送礼者和受礼者之间的精神联系，这种联系被村民统称为人情。"送礼物又叫作"做人情"，我的母亲是个善于"做人情"的家庭主妇，她常常会告诉我和弟弟，回到沛东一定要去谁家走动，谁家有几个小孩，谁家发生了什么变故，应该包多大的红包等。平时当我们两兄弟不在信丰的时候，她会根据我们所做的人情，适当地要求沛东的乡亲来为他们老两口提供一些服务。比如让他们来给我们家劈柴、修灶、搬运杂物、陪护我父亲去医院等。每次沛东亲戚来的时候，总是会带上他们自己家种的花生、辣椒、瓜果、萝卜干等土特产品。

如果单纯从购买劳动力的角度来说，在信丰这种劳动力严重过剩的地方，找人干活并不是一件困难的事情，但是，多数老人都不大愿意到劳动市场购买服务，他们更愿意"找亲戚帮忙"。亲戚来了，不仅仅是帮忙干干活，干完活他们还会留在家里吃餐饭，吃完饭还会陪老人聊聊天，东家长西家短地说说沛东人的故事。

四　作为信息中心的地理沛东与观念沛东

"沛东"既是一个地理概念，也是一个族群概念，同时还是一个认同标签。1997 年，沛东施姓重修了族谱。族谱尽可能地搜集起散落各地的施姓族人，并要求所有的施姓都尽可能捐款资助这一工程。捐款和上谱，既是族群内部关系的整理和确认，也是一个重建"观念沛东"或者"沛东认同"的过程。

无论在官场上，或者生意场上，相互之间只要一说"都是沛东人"，双方马上就会进入"叙亲"拉关系的阶段，有时候甚至只要说到"我们办公室也有一个沛东人"或者"我姐夫在沛东小学当过老师"也能迅速进入叙亲环节。在这个差序格局的准乡土社会，只要一攀上族亲关系，事务进展就会顺利得多。

如果一个沛东人被任命为县城某个要害部门的负责人，或者某个乡镇的书记、镇长，不出十天，就会传遍沛东人际关系网的每一个角落，成为"沛东要人"。一个在官场、商场或者其他权力场上乐于照顾族亲的沛东人，就一定会在沛东享有崇高的口碑，就算他们的亲属走在路上也能高人三分。

在县城的任何一个角落，任意三个沛东人凑在一起，话题很容易就会转向新近的"沛东要人要闻"。这些要人要闻包括升职或转岗、生育或死亡、疾病或变故、发财或破财、子女考上大学或分配工作，甚至家庭或工作中的复杂关系，等等。这些要人要闻作为沛东人的准共同知识，无疑有助于增强沛东认同感，强化族群凝聚力。

沛东村的大年初二，无疑是一次盛大的全年信息交流会。全国各地的沛东人，那些身在异乡做官、为学、当兵、经商、打工的沛东人，只要有什么好消息，都会在这一天带给自己的亲属，然后经由亲属之口，迅速传遍全村，再由城里的沛东人、外地的沛东人将这些信息带往全县各地，乃至全国各地。

图7—4 部分村中长老正在议论如何修缮家族祠堂。施爱东摄，2014年。

信丰的墓祭，多数家庭都会在墓前宰杀活鸡。2012年春节，我和弟弟第一次代替父亲主持祖父的墓祭，想当然以为圩上一定能买到活鸡，只买了些香烛爆竹和纸钱就动身了，结果一直走到沛东村口，也没买到一只活鸡，只好向村口人家打听能否从他们家里买只鸡。这家主人正招呼客人喝酒，大概对于我们兄弟俩大年初二买鸡的行为感到奇怪，一再盘问我是谁家的，到哪里去，当得知我是"崇豪家大儿子"的时候，意识到我就是那个"在北京当教授"的沛东人，立马表现得极为热情，一再邀我兄弟俩入座吃酒，甚至含含糊糊地表示应该送一只鸡给我们，但我不仅付了一张百元大钞，而且坚持不收找零。我和弟弟都把这当作一件很尴尬的事，回到县城之后并未向母亲提及，可是两天之后，母亲就从其他渠道听说了我用一百元买一只鸡的故事。再两天后同学聚会，一位沛东的同学也问起这事。由此可见，沛东的大年初二，虽然暂停了商品交易，可信息交易却变得异常活跃，任何一点稍有新闻价值的信息，都会在这个热闹的信息集市上得到快速传播。

沛东人通过这种信息交流，熟悉了许多从未谋面的沛东要人，一旦有什么事求到这些要人头上，一见面就能数出对方家庭的一大堆荣耀往事。这些信息能够迅速拉近两个素未谋面的沛东人之间的距离。我1996—2005年在中山大学任教的时候，几乎每年高考之后，都有沛东人，甚至沛东亲戚的亲戚找到我头上，希望我帮助他们的子女录取到中山大学或者其他广东高校。他们在自我介绍的时候，第一句永远都是类似这样的句子："你是爱东吧？我是某某，都是沛东人，和你爸爸崇豪很熟。"无论是提及我的名字、我父亲的名字、其本人名字，几乎都会省略姓氏，故意将"施"字默认为不必提及的一种宗族默契。

对于"要人"的评价标准主要有二：一是有没有能力帮助乡亲；二是愿不愿意帮助乡亲。一位在广州工作的沛东人曾多次向我抱怨，说沛东乡亲什么事都去麻烦他，他虽远在广东，却摆脱不了各种鸡毛蒜皮的信丰事务。但我知道他乐在其中，因为每年春节，无论是否曾受过他恩惠的沛东人，都在传颂着他的能耐和热心，他的父母兄弟也因此在村中享有了更高的地位。但我也知道他的确很辛苦，历届信丰县领导到广州考察或招商，不管认识不认识，他都一定会热情接待，尽量陪同，利用自己的人脉为他们的考察搭桥铺路。他的努力当然不会白费，当他有什么事求到这些地方官头上的时候，他们也会给予适当的照顾。

无所事事的老人无疑是八卦市场的主力军。我所知道的沛东要人要闻，多数都是从母亲口中得知的，而她又是从其他老人的口中听来的。那些中年沛东人聚在一起的时候，很少明目张胆地炫耀自己的辉煌，如果被人恭维"高升"，他可能还会说："别提了，我还真不想干这份活，压力太大，还不如原来的工作轻松。"可是老人不一样，老人特别喜欢拿子女的工作成就当炫耀资本，恨不得让全世界都知道他们的儿子/女儿升官了、有钱了、出国了，或者生个胖小子了。2012年我在中央电视台担任过"我们的节日"嘉宾主持，节目播出前我曾提醒母亲收看一下，结果过年回到信丰时，许多亲戚见了我都夸我在电视上"很有气势"，原来母亲在接到电话之后，迅速就打了一大通电话，组织亲戚们观看这个节目了。后来听说我不想再上电视，母亲感到非常失望。

2013年年底信丰调来一位女县长，春节期间我听说后，顺口跟母亲说这个女县长我认识，以前在北京和她见过两次。结果在三个多月之后，就有一位沛东族亲给我来电话，希望我在女县长面前为他说个事。我说我跟女县长不熟，他说："她不是去了北京都要找你吗？"后来我在电话中责怪母亲不该添油加醋拿这事到处讲，她很委屈地辩解说："我冇到处讲，也冇讲她去北京找你，不晓得他们哪里知道的。"很显然，信息经由我母亲的发布，在沛东人口中转了几圈之后，就严重失真了。

生活在信丰县城的沛东人，既是一个普通的信丰人，又是一个特殊的信丰人，他的个人信息除了在他的事业圈和生活圈中传播之外，还在一个巨大的"沛东信息圈"中快速传播。沛东信息圈和地理上相对封闭的个人生活圈不一样，它弥漫在县城的每一个有沛东人的角落里，存在于那些你可能根本不认识的沛东人口中。对于那些"干事业"的沛东要人来说，他们在沛东信息圈的口碑是一笔非常重要的无形资产。好的口碑有助于一个人建立好的人脉关系，利于事业的发展。相反，一个正处于事业上升期的官场职员，或者生意场上的小商人，如果在沛东信息圈中落得一个不好的口碑，也就意味着在信丰县城"被人看死了"。我的一位同族同学，据说曾经拒收沛东族亲的礼物，也不愿给族亲办事，加上其失败的婚姻生活，因此在沛东信息圈中落得一个"庵公"（固执、没人情）的口碑。这一口碑极大地阻碍了他的职场前景，年近五十，勤勤恳恳，却依旧是"一个办事员"。我母亲每次提及他都说："好庵公（不善言辞、不懂交际），爬不上去。"

沛东既是一个地理上的村落名称，同时也是一个口传信息的关键词，由这个关键词辐射出一个庞大的沛东信息圈。信息圈的地理分布主要集中在沛东村、大塘埠镇和信丰县城三个区域。尽管"乡下"和"城里"分布着成千上万名沛东人，但并不是每一个沛东人的信息都能在这个信息圈中得以广泛传播。能够成为该信息圈共同知识的，只能是其中的要人要闻。除了村里的书记、主任、热心公益事业的村中长老，广义上的沛东要人，其名望、地位大致可依三个标准进行降序排列：身居要职的官员、成功的商业人士、知名的读书人。

　　那些离开了沛东村的沛东要人，他们一方面享受着沛东信息圈赋予他们的声誉和赞美，同时也义不容辞地承担起了为广大沛东人扶危济困、排忧解难的义务。出自沛东的所有施姓族人，在族内是以四代结构来定亲疏的，可是一旦面对非族亲的外部世界，他们全成了浑然一体的"本家"，为了区别其他乡镇的施姓群体，他们对内对外都使用"沛东人"这样一个以村落而不是姓氏作为标志的族群概念。

　　他们通过不断更新的沛东信息圈，勋力地巩固和维护着"沛东人"这个概念，力求在纷纭复杂的新城市生活中编织起一张细密的族群网络，以网罗更多的社会资源。

图7—5　即将消失的沛东村旧寨门。已经很难找到谁能说清楚寨门建于何时，门额的石匾上刻过何字。**施爱东摄，2014年。**

　　（本章原题《我们都是沛东人——一个宗族村落的"关系网"和"信息圈"》，原载杨早、萨支山主编《话题2014》，生活·读书·新知三联书店2015年版，收入本书有修订。）

附录 下坝村的人说自己是沛东人

【陈喜莲（人大附中深圳学校高级教师）】在信丰，人们说起沛东，
都是竖大拇指的。"沛东出才子"，这一点好像是公认的，2011 年赣州电
视台拍过一个节目《靓丽新村》，电视里就说你们是"才子之村"。沛东
人团结，宗族观念很强，大家自觉抱团，一荣俱荣、一损俱损。在信丰，
只要你一说自己姓施，对方马上会问：你是沛东哪里的？人们潜意识里，
好像只要姓施，就都是沛东的。实际上，施姓的聚居点还有好几个，比
如：十里、小河、星村，但那些散居在外的施姓人好像也都是近百年从
沛东迁出去的，可沛东人似乎并不认他们为"沛东人"，是不是因为他们
也是"乡下人"？

【施爱东】对了，负责我父亲病床的神经内科施医生是你的同学，他
们家好像就是十里的，我不知道施医生对于这个问题是怎么看的？

【陈喜莲】施医生是认同沛东的，他很以自己是沛东人为豪，他在你
这个正宗沛东人面前可能会说自己是十里的，但他跟我们在一起的时候，
常常会提起自己一家是从沛东迁出去的，他认为自己根子上还是沛东的。
我在信丰中学的同事中有三个施姓的，包括你的同学施晓全，他们都很
书生意气。每当一提起沛东，他们就会涌出一股良好的自我感觉，那种
地域优越感是很强的。施姓人比较团结，但是宗族自豪感太强了。

【施爱东】是。我听施晓全说过，真正沛东村的施姓家族人口只有约
4000 人，但在相邻的下坝村还有部分施姓家族，人口接近 2000，这些人
在外几乎不说自己是下坝人，都说是沛东人。下坝村后来并到了樟塘村，
但他们对外还是说自己沛东人。沛东已经不是一个村落名称，更像是一
个族群称号。不过，我还是想知道你们是如何看待沛东人的。

【陈喜莲】刚好，我信丰中学的一位同事高老师，他家是牛口村的，
和沛东村挨着，但是牛口村一个姓施的都没有。2001 年牛口村也并到沛
东村了，所以，现在的沛东村有两个含义，一个是传统意义上的施家的
沛东村，一个是行政意义上的，包括了原来牛口村的沛东村。我听高老
师说，他们小的时候就很受施姓人的压制。

【施爱东】我因为自己没有在沛东村生活过，有些情况还真不太了解。我想知道，施姓的小孩是如何打压其他姓氏小孩的？

【陈喜莲】比如，他的小学是在沛东小学读的，沛东小学的学生基本都是姓施的，人多势众。他们那时候连说话，都会无意识地学习施姓人的方言。

【施爱东】施姓人的方言？我真不知道。整个大塘埠镇的方言不都是一样的吗？

【陈喜莲】不是的，他说就算在沛东村一个地方，就有很多种方言。哪怕是隔一条水渠，两边语言都会有所不同。外面的人听不出来，本地人一听就能听出其中的差别。沛东人多、集中、团结，其他宗族自然会有压力，有畏惧，不敢得罪。沛东村的施家坟墓，很多都是建在和李姓的交界之处，等于占了其他宗族的地方。

【施爱东】施李两姓之间有过斗殴事件吗？

【陈喜莲】他自己没见过，但他听奶奶说过，称为"打大架"。高老师说，现在沛东小学边上有一块新墓区，已经开始侵占沛东小学的教育用地，也很令政府和学校头疼。

【施爱东】真是十分不好意思，这个墓区我知道，我父亲就是这块墓地的始作俑者。我们家是1981年从石城县迁回信丰县的，我父亲回乡后决定给他父母重修墓地，过去沛东的坟墓都是修在各家各户的房前屋后，甚至良田当中，我们家在村中没有房产，我父亲找不到合适的地方，就在沛东小学边上一个红砂土质的荒坡上，面向水田买了一小块墓地。再后来，一方面因为村中可做墓地的地方越来越少，一方面据说也是因为我和我弟弟都先后考上大学，有人觉得风水好，跟在我家墓地后面的墓地就越来越多，以至于现在已经成一个大型的坟场。每年初二，这里都是炮火连天，一片红屑。这事很令人汗颜。

【陈喜莲】你文章中说到的"沛东要人"，现在大塘埠镇的首富，就是一个姓施的，这个"要人"民间也很认可。他在大塘埠搞房地产，在圩上建了很多房。可能是受到视界影响吧，本地人对那些远在外地的沛东人，信息了解可能会比较少，因为他们的实际影响力肯定不如本地的要人。比如，许多沛东人可能知道有一个在北京做教授的沛东人，但绝大多数人可能连你的名字都说不上来，但是对这个大塘首富，在当地可说无人不知，无人不熟。

【施爱东】那是。而且说实在的，我也从未给家乡做过任何贡献。我每次回沛东，都只走几家近亲，从不敢在村里随便晃荡。我想知道，大塘埠镇上的人对沛东人怎么看。

【陈喜莲】大塘埠镇是赣南八大小城镇建设重点镇之一，民国时期曾是县府所在地，施姓并不是大塘埠的唯一大姓。比如说大塘陈氏也是大姓，最近几十年，也是要人辈出，所以，对施姓的崇拜就不太明显。我觉得宗族间的较量，是以一对十的博弈，出一个大才子，比出十个小才子都强。只要在某个时期，至少在本县出现了比较有代表性的人物，我们周围就会有比较多的人认同这个宗族的实力。我个人认为，本区域的要人，要比远在外地做官或者经商的要人受关注得多。比如，我们陈姓的，就出了一个本土的教育名家，陈明淦，华东师大的高才生，他在信丰的影响力就比许多在外地的才子要强。别说你是博士、教授，你在信丰的影响力，跟他没法比。

【施爱东】那是，陈老师是我的老师，我哪敢望其项背？另外我想问问，既然大家都是客家人，那么，信丰的其他姓氏，宗族观念是不是都像施姓这么强烈？

【陈喜莲】客家人的宗族观念向来都很强烈，而沛东人尤其重视宗族。客家宗族里讲究辈分和地位。辈分是根据自然繁衍的速度来定的，辈分高的一支说明他的宗传速度比较慢。辈分常常在名字中体现出来，以前取名字中间这个字都是显示辈分的，但 1949 年之后，尤其是改革开放之后这个传统慢慢淡化。个人在宗族中的地位主要是还由他的社会地位决定的，正如你所说的，这中间很多因素，但有一点是肯定的，一个人对宗族事务的热心和贡献度将直接影响到他在宗族口碑中的位置。个人在宗族中地位的形成往往是口口相传。正因为如此，在外工作的沛东人，一旦遇上同族求助就会更加热忱和尽心，这样就可以获得同宗的认同和肯定。循环往复，沛东人宗族联系愈加紧密，宗族观念就更显强烈了。

另外还有两个问题我想补充一下。第一个问题，关于"乡下人"和

"城里人"的概念。在信丰，真正被认同为城里人的主要是指 1949 年之前生活在县城中心的极小部分城镇居民，连周边（水东、水北、上西门等）都算不上城里人。而那些 1949 年之后，由于招工招干或者毕业分配在信丰居住的人，一般自我介绍的时候，都是说自己的乡下原籍，不会自称城里人。所以，你文章中所谓的"城里沛东人"应该是乡下视角的城里人，不是县城视角的城里人，因为你是 1949 年之后进城的，那些土著城里人不认为你是城里人。

第二个问题，关于初二祭祖。大年初二是乡下和城里联系最密切的一天。主要是城里人往乡下走，目的有二：祭祖和走亲戚。信丰本地的祭祖仪式正如你所描述的：宗族四代之内的故去的老人都属于拜祭的对象。过去祭祖，嫁入的女性都不参与。但在祭拜之后，她们也会在乡下的亲戚家里走走，相互拜年、派发红包、吃喝叙旧。年初二走亲戚原先会准备一些小挂鞭炮，到一家就放一挂，以表欢迎。吃喝里面有三样是必不可少的：白水鸡蛋、粑粑干、自酿米酒，梅县那边叫客家娘酒。

第 八 章

灵异谣言的语法逻辑与传播特点

——以 5·12 汶川大地震的灾难谣言为例

导读

1976 年，地震之后的唐山一度滋生大批谣言，诸如"大地震的发生是因为触怒了什么神灵""国家事先知道震情，怕引起混乱故隐瞒了实情""外国专家事先测出来了，但我国不相信没有发出预报""地震以后要发大水，唐山市要下陷，或成为汪洋大海"之类，尽管事后都被证明是无稽之谈，但在当时，却曾引发唐山以及周边地区的极度恐慌。

历史总是以一种相似的结构不断重演，同样，谣言也在以一种相似的结构不断重述，正如法国卡普费雷在《谣言》一书中所指出的，"谣言永恒的循环再现，证明它是一个深藏于集体意识中的解释系统，通过一个有利的事件而现实化的结果"。

一 灾难谣言是灾后恐慌的表现

2008 年 5 月 12 日汶川大地震之后，中国政府以最快的速度全力投入了抢险救灾，旁观者可以通过各种新闻传媒，宏观、清晰地了解整个救灾进程，可是，身处灾难旋涡之中的灾民，却由于通信中断、信息闭塞，以及对于次生灾难的恐惧，依旧生活在各种可能性灾难的威胁之中，这种不稳定的灾难情绪再度激发了各种谣言的兴起。

地震重灾区绵竹市市委书记蒋国华说，地震之后的一段时间，"不晓得是什么原因，少数人的情绪一下子就起来了，谣言四起。我查了些关于唐山大地震的资料，好像大灾以后谣言都不可避免。比如，说洪水来了，在汉旺，我从没见过那个恐慌场面，老百姓喊着往外面跑，一个记者开始就往汽车上跳，好像那个水要淹到颈子了。我说你们看到水在哪里嘛？你们跑什么嘛"。

美国社会心理学家奥尔波特《谣言心理学》将谣言定义为"一种通常以口头形式在人群中传播，目前没有可靠证明标准的特殊陈述"。奥氏列出的谣言强度公式为"$R \sim i \times a$"。R为谣言传播的广度，i为谣言内容对于传播人群的重要性，a为谣言证据的含糊性。也就是说，越重要、越难求证的谣言，其传播的速度和强度越大。

灾后谣言的兴起契合了灾后民众对于不明朗信息的高度渴求。谣言在传播过程中有不断放大的趋势，当它放大到一个"能被相信的最大值"的时候，就会逐渐趋于稳定。5月15日上午10时过，成都某银行一位员工从防震部门的亲戚口中得知，成都当天还会有余震，于是，银行安保部通知大家撤离办公楼。11时，银行员工熊小姐电话通知了自己的父亲熊老师，声称将有较强余震发生，熊老师考虑到银行的信息应该可靠，马上向所在学校办公室主任做了汇报。学校于11时15分通知各教学组长，声称当天将有7级余震，各教学组长又将此事通知到所有老师。该校一位李姓老师马上电话通知女儿和母亲，慌乱中却把电话拨给了西南食品城。食品城负责人举棋不定，11时30分，电话向《成都商报》求证"7级余震"一事，该报记者追踪出以上传播路线。

从这则预报谣言的传播过程我们可以看出，从"余震"到"较强余震"再到"7级余震"，灾难程度不断被放大，但当它放大到一个极值点的时候，就不再放大了。也就是说，7级余震是这一谣言能被相信的最高灾难程度，此后，谣言将会逐渐趋于稳定。

稳定的灾难谣言都有相似的形态结构。依据形态差别，我们可以把谣言分为预报谣言、灾情谣言、灵异谣言、问责谣言四类，每一类都可以归纳出一个相对固定的谣言公式。

图8—1   震后的汶川县漩口中学校遗址。大地震造成了该校 43 名学生、8 名教师、2 名职工、2 名家属遇难。施爱东摄，2014 年。

二　特别挑选的灵异载体

"灵异谣言"指的是通过猜想和拼凑，将灾难的发生与虚拟的灵异事件或者其他偶发事件联系到一起，解释为一种反科学反现实的、神秘的对应关系。完全形态的灵异谣言，其公式为："（1）虚构的或者特别挑选的灵异载体—（2）离奇的灵异解析—（3）被放大的灾难—（4）简便的规避方法。"

"虚构的或者特别挑选的灵异载体"总是要把灾难附会到一种毫不相关的事件之上，通过灵异解析，在灾难与该载体之间建立一种奇特的灵异关系，从而使一些与灾难毫不相关的普通事物幻化成特别的"灵异载体"。比如，1956 年，蝗虫在黄河流域的下游各省和新疆境内为害，螟虫在长江以南的各省区横行，农民们认为这些害虫是天生的，都是由东南风变成的，除了请求蚂蚱老爷（蝗虫神）和白梢娘娘（螟虫神）保佑外，人没有办法对付。在这里，古人笔下诗意盎然的"东南风"居然被妖言幻化成一种为虐于江河流域的"灵异载体"。

大灾之后必有妖言，不同的好事者会选择不同的灵异载体，2008 年 5 月 12 日四川汶川地震发生之后，各方妖孽纷纷出场，八仙过海各显神通，有人宣称靠《周易》早就测出了四川地区将要发生大地震，有人牵强附会地将所谓"阴阳五行"以及神秘数字、星相等与各种灾难事件进行联想，有人甚至还从网上扯出一个会做预知梦的外国预言家，预测海南岛 9 月将要发生大海啸。

相对于 2003 年的"非典"，以及历史上的其他许多大灾难，"5·12"汶川地震之后的"灵异谣言"并不算多，但仍然在老人和文化程度相对较低的人群中占有一定市场。在众多可供选择的妖言中，一个把数字 8 当作载体的灵异谣言风头最盛。

> 案例 1：汶川地震之后，流传最广的灵异谣言是"三个 8 的谣言"。据说 2008 年 8 月 8 日的三个 8 将会带给中国三个大灾难。1 月 25 日的雪灾相当于"天灾"，$1+2+5=8$；3 月 14 日的藏独暴乱相当于"人祸"，$3+1+4=8$；5 月 12 日的汶川地震相当于"地灾"，$5+1+2=8$。

据钟国欣《"法轮功"借地震编造谣言污蔑奥运》（《环球时报》2008 年 5 月 26 日）报道，该谣言最早出现在境外的邪教网站上，被一些别有用心的人从境外群发到中国大陆的手机上。该邪教网站在 5 月 15 日刊登了《北京奥运日期探谜》《令人惊奇的四组数字》等文章，试图妖言惑众。这则谣言流传甚广，通过手机短信和网络聊天广为传播。包括笔者的父母在内，许多人一再告诫笔者不要在有 8 的日期出门，尤其是不能在有 8 的日期坐飞机，等等。

借助"灵异载体"生产灵异谣言并不是中国特产，相似的灵异谣言曾经遍布世界各地。

1978—1981 年，美国最大的日用品制造商 P&G 公司一直饱受谣言的攻击。根据谣传，该公司的图案标志上隐匿着许多撒旦的符号。图上绘着一张男子的脸，正凝视着 13 颗星星，人们发现，这些星星的排列恰好构成了魔鬼撒旦的数字 666。于是谣传 P&G 的成功是因为魔鬼的帮助，公司与魔鬼缔结了契约，公司老板愿把灵魂出卖给魔鬼，愿将公司利润的百分之十交给一个信奉撒旦的教派。P&G 公司毫无准备，各种宗教组织纷纷出场，到处宣扬抵制该公司的产品。

卡普费雷认为："所有神秘的符号都可以为谣言提供一个理想的跳板：它们都是含含糊糊的，因此使人产生疑问。"古今中外的历史上，所谓的神秘数字，曾经给人提供过无数的遐想，生产过无数的附会，555、666、777、888、999 等许多数字排列，都曾被人广泛利用，以释吉凶。

图8—2　笔者曾经住宿过的北川大酒店，成为地震中少有的未曾倒塌的建筑之一，但是由于结构损坏，已经成为高度危房，不能近人。施爱东摄，2014 年。

三　离奇的灵异解析

灵异谣言的解释系统只能是"离奇的灵异解析"。其惯用的手法是，借助于文字游戏，制造些耸人听闻的灵异谣谶。这些谣谶完全是非理性的，其逻辑结构正是建立在反科学、反现实的灵异基础之上，因而先验地排斥了科学和理性对它的批判，因此，人们就无法利用既有的科学知识或生活逻辑去验证其"真"或者"假"，而只有"信"或"不信"两种选择，信则有，不信则无。

1976 年是龙年，发生了唐山大地震。到了 1986 年，全国各地到处流传着"十年一周期，闰年多地震"的说法，结果没震。紧接着到了 1988 年，又逢龙年，刚好该年江南气候多变，于是，谣言变身为"龙年必有大震"，结果又没震。到了 1996 年，唐山地震二十周年时，谣言再次变异，不再说十年一周期，也不说龙年大地震了，而是拿老鼠与土地的关系来做文章，声称："鼠年不吉利，老鼠爱打洞，鼠年地震多。"这些可怜的年份，人们欲加之罪，何患无谣。只要人们心存恐震的不安定感，有人出头兴风作浪，每年都可以找出点新的灵异载体，变换些新的灵异解析，制造一批新的灵异谣言。

　　案例 2："5·12"汶川地震之后，学者朱学勤抛出了一番地震天谴论，居然拿地震与佛诞日的关系来做文章："这就是天谴吗？死难者并非作孽者。这不是天谴，为什么又要在佛诞日将大地震裂？"（《南方都市报》2008 年 5 月 14 日）此论一出，举国哗然，迅速招来无数痛斥，被斥为妖言惑众。

"天谴论"绝不是朱学勤的发明，只不过是古旧谣言的一次现代翻版。自古以来，人们对地震灾害就已经有了各种离奇的解释，诸如"上天对人的惩罚""背负着大地的鳌鱼翻身（在日本则是鲶鱼翻身）"之类。1923 年东京大地震后，就有人散布谣言，称"是朝鲜人触犯了神灵，地震是天神的惩罚"，军警当局还诬指社会主义者和旅日朝鲜侨民纵火、投毒，授意右翼团体自警团恣意刑讯、屠杀朝侨，当时被地震幸存者杀害的朝侨达到 2613 人，旅日华侨也有近 200 人失踪。1976 年 7 月 28 日唐山发生大地震，到了 8 月，四川安县一带就传出谣言："毛主席讲的天翻地覆，就是要发生地震，要赶西山塞东海。""现在地震灾难是躲不了的，大灾大难临头了，善人要收一半，恶人要全收完。"（陈焕新《地震谣言》，地震出版社 1990 年版，第 25 页）历史早已证明，妖言不经一驳。但就是这种不经一驳的惑众妖言，却总是在每次灾难之后死灰复燃。

1980 年 4 月，山东烟台地区曾经流传一批地震谣言。一种说法是："庙后公社寨头村有个学生在路旁看见两片石头在打架，就告诉了老师，老师去看时，两片石头变成了一个老头和一个老太太，并说：'地要喷火，天要塌，吃七种菜做馅的饺子能免灾。'说完又变成了两片石头。"
另一种说法是："有一伙石匠正在采石，看见面前的石壁上显出一个光
环，大家知道遇到了宝物，于是加快了进度，打着打着，采出一个像小
饭桌那么大的圆圆的石头，自己还会滚，把它劈开了，发现里面蹲着一
只石头的青蛙，不大一会，青蛙活了，从嘴里喷出一些口沫，并且说：
'山东要有大灾难，这儿要变成汪洋大海，你们快些回家吧，用这些沫做
馒头吃了，将馒头引子分给别人，遇水可以上浮，躲过这场灾难。'说完
青蛙又复归原样，大圆石头也随即合拢。"

　　列位看官，如果我们认为这种荒唐的谣言只会在 20 世纪的农村地区
流行，那就错了。一旦灾难来临，公众陷入一种紧张不安的情绪之中，
就很难保持足够的理性。一切有利于加剧恐慌的消息都会变得有人相信，
一旦有人相信就会像病毒一样互相传染，这时候，既有的知识和逻辑都
被推翻了，一件件不可思议的事件激发了人们的灵异想象，历史上曾经
伤害过我们的那些谣言会死灰复燃，再次侵袭我们的生活，即使在 21 世
纪的现代都市，也不能幸免。

　　2003 年春夏之间，中国爆发了严重的 SARS 疫情。5 月 6 日晚上，贵
州省六盘水市家家户户燃起了鞭炮，有的甚至还放起了烟花，整个市区
淹没在鞭炮声中。当晚，邻县六枝、盘县等地的居民闻讯也开始燃放鞭
炮。燃放鞭炮的原因很古怪，据说："一个哑了多年的老人当天突然开口
讲话说，只要在当晚 12 点以前燃放鞭炮，就可驱逐'非典'。不少市民
听后，纷纷买鞭炮在家门前燃放，一时间竟然出现鞭炮脱销的情况。"而
在陕西神木县，则传说："一妇女于 5 月 5 日生下一男婴，这个男婴于 5
月 6 日突然开口说话，称'非典'这场灾难属老天收人，他是上天派来
搭救万民的，具体做法很简单，只要家家户户每人于 5 月 6 日晚 12 点之
前熬喝绿豆汤，即可免于灾难。"（左颖《"非典"初期诸多谣言》，《法
律与生活》2003 年 11 期）时隔不到一天，谣言就侵入了上海，迅速形成
绿豆抢购风潮。

　　稍加分析就会发现，上述 2003 年的两则疫情谣言与 1980 年的两则地
震谣言，明显是对制度化宗教"神圣救赎"故事的模仿，四则灾难谣言
在形态上具有完全相同的特征：一是"圣显"（虚拟的或者特别挑选的灵

异载体），一个不可能说话的人或物忽然开口说话，以确定其神圣代言者的身份；二是"神启"（离奇的灵异解析），神圣代言者指出了灾难的因由；三是"方便法门"（简便的规避方法），神圣代言者指出了一条襄灾避祸的便捷途径。

灵异谣言的特点之一就是出奇制胜：越是离奇，就越是灵异，越是容易博取部分民众的迷信。灵异谣言反科学、反现实的特点恰恰是它用以控制部分民众心智的有力武器。

案例3："5·12"汶川地震之后，有人认为2008年的多灾多难是因为五个奥运福娃的原型选得不好。五个福娃头上各顶着一个灾难：贝贝头上顶着一条鱼，代表鱼米之乡，于是湖南雪灾了；晶晶头上顶着一个熊猫，代表四川，于是汶川地震了；欢欢头上顶着一团火，代表奥运圣火，于是圣火传递遭抢了；迎迎头上顶着一头藏羚羊，代表西藏，于是藏独分子搞事了；妮妮头上顶着一只潍坊风筝，代表山东，于是火车出轨了。　（俞旻骁《谁为谣言插上翅膀？——汶川地震后谣言传播现象探析》，《新闻记者》2008年第7期）

案例4：有网民使用了与上例相近的逻辑，给出了完全相反的另一种解释，认为这是天将降大任于中国，当福娃的五个挑战结束的时候，也就是中国腾飞的时候。"公元1976年，龙醒了，摇摇头，唐山大地震了，但中国此后三十年繁荣昌盛！公元2008年，龙要腾飞了，先喷一口气，南方下大雪了；再摆一下尾（它的尾部搭在缅甸的海边），缅甸刮大风了；又一脚蹬在汶川腾空飞起，汶川大地震了。故龙的腾飞一定会有大动静的！中国从此走上千年繁荣！！！"在这一思想的基础上，一些所谓的"震兴谣"也在坊间广为流传，比如认为地震之后，中华民族必定大兴："大震大兴，小震小兴，不震不兴，一震就兴。"

无论是案例3中的消极灾难谣言还是案例4中的积极"震兴谣"，其实都使用了相同的灵异解析，经过精心挑选，把一些本不相干的自然和社会现象编辑在一起，玩弄一些文字游戏，赋予现象之间一种灵异的关联性。

谣言是一条变色龙，往往随着时势变化而更换对象、变换言语方式，不断朝着更容易为受众所接受的方向靠拢。但无论其内容如何变化，其基本的结构形态是不变的。案例3中说"贝贝头上顶着一条鱼，代表鱼米之乡，于是湖南雪灾了"，可是，到了6、7月间，长江以南普遍发生水灾，于是，谣言马上进行了适时调整，变成了"贝贝头上顶着一条鱼，代表鱼米之乡，于是江南水灾了"。调整之后，"鱼"和"江南""水"的关系显然比"鱼"和"湖南""雪"的关系更加自然，更容易为公众所接受和传播。

四　简捷的厌胜法门

"被放大的灾难"是所有灾难谣言在灾难描述环节的共同功能。诸如前述谣言中的"大灾大难临头了，善人要收一半，恶人要全收完"，"山东要有大灾难，这儿要变成汪洋大海"等，都是采用危言耸听的夸张手法，先从气势上把受众给唬住了。

所有的灵异事物，都有一定的厌胜法门。所谓厌胜，即以巫术的手段克制对手。几乎所有的灵异谣言都显含或者隐含着一些可以视为厌胜手段的规避方法，这些规避方法大都简便易行。

案例5：据香港《文汇报》报道，香港堪舆学家卢恒立等人认为，因马与鼠相冲，故属马的人在鼠年会比较劳碌，美国总统布什出生于1946年7月，生肖属狗，但以月份计，7月属马，另外，中国国家主席胡锦涛和国务院总理温家宝都出生于1942年，生肖属马，因此他们在这一年都会比较劳碌（司徒剑峰《布什流年不利　胡温今岁辛劳》，香港《文汇报》2008年2月6日）。于是，有网民建议使用规避方法，"恳请国家有关人员在两位国家元首的办公区域多放些植物"（申高原的博客）。这些言论通过网络流入内地，在坊间广为流传。

对于谣言的积极散布者来说，他们的积极行为往往会有一些不可告人的目的。以 2003 年贵州六盘水市"鞭炮禳灾"的非典谣言为例，公安部门抓获的烟花商贩陈某，就是最积极的谣言散布者，而陈某的目的，无非是想多卖些烟花爆竹。

灵异谣言的完全式，多数是由谣言的积极散布者传播的，他们或隐或显，总会把自己的利益包裹到"简便的规避方法"之中。我们只要稍加追踪案例 5 中堪舆家以及网民的身份，就可以发现，他们都是职业或半职业的风水先生，其目的无非是舞弄其风水知识，借助对公共事务的发言，博取关注，获得声名，以扩张其风水业务。

所有灵异谣言的规避方法，最终都会落实为一种"方便法门"。前述谣言中"吃七种菜做馅的饺子""用青蛙口沫做馒头吃""当晚 12 点以前燃放鞭炮""当晚 12 点之前熬喝绿豆汤""在办公区域多放些植物"等等，都是不难办到的方便法门。唯有方便，才能普及，才能吸引更多的信众参与其事，推动谣言的进一步扩散。如果将绿豆汤换成燕窝，没多少人吃得起，自然也就"不方便"，这样的"法门"就很难被多数人接受。

图 8—3　在原北川县城的地震遗址纪念碑前，一位女士正虔诚地献上一束鲜花，缅怀"5·12"特大地震遇难同胞。施爱东摄，2014 年。

五　娱乐功能决定了灵异谣言自生自灭的传播特点

一则巧妙的灵异谣言，如同一个拼版游戏，就如我们前面提及的"三个 8 的谣言"，谣言中把数字 8 作为灵异载体，等于使用了一个开放的、可以不断叠加的结构方式，任何好事的传播者都可以不断地把各种公共的，或者私人的与 8 有关的不愉快联想加载上去，使之成为一个庞大的"箭垛式灵异谣言"。

比如，有好事者发现，汶川地震的日期 5 月 12 日距奥运会开幕正好是 88 天，而 8 乘 8 乘 8 刚好等于 512，"四川"两字的笔画数加起来等于 8，而"北川"两字的笔画数加起来，刚好也是 8。只要是吃饱了没事干，任何人都可以在此基础上继续附会一些新的与 8 有关的事件。甚至可能有人说：某天早上我 8 点起床，喝了 8 袋三鹿牌三聚氰胺奶，结果那天拉肚子，上了 8 趟厕所，这也是一个有关"三×8"的灵异事件。

奥运会 8 月 24 日结束，第二天就传出一条手机短信谣言："中国奖牌数太神奇了！金 51 银 22 铜 28！连在一起是 512228！这个数字正是 5 月 12 日 2 时 28 分汶川大地震的时间！太神了！！"绝大多数手机用户收到这则短信后，都在感叹神奇的同时将它转发给了别人。事实上，中国代表团取得的银牌数是 21 枚，谣言生产者为了拼凑 512 - 2 - 28 这样一个数字，硬将 21 块银牌数改成了 22 块，但大多数接受者都没有认真核对，不假思索就相信了。

灵异谣言的爆发与谣言传播圈的文明程度没有太大的相关，传播群体是否"迷信"并不影响谣言的传播。正如卡普费雷所指出的，"并不是他们对谣言坚信不疑，而是由于谣言内容很有趣，是令人惊奇和惊讶的事情，传播者确信，在他向他的朋友圈子宣布这个新闻时，能制造出很好的效果"。一个简单的事实可以证明这一点：尽管"三个 8 的谣言"生产了一系列关于 8 的不吉含义，但丝毫没有影响到普通民众对于 8 作为一个吉祥数字的偏好，与数字 8 相关的事物依然是人们在选择各种编号时的首选。

大多数谣言的传播者并不是既得利益者，他们不是谣言的积极传播者，而是被动的消极传播者，他们往往只是一些试图借助新鲜信息取悦听众的谣言享用者，他们在谣言的传播中常常会舍弃那些并不显得有趣的内容，省略部分功能。另外，那些与传播者所处的环境没有直接利害关系的灵异谣言，多数只是传播者博取"故事权"的话语资本，常常不强调规避方法。

谣言是依托于片面真实而生产的虚假信息。灵异谣言所依据的现象多数都是人们已知的事实，但是，灵异谣言所揭示的逻辑却是反现实和反科学的。对于受过一定科学思维训练的现代人来说，谣言并不具有逻辑上的说服力，但是，对于灾难与灵异载体的灵异解析却显示出了惊人的对应吻合，这是非常神奇的，也很有震撼效果。

在谣言的始爆阶段，少数较早获悉谣言的"知道分子"将拥有一定的故事发布权。一旦我们获知一个新奇的谣言，我们总是会想抢在朋友们从别的渠道获知这个谣言之前告诉他，以与朋友共同分享一则具有奇异效果的娱乐消息。如果能从朋友处反馈回一句"真是太神奇了"，无疑会让我们的传播行为受到鼓励和安慰，一旦获悉新的奇谈怪论，我们还会乐此不疲。

到了谣言的盛行阶段，少数尚未获悉谣言的"闭塞分子"将被朋友们视作老土。当一桌朋友坐在一起宴饮的时候，如果座中有人从未听说过这些神奇的谣言，他就很难进入谈话的语境，而且，这人还可能遭到座中朋友的善意嘲讽："怎么，你连这都不知道？"

到了谣言的衰败期，继续谈论这一没有新鲜感的话题将会令人感觉无趣。谣言一旦遇到"已经听说过了"的反馈，也就意味着谣言不再具有"新鲜"的价值，从而失去了它的娱乐功能。一个老旧的，或者不受欢迎的谣言是不可能在群体中得以继续传播的。

谣言是有时效的，当一则谣言已经充斥市场的每一个角落之后，这则谣言就已经失去了新奇的效果，如果没有新的信息充实进去，谣言将自行消亡。人们不再传播这一谣言并不是政府或者智者辟谣的结果，而是谣言本身已经失去了它的娱乐价值。

尽管我们理解灵异谣言的广泛传播主要源出于强烈的娱乐效果，但是，当谣言被不同的人一再转述的时候，谣言一样会发生质变，可信性将会不断得到加强，由新鲜好玩变成将信将疑，最后变得信以为真。尽管我们每个人都清楚地了解"三人成虎"的故事，但我们还是会在具体的谣言上被谈虎的"三人"给忽悠了。

几乎所有的灾难谣言都是在大灾难发生之后的一段时间，或者间隔一定周期之后，由一些好事者生产出来的灾后陈述。我们说，大灾之后必有妖言，不同的好事者生产出不同的妖言，妖言与妖言之间，还存在着竞争与合作的关系。在一个事件发生后，各种妖言纷至沓来，起初它们彼此共存，后来就相互补充。那些编辑得不够巧妙的妖言，将会逐渐遭到淘汰，但这些被淘汰的妖言中的新奇成分，却可能合并到那些市场前景更广阔的妖言之中。当这些所谓灵异的谣言不再具有"新鲜"价值的时候，谣言也就寿终正寝了。

（本章原题《大灾之后必有妖言——"5·12"汶川地震之后的灵异谣言分析》，原载杨早、萨支山主编《话题2008》，生活·读书·新知三联书店2009年版，收入本书有修订。）

附录 关于灾难谣言的讨论

【萧放（北京师范大学社会学院）】伴随着灾难降临的是有关灾难降临的神谕，神意的传达往往通过特殊人物之口宣讲出来。事实上，这种为神灵代言、指点迷津的方式，在中国社会有着久远的传统，从先秦两汉开始这种神秘性质的预言曾屡屡出现。

预言的形式通常有三种：

第一种是通过神人托梦。如伊尹母住在伊水边，有一天晚上，梦见神人告诉她，如果看见石臼出水，就一定要向东跑，千万不能回头。这是洪水到来的预言。古代常有人宣称神人托梦，借助神的意志，服务于自己的特定目的。

第二种是传播童谣。如预示董卓作乱的京都童谣，用董卓的名字为谣，发出诅咒："千里草，何青青；十日卜，不得生。"这些神秘预言常常以童谣的形式出现，这也是民俗社会的一贯作法。"当童之谣也，不知所受，口自言之。"认为儿童有特定的神秘感知能力，神谕通过童谣的形式传播。

第三种是神灵现身附体，直接陈述灾异。"像人为鬼，或为人像鬼"。

总之，以反常的奇异的形式宣示神谕，如哑巴开口、婴儿讲话之类，都属于这一类型。甚至有非人的东西，说出人话，如民间故事中常有老牛说话、石狮子说话、甚至如爱东文中提到的两块石头说话等。

当代的灾难传言在传播形式上发生了明显变化，呈现出一些新的流传特点：

其一，当代传言直接利用了现代通信手段，其传播速度空前快速。在传统社会需要几个月时间的信息传递，现在几个小时之内就已实现。电话、手机、电脑网络是这些传言的重要信息载体，人们在较短的时间内，获得了大体一致的信息，为人们在同一时间参与同一性质的事件，提供了现代技术保证。这也说明现代社会潜伏着在同一时间快速酿成范围广阔的社会事件的危险，这是值得注意的。

其二，传播面广。由于现代社会生活的关系，人员的流动已经大大突破了原有的狭小地域的限制，人们通过经商、务工、求学、从政、参军等多种途径远离了乡土，分布在广大的区域与各种行业，他们与外界有着复杂多样的社会联系。人们虽然散处四方，但由于传统的亲情友情的缘故，社会成员之间的联系因为有了现代的通信媒介愈益密切。人们在突发的危机面前，更是彼此牵挂，互相寻找有关信息与解决途径，这样就造成了民间传言的迅速广泛传播。

其三，传言变异程度缩小。邻近数省，都传递着同样的传言，变化甚少，这与旧时的传言有较大的差异。这同样与现代通信手段与传言性质有关。电话、手机为主要媒介的传播，虽然主要采取的仍是口耳相传的传播形式，但这种传播主要是在亲友之间直接、即时的信息传递，信息的保真性相对优于传统的面对面的散漫的传播方式。人们之间主要是出于对亲人的关切，一般并非有意散布流言，而是应对突发危机的应急反应。

【任双霞（山东大学儒学高等研究院）】在中国古代社会，但凡有异常现象出现，总会有各种说法来解释"不正常"的来源，并试图从意义世界找到根据，以诠释为什么会发生这种异常。

关于五个福娃的谣言，也是将不相干的事件拉郎配，牵强附会。如将福娃贝贝头上"鱼"的符号，先设定一个"鱼米之乡"的意涵，再将这个意涵直接指向湖南，从而福娃贝贝与雪灾之间有了关联。福娃妮妮，设计者的本意是一只翱翔在蓝天上的京燕，结果在谣言的文本中被刻意诠释，照着潍坊"风筝之都"的称号，被解释成"风筝"，很明显要与火车出轨的地点相联系，其实山东的火车出轨发生地在济南至淄博路段。这个拙劣的诠释，一方面暴露谣言作者的知识缺陷，再一方面，也暴露了这种刻意为之的诠释出于无中生有，牵强附会。福娃迎迎，运用了藏羚羊的标志，结果谣言中将藏羚羊与"西藏"的指涉对象置换，明目张胆地含沙射影，并理直气壮地偷梁换柱。藏羚羊主要生活在西藏昌都北部与青海西南部，看来西藏没有骚乱，恐怕谣言马上就会摇身一变，寻找适宜的资源来编织新的解释性说法。福娃欢欢是火娃娃，在谣言中与遭到阻挠的火炬传递联系在一起。圣火传递是奥运会召开前，万民瞩目的一件大事，这种解释，符合了在民间文学叙事中用最少的叙事元素，吸引受众最大注意力的规律。福娃晶晶是大熊猫，因为野生熊猫主要生活在四川地区，所以文本中将四川的地震联系到晶晶身上。

任何一种叙述中，都贯穿着两个"F"的斗争，即虚构（fiction）与事实（fact）。在上述谣言中，南方的雪灾是真实发生的事件，福娃贝贝头上的水纹鱼纹也是客观真实的存在。但是，这两个真实之间，却有虚构的关系，将贝贝头上的鱼纹经过一次次地象征符号置换，从而落实到湖南雪灾这个"宿主"之上。那么，这种陈述是虚构的，同样，谣言中的其他几句也有同样的弊病。谣言中每一句都有个三段论式的推理过程，貌似程序合理；而且五个同样描述福娃与重大灾祸的句子排比而列，具有一种咄咄逼人、不容质疑的气势。这些都很容易征服轻信的头脑，然后这些轻信的人，又成为新的传播链环。

在谣言的传播中，其实有很多人跟我一样，不以为然甚至对其真实性与合理性有诸多质疑。但是这些少数派往往在强大的潮流面前，闭上了嘴，成了失语的一群。这种现象，在传播学上叫作"沉默的螺旋"，即人们在表达自己想法和观点的时候，如果看到自己赞同的观点受到广泛欢迎，就会积极参与进来，并越发大胆地发表和扩散这种观点；而发觉某一观点很少有人理会甚至被群起攻之，人总是害怕自己被孤立，因此即使赞同这个观点，也会保持沉默。一方的沉默造成另一方的增势，如此循环往复，便形成一方的声音越来越强大，另一方越来越沉默下去的螺旋发展过程。这种舆论的发展趋势，导致受人欢迎和瞩目的观点拥有一种不容质疑的话语权力，即使其中有错误的前定式的逻辑链环，也照样能够大行其道。比如，在这个谣言肆意流毒网络的时候，站出来指出它的荒谬，就需要勇气。而唯有很多人有这样的勇气，才能打破"沉默的螺旋"。

【吴真（中国人民大学文学院）】按照中国历史的循环套路，我们大致可以把汶川地震之后滋生的谣言，视为中国民间社会"末劫"思想的又一次现身。东汉末年以来，每当天灾地变、王朝失序，汉人的天人感应论、历数周期说以及灾变符应说，必然会重新泛起，借助于图谶、符应、诗谶等谣言散播四处。当然这并非中华民族独特的非物质文化遗产，西方基督神学天下崩坏而弥赛亚出世拯救万民的"千禧年主义"（Millennialism），往往也借助谣言以传播。人心总是思危，天崩地坏之际更缺乏安全感，传述谣言至少让民众在其中宣泄着强烈的生存危机感，分享着挫败经验。这其中，若有宗教擅于利用谣言，制造出"救劫与度劫"的宗教度脱理论，便一呼百应，天下影从。

"终末论"（Eschatology）与宗教救济，向来是道教研究、民间宗教研究的一大课题，然而末劫谣言的形态与传播机制，研究者寥寥。大概历朝历代的末劫灵异谣言能够被记录下来，往往是因为某一"妖人""邪教"加以推动利用、惑众起兵而至被官府剿灭。这些夹杂着太多的叙事动机与事后政治判断的谣言文本，让研究者很难穿越话语与叙事的包裹，透视谣言的形态。这一次汶川地震，谣言可能比较纯粹一些，传述者如我辈，大多抱着或猎奇，或娱乐的态度传播着。这些可追踪的当下传播状态，可能会更有利于谣言形态学的边界厘定。

此次地震灾后谣言似乎并未援用老祖宗们的各种谣谶传统。比如，从《易纬》以来不断回响于天灾年的"阳九百六说"，六朝的百姓们用以解释当时连年的火灾，唐人又用以诠释周期性的火灾。如南宋以降深植人心的"红羊劫",即六十甲子中逢丙丁、丁未,国家总是容易遭受厄运,据说验诸历史,屡试不爽。有学者作出统计,仅仅是中国传统历数对于神秘年的影射体系,已经足以解释每个年份发生天灾人祸的"天意",也就是说,每一年的灾变,古人总有法子给出个"定数"的说法。一个时代有一个时代的新迷信,老皇历离这个时代已经太远了,当代人对于阿拉伯数字比历数来得更亲切敏感,2008 年关于 8 的灵异谣言,若是被古代阴阳家谶纬家们听见了,大概又要摇头"天下失教"矣,这种新的解释体系已经让古代的阴阳谶纬家们跟不上时代的步伐了。

第 九 章

"传统相声"的真相与意义

——郭德纲相声的文化包装策略

导读

郭德纲及其"传统相声"的持续火爆，是 2006—2009 年最热闹的文化事件之一。郭德纲打着传统相声的旗号，调用了各种"传统"的手段，对自己进行了全方位的包装，取得了巨大的成功。

相声发展史上不同阶段各有不同的传统，传统是动态的不是僵化的，传统是在适应中生存的。聪明的商家总是善于利用流行话语的市场效应进行商业包装，郭德纲所谓的传统相声本质上是一种迎合流行话语的市场策略。

传统话语的流行，有其民俗主义与民族主义的背景，当传统的弘扬与民族情绪结盟的时候，许多想象的民族传统就被挖掘、被修正、被发明了。当下的传统话语只是一种轮回的流行话语，回归传统不是必然的济世良药；郭德纲的成功只是个人的成功，而不是相声的成功；相声"回归剧场"不是草根阶层的胜利，而是"愤青"和有闲阶层的胜利。

让我们回到 2006 年 11 月 4 日凌晨 2 时 45 分，随着长达七个多小时"相声接力跑"的结束，持续了六天的德云社十周年庆典也终于在北京民族宫剧场落下帷幕。演出结束时，德云社班主郭德纲紧抱双拳，在台上来来去去走了好几个回合，整个谢幕过程持续了 20 多分钟，直到凌晨 3 点，还有近千名观众磨磨蹭蹭不肯散去。

事后，有网友使用了"空前绝后"来形容这一相声专场的火爆。网友"北京的秋天"说："很久没有因为一场演出感动过了，很久没有因为感动而掉过泪了。但是昨晚，相信很多朋友和我一样，最后的 20 分钟，是在泪水，哽咽，欢笑与热烈的掌声中度过的。七个半小时，德云社七个半小时的演出，创造了一个历史的神话。这在相声界，不，岂止是相声界，应该是整个文艺界体育界等等等等演出中都是前无古人后无来者的。"①

几乎所有的媒体，都在交口称赞郭德纲复兴了传统相声。如果用"郭德纲"加"传统相声"百度一下，可以在 0.001 秒之内搜出相关网页约 95500 篇（截至 2006 年德云社十周年大庆日），各种媒体充斥着这样的文章标题：《郭德纲相声：传统的胜利》《草根名角儿郭德纲火爆京城，致力复兴传统相声》《贫嘴郭德纲惹火传统相声》《久违的感动和欢笑——郭德纲的传统相声》……

任何存在，都是多种"必然因素"作用之下的"偶然现象"。分析郭德纲的走红，可以找出许许多多的原因，如"歌颂相声"与"教育相声"等主流相声的没落、"草根文化"的崛起、审美风潮的转向、郭德纲本人的不懈努力及其相声基本功的扎实、郭德纲营销策略的成功，等等。应该说，每一种分析都有其道理，正如一辆汽车之所以能跑起来，既使用了发动机，也使用了连动装置，还使用了轴承与车轮。而本文所讨论的，是郭德纲如何巧妙地利用"传统"这一方兴未艾的主流话语，为自己的剧场相声争取主流地位。

一 "从前"与"现在"的 PK

2006 年的中秋节，有一条原创自民俗学者刘宗迪的"短信"在无数手机用户中广为流传：

---

① 北京的秋天：《郭德纲：我愿意听你的相声一直到死》，德云社"相声公社—演出评论栏"，http：//www.guodegang.org/bbs，2006 年 11 月 17 日。

中秋节了，别忘了给孩子们

讲讲很久很久很久以前的事

那时候天还是蓝的

水也是绿的

庄稼是长在地里的

猪肉是可以放心吃的

耗子还是怕猫的

法庭是讲理的

结婚是要先谈恋爱的

理发店是只管理发的

药是可以治病的

医生是救死扶伤的……①

这是一首满腹惆怅的浪漫主义现代诗。诗中先验地预设了一对"从前"和"现在"的矛盾。"从前"是传统的、浪漫的、美丽的，而"现在"则是浮躁的、世俗的、丑陋的。

这种预设本身就可以视为一种"传统"。所谓"世风日下，人心不古"也不是今天才生产出来的新概念，早在几千年前，我们的前辈们就在这样感叹着。借助"从前"来发泄对于"现在"的不满，是从孔老夫子以来就屡试不爽的针砭时弊的重要手段。如此推算下来，尧舜以降，人心每况愈下，社会日益恶化，一路恶化到今天，世界应该早成一堆烂泥了。

当郭德纲高举着"传统相声"这面大旗的时候，他显然使用了"颂古非今"的策略来结盟大众。郭德纲的代表作《论五十年相声之现状》中有这么一段：

有人说了：抛弃传统相声。这就值左右开弓一千四百个大嘴巴！

---

① 刘宗迪：《很久很久以前》，天涯博客"刘宗迪"，http://www.tianya.cn/5686994，2006年10月6日。

（观众笑声）真的。（观众鼓掌）

有相声大腕儿说过："我们宁要不完善的新，也不要完善的旧。"这是糊涂。无知者无畏。

由打清末到现在一百多年，这么多老先生把中国语言里边能够构成包袱笑料的技巧都提炼出来摆在这了，你无论说什么笑话，这里边能给你找出来，你用的是这个方法，你用的是那个方法。

有现成的你不用，你非得抛开了，单凭你一个人，你干得过一百多年这么些老前辈的智慧吗？你没有这么大的能耐！

好比说厨师炒菜，你可以发明新的菜，但最起码你得知道什么叫炒勺哪个叫漏勺，你拿着痰桶炒菜说是革新，那他娘的谁敢吃啊？（观众笑声／喝彩／掌声）

这样一批无知的相声演员，无能的艺术家们，应该对今天相声尴尬的处境负最大的责任！不是我咬牙切齿声嘶力竭，我愿意相声好！

《茶馆》里有这么句话："我爱大清国，我怕他完了！"我同样用这句话：我爱相声，我怕他完了！——我爱他，谁爱我啊？（观众喝彩／鼓掌）①

这话说得很精彩，也很有煽动性。可是，同样这些话，如果放在二十年前，恐怕更多是讥讽而不是掌声。大众的价值观念是随着时代变化而变化着的，在那个举国上下汹涌着改革浪潮的年代，谁要是翻唱传统的颂歌，同时还想获得满堂喝彩，无异于痴人说梦。

但毕竟时代不同了，改革开放的新鲜劲已经过去，当今社会的思想潮流已经转向了对传统的复兴。那些荒诞岁月中的陈词滥调、旋律古板的革命老歌尚且被当作时髦小曲翻唱如新，更何况传统相声这种"体现了民族文化草根性特点"的"非物质文化遗产"项目。

以革命的名义干传统的勾当，是革命时代的行为特征；而以传统的名义行革命之事，则是这一时代的文化特征之一。

郭德纲选择了以"传统"作为自己的营销策略。他高举"传统"的

---

① 郭德纲：《论五十年相声之现状》，张立宪主编《读库》，同心出版社，第74页。

大旗，身披"非著名相声演员"的坚韧铠甲，摆出一副破釜沉舟的英勇姿态，毅然决然地向主流相声提出了挑战。他以一种反主流、反权威的草根姿态，把自己塑造成一个源自传统的、来自民间的"正宗相声"监护人。这一"非著名"的、"传统"的草根形象热烈地迎合了时代的主流话语，获得了巨大成功。

借助于"从前"的号召力，郭德纲周围迅速聚集起一个庞大的"钢丝"（郭德纲 fans 的自称）群。

二 相声界族谱

既然要拿"从前"与"现在"进行 PK，那我们还是从"从前"说起吧，看看"从前"到底都有些什么样的相声传统。

许多学者考证相声乃是由宋代"像生"发展而来，经历了"像生—像声—相声"的发展变化过程[1]；有些学者则因为宋前已经有了些许曲艺表演，因而"把唐代与六代都归入相声的萌芽期"[2]；还有些学者追得更远，认为相声源自东汉时期具有诙谐调笑性质的"偶语"[3]。这种无边界的溯源考证大多是没有意义的。如果可以滥用这种"相关性"作为学术溯源的出发点，我还可以把相声起源追溯到人类开始张口说话的史前社会，这比前述学者的考证结果都要早得多。

如果相声史真有如学者们所说的那么久远，从汉唐的长安到两宋的开封和杭州，随着文化中心的转移和辐射，相声早该流播全国了。可事实上，直到民国结束，相声艺人的主要活动领域也就只在京津两地的下层集市。其他城市如南京、济南、重庆等地，也就个别娱乐场所零星有些相声表演，表演者也大都是从北京天桥流落出去的相声艺人。

正是因为市场太小，圈子太小，所以竞争特别激烈，人与人之间的关系非常紧张，因而更需要严格的行业潜规则，由此显得相声行业的江

---

① 侯宝林、薛宝琨、汪景寿、李万鹏：《相声溯源》，人民文学出版社 1982 年版，第 107 页。
② 金名：《相声史杂谈》，福建人民出版社 1983 年版，第 12 页。
③ 刘光明：《古代说唱辨体析篇·前言》，首都师范大学出版社 1996 年版。

湖气特别重。相声行把东方朔尊为自己的祖师爷，并以祖师爷的名义互相约束。"解放前的相声界对师承辈分非常看重，没有拜过师的演员在行内被叫做'海青'，这和梨园界里不允许没有正式师承的演员搭班唱戏是一样的。解放后，曲艺行经历了诸多变革，但拜师收徒的规矩却一直保留下来，甚至还有不少'组织上'安排拜师收徒的先例。"①

　　侯宝林以降的相声演员们，这些受到政府扶持和推崇的"人民艺术家"，都很忌讳在公众场合流露业内的江湖气息；而郭德纲则以"传统""草根""非主流"为标榜，所以他选择了反其道而行之，处处表现其特"爷们"的江湖气，说起自己的学生时，张口闭口称"孩子"，对上则一律以"爷"以"奶"来称呼，至于砸挂（取笑）同行、当着空码儿（外行）瑞春（说行话），那更是家常便饭。

　　京津两地相声界，上上下下几乎全部笼罩在门派和师承的关系网络之中。我们可以随机抽取若干相声大腕，看看他们的师承关系（名字后的数字为辈数）。

　　①郭德纲7—侯耀文6—赵宝琛5—焦寿海4—范瑞亭3—富有根2—朱绍文1。

　　（或：郭德纲7—杨志刚6—白全福5—于俊波4—焦德海3—徐有禄2—朱绍文1）。

　　②姜昆、冯巩、笑林7—马季6—侯宝林5—朱阔泉4—焦德海3—徐有禄2—朱绍文1。

　　③巩汉林7—唐杰忠6—刘宝瑞5—张寿臣4—焦德海3—徐有禄2—朱绍文1。

　　④李金斗7—赵振铎6—王长发5—赵霭如4—卢德俊3—徐有禄2—朱绍文1。

　　⑤牛群6—常宝华5—马三立4—周德山3—范有缘2—朱绍文1。②

---

　　①　东东枪：《非著名相声演员郭德纲》，张立宪主编《读库》，同心出版社2006年版，第25页。

　　②　此表制作主要参考书目为：王决、汪景寿、藤田香《中国相声史》（北京燕山出版社1995年版），以及相关艺人的师承介绍。

上面可以看出，当今相声界各色红人，无论风格如何各异，几乎无一例外地可以追溯到朱绍文这个习惯被人称作"穷不怕"的相声大师门下。

朱绍文是半路出家，在从事相声这一行业之前，并没有上承前辈的技艺。据说与朱绍文同时还有阿彦涛、沈春和两人与朱齐名，但这两人也是朱绍文的"代拉师弟"，与朱绍文名为兄弟，实为师徒。由此可见，朱绍文就是相声界的开山祖师。

不管朱绍文前面有过多少相声艺人，也不管那些艺人有过什么天才的创造，他们既没有留下任何文本，也没有留下任何传人，他们的智慧和创造已经永远地消失在历史的大漠之中了。有，也等于无。如果我们把相声发展史看作一条长河，那么，即使从前曾经有过这样一条河（如传说中的张三禄之流），河水到了朱绍文这里也已经断流了。现在的河水，正是朱绍文这口泉眼里流出来的。传统只能从朱绍文开始谈起。

图9—1 1930 年代的街头相声表演。图片出处：山西省档案馆。

三 传统的源头

朱绍文（一说朱少文）的生平没有正史记载，全凭口口相传，但有一点是可以肯定的，无论前朱绍文时代有没有相声表演活动，但至少没有成为一个行业。

传说朱绍文（大约为1829—1903）为汉军旗人，幼年曾学唱京剧丑角，后来改为架子花脸，擅长编写武戏，主要靠演戏、教戏维持生计，走上相声表演这条道路，也是事出偶然。

一说因为咸丰皇帝去世，曾勒令天下100天内不许演戏、动乐，戏园子关了门，朱绍文生活无着，就来到天桥一带撂地卖艺，改演剧为说唱滑稽故事①。一说因为朱绍文唱京剧时喜欢自作主张，加添一些台词，虽然很得观众喝彩，但受到了同行的排挤，因愤而改行，卖艺于长安市上②。

天桥是当时一个繁华的平民市场，三教九流云集。朱绍文随身只带一把笤帚、一副竹板、一袋白沙。他用白沙往地上撒出几个数尺的大字，一边撒字一边唱着太平歌词，兼以大字占领地盘，一切科诨笑话也均由字义上生发，令人拍案叫绝。如此逐渐吸引听众，看看人差不多了，便开始讲古论今，嬉笑怒骂，直到甩出几个响亮的"包袱"，才在观众的笑声中伸手要钱。

朱绍文最早是自说自唱，后来收了徒弟，就开始搞点配合，两人一捧一逗，互相问答，逐渐演变成今天我们常见的对口相声。

传说朱绍文因为相声说得好，慢慢地名气大了，得到了恭亲王奕訢的召见。"恭亲王十分赞赏，拨给他一份钱粮。蒙古族罗王也很赏识朱绍文的技艺，聘他每天进王府献艺，按月发给钱粮。后来，朱绍文用积蓄买了房屋，定居在地安门外毡子房。"③ 草根出身的人一旦领上了国家工资，就等于从精神上被招安了。

---

① 王决、汪景寿、藤田香：《中国相声史》，北京燕山出版社1995年版，第71页。
② 侯宝林、薛宝琨、汪景寿、李万鹏：《相声艺术论集》，黑龙江人民出版社1981年版，第109页。
③ 王决、汪景寿、藤田香：《中国相声史》，北京燕山出版社1995年版，第74页。

再后来，传说朱绍文领着一班天桥艺人，在慈禧太后的六十寿辰上紧做文章。慈禧太后一时高兴，信口封了他们一个"天桥八大怪"的名头。这班草根艺人得此口彩欣喜若狂，把慈禧的一句随口的玩笑话当作了无上荣耀，成天挂在嘴上，代代相传。

借助统治者以获取话语权力，是任何一个时代都无法避免的俗套。朱绍文和他的追随者们当然也不例外。也许"慈禧之封"只是一段虚构的"传闻"，无论是真是假，这些草根艺人借助了慈禧之封的传说，以哄抬自己的行业身份是无疑的。

据相声界内部传说，作为主事者，朱绍文得了一个"天桥八大怪之首"的名头（其他行业的天桥艺人一般不会把朱排在首位）。这一传说大大地提升了朱绍文的江湖地位，为他建立相声行业奠定了必要的话语权威。

中华人民共和国成立前，各行会组织无不具有自我封闭的黑社会性质。朱绍文作为一个社会底层行业的创立者，不可避免地要具有黑社会首领的功能，否则，要想在弱肉强食的江湖社会中建立一个行业，无异于蚍蜉撼树。有关朱绍文的传说也许本来只是一种行业内部的、有目的的、"类型化"的虚拟叙事，但是，通过把传说附会在朱绍文这样一个真实的"专名"之上，传说的真实性就通过专名的使用而形成业内的普遍认知[1]。

朱绍文之后，据说还曾有一对以"怪"著称的"老少万人迷"。老万人迷李广义，据说长相丑陋怪异，表演时喜欢惟妙惟肖地摹拟妇女纳鞋、贴饼子、抱孩子以及梳头、洗脸、擦脂粉等日常生活的动作，能说会唱[2]，有点类似今天的赵本山。有报纸记载，老万人迷这一辈的确是给皇室唱过堂会的。1923 年 10 月，"瑾妃寿辰，召说相声的焦得海、万人迷入内献技。焦登场云：'草本凡人，何能来到此处？慢说咱们在这儿站着，就是跪着，全没咱们的地方。'龙颜当时大悦，赏大洋二百元"[3]。

万人迷的孙子李德钖，幼年即师从祖父学说相声，人称小万人迷。李广义去世之后，李德钖继承了祖父的艺名，也以万人迷的艺名挂牌演

---

① 邹明华：《专名与传说的真实性问题》，《文学评论》2003 年第 6 期。
② 张次溪、赵羡渔：《天桥一览》，中华书局 1936 年版，第 77 页。
③ 冷因：《小专电（北京）》，《时报》1923 年 10 月 11 日。

出。李德钖借鉴京剧中武丑亮相"耍眼睛",一上台黑眼珠乱转,说话瓮声瓮气但吐字清楚,人称"冷面滑稽",有些相声艺人甚至把他称作"空前绝后的大宗师"。可惜1926年在沈阳演出时,天寒染病,竟至不起,倒毙在小河沿的一条壕沟里。

图9—2　小万人迷李德钖,1881—1926年,被认为是相声发展史上承前启后的一代宗师。

　　早期相声艺人常以搞怪、口技、乐器、唱腔等取胜,如以口技著称的相声艺人有"百鸟张"和"人人乐"等,他们都很擅长摹拟各种声音,口技卓绝。但少数艺人也能偶尔露峥嵘,表现出不俗的文化素养。据说小万人迷常与师弟张麻子(张德全)搭档演出,颇受欢迎。有一次表演,小万人迷出场时"故着长坎肩,眼角下垂,一副幽默面容,已令人忍俊不禁",一开口就说:"昨天午睡,醒来见一株三年不开的牡丹开花了,因此得一上联'堂前花始放',贴在客厅,想请人代续。"张麻子嘲讽说:"你我这副穷酸相,居然还有客厅?我都忘了你贵姓。"万人迷答:"姓李。"张麻子笑道:"原来是'阁下李先生'呀!"这信手拈来的一句对白,巧妙工整,意味深长,观众细一琢磨,由不得大声喝彩。[1]

---

① 铁老:《歌场纪往(张麻子与万人迷)》,《大亚月刊》,1940年第1卷第1期第27页。

1949 年以前，相声界人数少，总体来说影响并不大，较少受到文人士大夫的关注，几乎没有什么文字记载。今天意义上的"相声"一词，直到 1908 年才偶一闪现在英敛之的《也是集续编》中：

> 北京供人消遣之杂技，如昆弋两腔，西皮二簧，说评书，唱时调种种之外，更有一种名曰相声者，实滑稽传中特别人才也。其登场献技并无长篇大论之正文，不过随意将社会中之情态撷拾一二，或形相，或音声，摹拟仿效，加以讥评，以供笑乐，此所谓相声也。①

在这里，英敛之无疑是把相声当作罕见的新鲜事物来介绍的，由此可见相声的知名度之低。从现有的文献来看，京津之外，基本上就没什么人知道还有一门叫作相声的曲艺形式。据赵景深回忆："解放前我在编《俗文学》和《通俗文学》时，所收到的稿件，涉及相声史的几乎没有。尽管有同道研究弹词、大鼓、子弟书、宝卷、单弦……但是，没有一个人、一篇文章是研究相声的。"②

四 传统的涅槃

早期的相声艺人基本上都是没有受过正规教育的底层艺人，他们撂地卖艺的谋生方式决定了相声的文明层次。为了迎合一般小市民的低级趣味，相声艺人的穿戴言行往往以"搞怪"为胜，表演时常常骂大街、说下流段子、拿乱伦说事、嘲笑农民和外地人，甚至当众脱裤子，什么花样都有。为了收取银钱，艺人甚至咒骂听众："您若看完扭脸就走，给人群撞个大窟窿，拆了我的生意，那可是奔丧心急，想抢孝帽子戴。"③

因为荤腥话太多，1949 年以前，女性几乎是不听相声的。相声几乎就是"低级趣味"的代名词。"至 40 年代末，由于曲目质量的低劣，加

① 侯宝林、汪景寿、薛宝琨：《曲艺概论》，北京大学出版社 1980 年版，第 180 页。
② 赵景深：《序》，金名《相声史杂谈》，福建人民出版社 1983 年版。
③ 王决、汪景寿、藤田香：《中国相声史》，北京燕山出版社 1995 年版，第 87 页。

之艺人在台上常信口说一些不堪入耳的言语，致使学校向学生宣布禁听相声，相声居然成了社会的一大公害。"①

1949年，曾有一批相声艺人跟着国民党军队到了台湾，他们的相声主要是说给大陆赴台的军人听。1950年代，一些艺人曾经试图通过广播和娱乐场所把相声推向民间，但是很不成功。1960年代以后，相声艺人纷纷转行，到1980年代初，台湾基本已经没有职业的相声艺人了②。可见，在新的历史地理环境下，传统不经涅槃，便成了死亡的传统。

那么，大陆的相声又是如何在1950年代摇身一变为红遍全国、最受欢迎、最有影响的曲种呢？

这里面当然有政治的原因。以1949年为界，中国的上层社会与下层社会刚好倒了个个，"劳动人民"当家做主，底层技艺自然也就升格为"人民艺术"，这是大前提。

另外还得从老舍和侯宝林说起。

1949年年底，"低级趣味"的相声能否适应"人民艺术"的要求，正处于生死存亡的关键时刻。这时，老舍从美国回来了。侯宝林、侯一尘等人打听到老舍住在北京饭店，马上就邀约一批有志于相声改革的艺人前往拜会。

老舍给了他们很大的精神鼓励，建议他们"把骂大街、贫嘴废话去掉，加上些新内容、新知识，既有教育意义，还有笑料，大家照样受欢迎"③。老舍是个北京通，从小就爱听相声，有时还偶尔客串，在朋友圈中表演一下。他自告奋勇地承担了"改本子"的任务，带动了其他一批知名教授和文化人加入相声改革的行列中来。

侯宝林等人大受鼓舞，立即结伙成立了一个"相声改进小组"，抛弃了"下九流"的自卑心理，反复强化"人民演员"的身份认同，每天用一个小时进行识字等扫盲学习，切磋技艺。同时成立"相声大会"，保障收入，边演边学。他们以老舍为号召，主动迎合政治需求，进行改旧编

① 蔡源莉、吴文科：《中国曲艺史》，文化艺术出版社1998年版，第168页。
② 叶怡均：《侯宝林相声艺术在台湾之影响》，《文艺研究》2003年第2期。
③ 于世德：《我这半辈子》，转引自王决、汪景寿、藤田香：《中国相声史》，第223页。

新，取得很好的效果，引起了社会各界的重视，许多机关、团体、学校等纷纷邀请他们演出。

1952 年，侯宝林等人又提议成立了"北京市曲艺工作团"。他们为了扩大影响、改变形象，接收培养了一批有文化的年轻艺员，并向各书店接洽出版相声集子，积极加入政府的各项宣传活动中，频频曝光于各主流媒体。这一时期，老舍也撰写了评论文章对新相声的成长和进步加以肯定。

1954 年 4 月，相声与滑稽首次在容纳 14000 名观众的上海文化广场公演，那种壮观的场面是过去的相声艺人所无法想象的，这次活动极大地刺激了相声艺人的表演信心。在老舍为代表的主流文化界的鼓吹下，几年之间，相声表演就已经渗透到了全国各省，成为一种受欢迎的曲艺种类，并孳生了一大批业余的相声队伍。

相声传统在 1950 年代得以涅槃。这一时期，老舍是相声界的精神领袖，而侯宝林则是一位出色的经营大师，涅槃新生的领头羊。

图9—3　1951 年，侯宝林在抗美援朝前线为志愿军将士说相声。图片来源：《保定晚报》。

五　传统的转型

早期相声是个综艺型曲艺种类，大部分艺人都是从别的行业转行进入相声界。艺人们出身不一，身份驳杂，各自的喜好与绝活也大相径庭，他们传下来的相声形式也就很不一样，有人擅长身体表演，有人擅长口技，有人擅长弹唱，有人擅长逗哏搞笑，并没有什么统一的演出标准。1951 年，老舍在《谈相声的改造》中，把他在民国时期听过的相声分成了四类①：

（1）贯活类。即一口气说完的长段子。

（2）口技类。即表现艺人口技特长的段子。

（3）书史类。即利用书史改编的段子。

（4）逗笑类。即纯粹逗笑的段子。

但是到了 1963 年，根据新的形势，老舍在一次相声座谈会上的讲话中把相声分成了五类，在分类中新添了一种"歌颂相声"②：

（1）纯粹逗哏的。

（2）纯粹技巧表演的。

（3）讽刺相声。

（4）歌颂相声。

（5）化装相声。

歌颂相声此时还处在萌芽阶段，主要表现在一些年轻演员的新段子中，而且还曾受到一些老艺人的反对。1960 年代把歌颂相声推向高潮并使之成为相声主流，马季功莫大焉。

马季是典型的新中国新艺员，他是从业余相声起步的，1956 年进入中央广播说唱团，在侯宝林等人的指导下进入专业领域。马季聪明、文化水平高、思想觉悟也高。相对于那些民国时期的老艺人，马季具有更强的理论和创作水平。他创作和演出了大量的歌颂相声，开启了以赞美

---

① 老舍：《老舍曲艺文选》，中国曲艺出版社 1982 年版，第 193 页。

② 老舍：《老舍曲艺文选》，第 210—215 页。

新生活和新时代英雄人物为主题的相声新局面。

老舍是鼓励马季扬长避短、改革创新的,他这样说马季:"在业务上,我们希望他勤学苦练,更结实一些。比如说:侯宝林先生在相声段子中学唱的京戏与地方戏,不仅照样儿唱出来,而且极有韵味。他对戏曲下功夫钻研过,能够入弦上板。我不知道马季下过这么大的功夫没有。他若是仅以摹仿侯老师为能事,那就不易青出于蓝,超过老师去。"[1]

当相声以讽刺作为主要创作手段的时候,它只能用来抨击旧社会旧思想,或者表现小市民生活,谁也不敢用它来讽刺新社会新思想,因而其表现生活的面就受到了限制,与党和政府对文化艺术的要求与期望也有一定的距离。

马季歌颂相声的出现,适逢其时,很好地迎合了这种要求与期望。歌颂相声一旦在争议中站稳脚跟,迅速全面介入"社会主义新生活",并逐渐占据相声主流,成为社会主义相声的新传统。

从 1960 年开始,侯宝林、马季等人先后到中南海紫光阁为毛泽东等国家领导说了数百段相声。"开始大家都还紧张,他的秘书说毛主席不需要你们教育,你们就演个好玩,让老人家开心。"(薛宝琨)[2] 国家领导的肯定和赞赏,极大地刺激了相声艺术在 1960 年代的大发展。同时赋予了相声更大的社会责任。

继歌颂相声之后,"教育相声"应时而生。周恩来就曾亲自要求马季创作一部相声,教育那些在球场内不守秩序和纪律的不文明观众,在比赛前播放[3]。1960 年代,普通观众的文化水平非常有限,受教育渠道少,借助相声这种通俗的文艺手段来教育民众,无疑是具有积极意义的,这一点无须论证。

但是,相声一旦被赋予了太多的政治和社会担当,它在语言运用和题材选择上就自然会有明显的时政色彩,并逐步沦落为政治的传声筒。

相声是语言的艺术,"语言是思想的直接现实",相声又被定位为人

---

① 老舍:《老舍曲艺文选》,中国曲艺出版社 1982 年版,第 206 页。

② 薛宝琨口述,夏榆整理:《他们当年说相声》,《南方周末》2007 年 1 月 4 日。

③ 王决、汪景寿、藤田香:《中国相声史》,北京燕山出版社 1995 年版,第 264 页。

民艺术，人民艺术自然要反映直接的人民思想，所以，相声与意识形态的关系也自然会比别的艺术形态更直接。虽然 1980 年代的新相声形式更加多样，内容更加丰富，也曾一度获得过观众的喜爱，但是，电子传媒中的相声已经身不由己了，它要接受来自另一终端的意识形态的严密监控。相声适应性地变得淡乎寡味了。相对于当年侯宝林时代的危机，现在的相声不是太"俗"，而是太"雅"。

到郭德纲学成出道的时候，正碰上相声再次陷入低谷。

郭德纲多郁闷呀，辛辛苦苦好不容易学成出道，相声却没有人要了。所以郭德纲把相声中的"歌颂"和"教育"当成了扼杀相声的罪魁祸首，他在《论五十年相声之现状》中义愤填膺地说道：

> 非得让相声教育人？非得每段都有教育意义？我不服！知道么？（观众喝彩／掌声）让人受教育的形式太多了！放了相声吧！饶了它吧！它也没害任何人，就让它给大伙带来点快乐，我觉得很好啦已经！不用这么苛求。是不是？

六　"英雄叙事传统"中的郭德纲自传

临危受命，力挽狂澜，方显英雄本色，此所谓乱世出英雄。相声的再度低迷为成就郭德纲的英雄事业提供了契机。

英雄形象该如何塑造呢？金庸常常借用史诗英雄的叙事模式，按"特异诞生—苦难童年—名师授业—迅速成长—得到神奇助手—成功求婚—血洗冤仇—建功立业"的程序来安排英雄命运。郭德纲也是这样做的。

郭德纲自传体小说《我叫郭德纲》中，那个少年郭德纲的成长模式，活脱脱就是金庸小说中的一个英雄少年，除了缺少"成功求婚"的环节，其余叙述，从情节结构到场景设置、人际关系、江湖守则，基本遵循着英雄命运的程式。

为了更彻底地把自己描绘成"草根英雄"，与英雄传统做到无缝接轨，郭德纲在自传中不厌其烦地细细诉说着自己打少年以来，如何在传统的氛围中"历经寒暑，洒尽汗水，尝尽个中滋味，复辗转于梨园，工文丑、工铜锤"①，如何在天津各曲艺领域遍访名师尽得所长，如何拜把子认干亲，如何遭逢陷害失败受挫，如何发奋图强坚持不懈，最终六国封相大获成功。

郭德纲在自传写作中，有意识地选择使用了旧式交际话语，在旧式人际关系模式中叙述自己的学艺生涯。比如，他这样描绘自己的学徒生活：

> 每天一般是这样，早上先买张报纸带去，进门时伺候老爷子起床，倒痰桶收拾屋子，给老爷子沏茶，一切忙完了，就要说活了。本来是学评书，可第一段先学的是相声《五行诗》，这也许就注定了我早晚要说相声。老爷子说是用《五行诗》来给我砸基础，说身上动作。整个活里各种人物可不少，岳飞岳云吕布貂禅（蝉）董卓西门庆武大郎……为《五行诗》我可受了罪了，比划金锤时一手一个酒瓶子，金枪是用毛巾掭，学董卓撩袍时披着棉被上院里站着，唉，那是夏天啊。

艰难的少年时代之后，是辛酸的江湖阅历。郭德纲描绘自己在北京的潦倒经历时说，有一天剧场散了夜场，没赶上公共汽车，又没钱打车，只好从首蓿园（木樨园）步行回大兴：

> 走到西红门的时候，哎呀，那个黑呀，桥底下也黑，当时的大桥光走车不走人。还不能往下边走——都是大车，万一把你撞死呢？只能扶着栏杆在边上走，一边走着一边心里就坚持不住了，眼泪哗哗的，自己念叨"天将降大任于斯人也，必先苦其心志，劳其筋骨，饿其体肤……"但当时觉得，这是好事儿，这是日后我吹嘘的资本啊。②

---

① 郭德刚（纲）：《话说北京·前言》，中国城市出版社1999年版。

② 东东枪：《非著名相声演员郭德纲》，张立宪主编《读库》，第15页。

　　对这段历史，郭德纲曾经自咏为"数载浮游客燕京，遥望桑梓衣未荣。苦海难寻慈悲岸，穷穴埋没大英雄"。我们知道，1990 年代之前，港台的娱乐明星都偏爱使用这种"苦难叙事"进行造星运动。其实，现在五十岁上下的男人，多半都有过类似的经历。但郭德纲需要吸引的，并不是那些真正了解传统的、有过更苦难阅历的老男人。"钢丝"主力军是由那些对现实心怀不满的"愤青"和网民组成的。

　　这种英雄叙事传统的运用无疑是成功的。无数"钢丝"的同情和悲怆在阅读中被唤醒，引发强烈的共鸣。"钢丝"们用激烈的言辞在博客的跟帖中对郭德纲表示了自己的敬仰、爱慕，为郭德纲的遭遇抱不平，甚至对他表忠心。一位自称爱上了郭德纲的女"钢丝"说："郭德纲的走红，他的相声，他的功力，只是一部分因素，更多吸引人的地方，在于他的人格魅力，他的胆识和勇气，他敢于坚持自己的路，不屈服，不谄媚，不虚伪，不放弃。"①

　　更为夸张的是，郭德纲居然使用了"圣诞叙事"的传统来进行自我包装。

　　中国是个谶纬神话非常发达的国家。在圣诞叙事中，大凡伟人出世，总是会有神异降临以为先兆。比如，《拾遗记》记载："孔子当生之夜，二苍龙亘天而下，来附徵在之房，因而生夫子。有二神女擎香露，空中而来，以沐浴徵在。"《史记》记载刘邦的父亲叫太公，母亲叫刘媪，刘邦出世之前，"刘媪尝息大泽之陂，梦与神遇。是时雷电晦冥，太公往视，则见蛟龙于其上"。《我叫郭德纲》则是这样描绘郭德纲神奇出生的：

　　　　据说出生之前父亲曾做了两个梦，一个是梦见父亲在屋中时突见院中冲入一只虎，于是关上院门留住了虎，梦也就醒了。另一个梦更离奇了，半空中祥云缭绕，来一神仙抱一孩子递给父亲。我后来说《买金龟》时总偷着乐，总觉着说的是我自己。父亲是个严肃

_____

　　① 坐看云起时：《郭德纲要说的话》，德云社"相声公社—班主办公室"，http：//www.guodegang.org/bbs，2006 年 11 月 15 日。

的人，对这两个梦从不愿提及，倒是奶奶很相信，认为这个孙子能很了不起。①

这种叙事传统的运用大概有点过火。毕竟孔子、刘邦那些事，都是驾鹤仙逝之后，后人替他们吹出来的。郭德纲显得有点急，才三十出头就自己吹上了。

七　传统的"真"与"善"

什么是传统？《辞海》解释为"由历史沿传而来的思想、道德、风俗、艺术、制度等"。这很好理解，传统就是先辈们一代代传承下来的思想方式和行为方式。这样的界定粗看起来没有问题，可是，经不起仔细推敲。

在考量郭德纲的传统相声时，我们可以这样来提出问题：

郭德纲标榜的传统到底是以哪个时期的传统作为标准？是以朱绍文的发生期，还是以侯宝林的涅槃期，还是以马季的转型期作为时间标准？

假设是以发生期为标准。那么，郭德纲又是以朱绍文，还是以万人迷，还是以百鸟张、人人乐作为正宗？

如果是以朱绍文作为正宗，那么，朱绍文作为一个半路出家说相声的艺人，他的传统又是从哪里来的？

如果说朱绍文的传统是从京剧丑角和架子花脸中脱胎出来的，那么，郭德纲在诸多同行中显然就没有什么优势可言了，因为京剧和架子花脸都不是郭德纲的强项。

如果以相声类别来考察，我们还可以问：郭德纲的传统，是书史的传统，还是口技的传统，还是逗哏的传统，还是化装的传统？

另外，传统到底是固定的还是流动的？是可建构的还是限于传承的？

老相声艺人都知道传统相声段子是"一遍拆洗一遍新"，老舍说：

① 郭德纲：《我叫郭德纲》，2005 年年底至 2006 年年初连载于新浪博客"德云班主"，http：//blog. sina. com. cn/m/guodegang，此文现已删去，但已经在网上广为流传。

"一段相声编好之后，便慢慢的成为艺人们公有的，于是今天由一位艺人充实一下，明天又由另一位充实一下，一来二去便变成极结实的一段活儿。"① 每一个艺人都可以用自己的理解去重新演绎一段经典的相声，"随说随修改"。用我们今天的话语来说，传统相声是一种"非物质文化"，具有变异性和共享性的特点，是流动的、发展的文化形态。

民俗学者宣炳善认为：所谓传统，某种程度上可能只是一种想象，关键是这种后人的想象在多大程度上能够被社会所认同。要在传统与发明、真实与建构之间取得一个平衡，是最难的。历史上许多事情都是将错就错、弄假成真的，如果什么都要从"真"字入手，就很难成事了。因为到处都是附会，到处都是民众的丰富的想象，许多事情都为民众的情感所左右着，所以关键不在真与假的问题，关键在于如何看待民众的这种情感与想象②。

这又出现一个问题，传统是历史的真，还是情感的真？吕微认为这是"性质世界"和"意义世界"的差别，应该对两个世界分别采取不同的判断标准：如果说性质世界的判断标准是"真"，那么意义世界的判断标准则是"善"。如果用性质世界的标准"真"来判断意义世界，那一定摸不着头脑；而如果改用"善"的标准来对意义世界进行判断，则意义之高下自见③。

说到底，所有问题的焦点都可以归结到传统的"解释权"：谁有权对传统进行定义？以什么立场来定义传统？

每一个传统概念的使用者都在寻求以最有利于自己的表述来定义传统，以便在对于传统的解释中推行自己的价值观念，或者获取理想的利益。不同的功能和目的决定了不同的定义和解释。吕微的"意义标准"是说：不在于一种解释是否合乎历史真相，而在于这种解释是否能为社会发展带来"善"的结果。

① 老舍：《老舍曲艺文选》，中国曲艺出版社1982年版，第190页。
② 宣炳善：《在"传统"与"发明"之间》，《民间文化青年论坛·第五届会议·台湾》，2006年10月5日。http://www.pkucn.com/chenyc/thread.php?tid=7005。
③ 吕微：《民间文学—民俗学研究中的"性质世界"、"意义世界"与"生活世界"》，《民间文化论坛》2006年第3期。

那么，我们又将以什么样的传统观来看待郭德纲的传统相声呢？

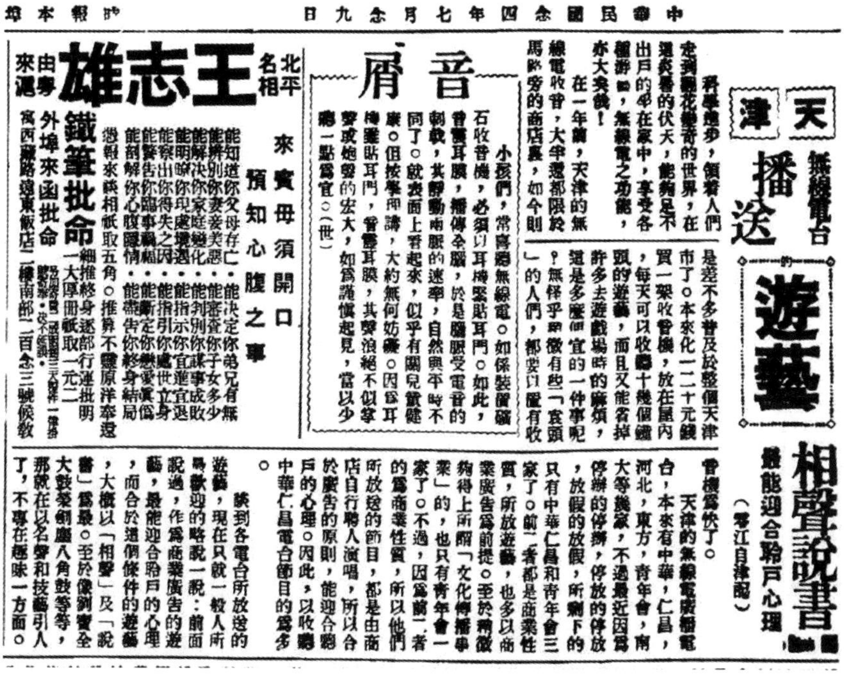

中華民國念四年七月念九日 時報本埠

天津無線電台播送的遊藝

相聲說書最能迎合聽戶心理

（零江自津寄）

科學進步，領着人們走到驚花樂奇的世界，在這炎暑的伏天，能夠足不出戶的坐在家中，享受各種游藝，無線電之功能，亦大矣哉！

在一年前，天津的無線電收音，大半還都限於馬路旁的商店裏，如今則是差不多普及於整個天津市了。本來化一二十元錢買一架收音機，放在屋內，每天可以收聽十幾個鐘頭的遊藝，而且又能省掉許多去遊戲場時的麻煩，這是多麼便宜的一件事呢？無怪乎稍微有些「富頭」的人們，都要置一架收音機當快了。

天津的無線電廣播電台，本來有中華，仁昌，河北，東方，青年會，南大等幾家，不過最近因爲停辦的停辦，停放的停放，放假的放假，所剩下的只有中華仁昌和青年會三家了。前二者都是商業性質，所放遊藝，也多以商業廣告爲前提。至於稍微夠得上所謂「文化傳播事業」的，也只有青年會一家了。不過，因爲前二者的爲商業性質，所以他們所放送的節目，都是由商店自行聘人演唱，所以合於廣告的原則，能迎合聽戶的心理。因此，以收聽中華仁昌電台節目的爲多。

談到各電台所放送的遊藝，現在只就一般人所最歡迎的略說一說：前面說過，作爲商業廣告的遊藝，最能迎合聽戶的心理，而合於這個條件的遊藝，大概以「相聲」及「說書」爲最。至於像劉寶全大鼓，榮劍塵八角鼓等等，那就在以名聲和技藝引人了，不專在趣味一方面。

音屑

小孩們，常喜聽無線電。如係裝置礦石收音機，必須以耳機緊貼耳門。如此，音響耳膜，播傳全腦，於是腦膜受電音的刺戟，其靜動兩膜的速率，自然與平時不同了。就表面上看起來，似乎有關兒童健康。但按學理講，大約無何妨礙。因爲耳機雖貼耳門，音響耳膜，其聲浪絕不似穿聲或炮聲的宏大，如爲謹慎起見，當以少聽一點爲宜。（世）

北平名相 王志雄 由寧來滬

來賓毋須開口 預知心腹之事

能知道你父母存亡‧能決定你弟兄有無
能辨別你妻妾美惡‧能審查你子女多少
能解決你家庭變化‧能判別你謀事成敗
能明瞭你現境遇‧能指示你宜進宜退
能察出你得失之因‧能指引你處世立身
能警告你臨事禍福‧能斷定你戀愛眞僞
能剖解你心腹隱情‧能需告你終身結局
憑報來條相紙取五角。推算不靈原洋奉還

鐵筆批命 細推終身逐部行運批明 一大厚冊祇取一元二

外埠來函批命

寓西藏路遠東飯店二樓南部二百念三號候教

图9—4 天津人爱说相声，也爱听相声。据1935年7月29日的《时报》报道，天津无线电台播送的游艺节目中，相声和说书最能迎合听众心理。其中提到：“陶湘和张寿臣的相声在平津一带颇为脍炙人口，他们不但口齿清晰，语调亦多文雅，绝不类一般说相声的那种粗浅气，而所说内容又皆趣味横生，无怪乎他们的受人欢迎了。常连安和小蘑菇在相声之后，还有常的一段太平歌词。小蘑菇人小口利，说来满含风趣，待更与乃师研磨，将来实不可限量。”

八 假想的传统

在关于郭德纲的各种宣传中，总是称赞郭德纲的曲艺基本功好。但事实上，我们只要翻阅各大网站关于郭德纲的跟帖评论，就可以看出，落实到具体节目上，绝大多数观众能够欣赏的，并不是他的“柳活儿”（学唱的段子），而是他的那些层出不穷的“稀溜纲”（逗趣的话），还有他的口无遮拦敢说敢骂、他的那些特别迎合“愤青”口味的偏激言论。而后者尤其受到媒体的追捧。骂人、抖料，那都是媒体之爱。

真正懂得什么是"说、学、逗、唱"的听众并不多。比如说，大多数观众并不知道，光是一个"说"字，就包含了"说、批、念、讲"四种手法；后一个"说"字，又包含了吟诗、作对、猜谜、解字、绕口令、反正话、颠倒话、歇后语……等一系列技巧。而真正懂得欣赏相声柳活的听众更是凤毛麟角。正如一位网友所说："我不喜欢听京剧，听这东西还不如听二人转呢，传统京剧中的黄段子不比二人转少，只是后来京剧成了什么'艺术'，这些东西被净化了。而真正能听出京剧唱好唱坏的只有三种人，票友、戏子、圈里人。"① 绝大多数"钢丝"只是盲目地崇拜郭德纲"让相声重新变得可笑了"。当许多听众心里预设了郭德纲"可笑"的形象之后，郭德纲一句"大伙是愿意听啊是愿意听啊还是愿意听啊？"或者一句"人来的不少，我很欣慰呀"。就能把听众逗得前仰后合。

也许郭德纲的相声基本功确实不错，可真正看得出门道的观众又有多少呢？绝大多数"钢丝"是人云亦云的。如果你预设了郭德纲就是传统相声的化身，郭德纲也就成了标准，你用郭德纲的标准来衡量郭德纲，那郭德纲自然是天下无敌。其实，如果我们以吕微"性质世界"的标准来作一判断，郭德纲的相声更倾向于一种以相声形式包装的"脱口秀"。

2002年，郭德纲模仿1950年代"相声改进小组"的做法，在大栅栏的广德楼办起了"相声大会"。但与他的前辈侯宝林遭遇不同的是，郭德纲既未得到政府的支持，也未得到同行的支持。德云社惨淡经营，后台十几个人给前台几个人说上几个钟头是常有的事。为了招徕观众，他们就在水牌上写"小万人迷郭德纲领衔主演"。事实证明这句广告词非常失败，因为行外的观众谁也不知道"小万人迷"是什么人，有什么掌故。这话看起来更像是写给行内人看的。后来可能收到了一些来自行内的难听的话，郭德纲显得很气愤，在一段"垫话"（正式表演前的开场白）中怒斥说：

　　　　我们这么苦这么累为什么？为的是相声艺术，我爱相声，我怕

　　① zz_zuland：《关于郭德纲的相声基本功》，百度贴吧—郭德纲吧，http：//post.baidu.com，2006年4月25日。

它完了。观众少没关系，演员赔钱也没关系，让我们最受不了的，是来自相声界内部的黑枪。您进来之前看水牌了。"小万人迷郭德纲"，万人迷只有一个，谁敢自称小万人迷？这不过是一种宣传手法，您能理解，前后台这么多人总要吃饭。但相声界内部有些人为什么就不能理解呢？①

这话说得非常明白，拿"万人迷"（传统相声英雄）说事，只是一种宣传手法。进而我们也可以明白，当郭德纲打着"传统"的旗帜讨伐相声界异己的时候，当郭德纲极力把自己打造成一个相声英雄的时候，当郭德纲使用"圣诞模式"为自己包装的时候，同样只是一种宣传手法。

什么是传统？郭德纲的答案非常明确："我"就是传统。郭德纲的传统观完全是以"我"为标准来定义的：所有与我相符的，就是传统，而与我相悖的，就是糟践。

当他猛烈地抨击那些半路出家的相声演员"以种种借口混到我们这行来了"②的时候，他是以"我"从小学相声为标准的，因此，他有意忽略了一个事实：半路出家，本身就是一种传统。上至朱绍文，下至马季，数不清的相声祖宗都是半路出家的。

声名未著时，他说"不允许别人侮辱我们这东西。我有时候打开电视，看见电视上什么演小品的演员啊、电影演员啊都来说相声，我很生气——我没糟践你们，你们干吗来糟践我们？"③成为著名笑星之后，郭德纲也频频客串主持、客串小品、客串演戏、客串投资电视连续剧，他不也一样"以种种借口混到别人那行去了"？

所以说，郭德纲的传统观是用以"排他"和"树我"的。借助于"意义世界"的角度，我们发现，郭德纲的目的达到了。所谓传统相声的宣传、提倡，对于挽救德云社、宣传德云社，对于实现郭德纲的相声理想，确实具有"善"的价值。

① 徐德亮：《称王惟我万人迷》，《法制晚报》2006年11月4日A19版。
② 郭德纲：《论五十年相声之现状》，张立宪主编《读库》，同心出版社，第70页。
③ 东东枪：《非著名相声演员郭德纲》，张立宪主编《读库》，同心出版社，第43页。

但是，郭德纲的种种做法对于整个相声行业，也有如此"善"的价值吗？

九　为假想的传统设置一批假想敌

主流相声在主流意识形态的监控之下，已经变得面目不清。公众对于电视、晚会上的各种主流相声早已心生厌倦，进入 21 世纪以来，春节联欢晚会上的相声份额也日见减少。高玉琮曾经就 2002 年中央电视台春节联欢晚会相声节目的满意度调查了 40 位观众，结果 24 人表示不满意，10 人认为一般，只有 6 人表示满意，这 6 人还全是中小学生[1]。

郭德纲急于撇清自己与那些过气相声演员们的关系。于是，采用了极度夸张、局部歪曲的方式，为公众树立了一批传统相声的"假想敌"。

> 对传统艺术的轻视也极大的损害了相声。众所周知，自清末至今无数的相声演员用自己的智慧缔造了相声。百十来年里，这些笑林高手们把中国语言里富有喜剧因素的结构技巧已经挖掘得差不多了，如果不继承这些宝贵的经验，而单纯地抛弃传统，异想天开地要创新，这是不是某些演员的无知呢？[2]

然后，郭德纲把自己打扮成传统相声的"监护人"，英勇地对着这些假想敌发起猛烈的进攻，给许多观众造成一种英雄出山、打遍天下无敌手的感觉。为了强化假想敌的丑陋，郭德纲甚至对同行采用了人格伤害的谩骂：

> 说相声这行，我太了解了，多大的艺术家我们也见过，多大的"狗食"我也见过。这一行，叫做"牛皮无义行"，是说相声的都有

---

① 高玉琮：《传统相声的回归与相声艺术发展》，《文艺研究》2003 年第 2 期。

② 郭德纲：《郭德纲要说的话》，德云社"相声公社—班主办公室"，http：//www. guode-gang. org/bbs，2007 年 5 月 2 日。

这毛病——吹牛。都是好，都是过五关斩六将，没有提走麦城的。还互相挤兑，都不想让别人好。相声人太聪明了，得研究多少人物的心理啊？让他们琢磨人简直太简单了。再就是不义气。不义气就导致这一行现在的尴尬。一百个说相声的里头要有一个好人，那就了不起了。我太爱相声了，也太恨这行的人了。我看不起他们。

去参加追悼会，听见上边念悼词："他是一个相声演员，他是一个正直善良的人……"这赶紧得掏双份儿……这是死了两人啊。[①]

相声界同行并未公开对此表示回应，反倒是许多人对郭德纲的技术水平表示了肯定，几乎没有看到谁有什么公开伤害郭德纲的言论。从媒体上，我们只看到郭德纲不停地在使用各种难听的"传统骂法"公开谩骂他的假想敌——同行。

但是，郭德纲骂人骂得非常技巧，除了砸挂，他并不指实谩骂的具体对象，摆出一副"老子天不怕地不怕"，"我没点你名，你别自己对号入座"的架势。

以郭德纲"高调急令弟子退出央视相声大赛"的新闻为例。媒体报道2006年10月2日晚，郭德纲在出席赵本山二人转大舞台演出活动的空隙，向前来采访的记者宣布，已经勒令德云社弟子们退出中央电视台举办的"第三届CCTV相声大赛"，这一消息再次成为爆炸性新闻。郭德纲的解释是："在这次比赛中，我的弟子和一些剧组的工作人员之间产生了矛盾。而我对相声界的一些同仁的做法并不是很认同，对于一些在比赛中助演的相声演员的表演也有不同看法。"[②]

因为无法查实这些"矛盾"，业界和媒体都对郭德纲的这一解释抱持怀疑态度，但同时都在猜测真正的原因是什么。而郭德纲自高调宣布退出比赛之后，再不对此发表评论，反而有意逗引媒体继续猜测。

---

① 东东枪：《非著名相声演员郭德纲》，张立宪主编《读库》，同心出版社，第41页。
② 张漪：《郭德纲曾亲创剧本支持 因不满评委导致退出？》，新华网—文娱频道—星闻—内地港台，http：//news3.xinhuanet.com，2006年10月5日。

其实，无论退出比赛的原因是什么，郭德纲的目的都已经达到了。"高调撤离"的目的，就是新闻效应。也许宣布参加比赛的那一天，他就已经计划好了如何在比赛中途以什么样的方式什么样的借口退出比赛。

郭德纲再次为大家树立了一个"竞技黑哨"的假想敌。他利用公众对于各种比赛黑幕的想象，以及公众对反复曝光的"央视"丑闻的了解、对春节联欢晚会的不满，再次打了个漂亮的假想战。郭德纲很清楚，在这种假想的战斗中，永远不会有真正的对手跳出来和他对质，因为他根本就没有把矛头指实为任何具体的人和事，也不会有哪个傻瓜主动地跑出来对号入座。

在郭德纲走红的早期，电视曾经被他描绘成传统相声的假想敌。郭德纲不止一次地抱怨是电视让相声越来越不好看。他说："电视相声更多是为了电视服务，要贴合晚会的主题，受到很大的限制。相声就好比一个花，花盆里能种，痰盂也能种，饭盒都能种，那么最适合它的就是花盆。"[①] 郭德纲断言："电视上的相声确实和我的相声不一样，那不是我的路子，我干不了那个。"[②]

可是，一旦真给他一个机会，他做得比谁都认真。郭德纲还没有走红的时候，曾有一次为中央三台《周末喜相逢》录制节目的机会，他和侯耀文合作了一个《戏曲接龙》，录像之前，两人"过活"（排练节目）就过了三遍。可惜，后来那期节目没能在电视上播出。

郭德纲虽然猛烈地抨击电视对于相声的伤害，可当他成名之后，却并不拒绝把他的节目搬上电视，本人更是频频在电视上曝光亮相。

把相声的没落归之于电视，貌似有理，实则无稽。说穿了，无非是设置一个假想敌，努力使自己区别于已经很不受欢迎的电视相声演员。等目的达到之后，郭德纲自然会改口为电视说些好话的。正如他的"传统相声之战"取得胜利之后，当你指责他的相声不是"真"传统的时候，他一定会改口表达这层意思：继承传统和发展创新是一对相互依存的矛

① 霍燕妮：《郭德纲炮轰电视相声 自称曾为德云社贴钱整 10 年》，《重庆晨报》2006 年 3 月 9 日。

② 东东枪：《非著名相声演员郭德纲》，张立宪主编《读库》，同心出版社，第 18 页。

盾统一体；继承传统是为了发展传统，发展传统是为了更好延续传统。郭德纲是个聪明人，这点辩证法他一定懂。

十 被蹂躏的传统

传统正逐渐成为一种商业包装和人气包装的有效工具。曾几何时，传统还是封建、愚昧的代名词，是革命和专政的对象，弹指一挥间，传统变成一个香饽饽，谁都想抱住咬一口。

历史也许是有规律的，但这种规律往往要在几百年之后才被总结出来。当下时空中，我们谁也把握不准历史会选择哪条规律。而我们所经验的历史，常常是非理性的、偶发的。非理性的历史却在毫不留情地戏弄着我们每一个人的命运。无奈中，我们只好把它归结于轮转的风水，叫作"三十年河东，三十年河西。"

"五四"时期，新文化运动的先辈们以决绝的态度诅咒着传统对于文明的桎梏，希望以科学、民主的模式创造一个新世界。传统被打倒了，"启蒙话语"成为主流。

过了三十年，新社会提倡移风易俗。传统的命运变得更加悲惨，倒地之后，还被踏上一只脚。"革命话语"成为主流。

又过了三十年，改革开放了。海风呼啸，整个社会都在挟洋自重。传统苦尽，却没能等到甘来。"西方话语"成为主流。

按照三十年风水周期的推算，2010年前后正是"西方话语"退潮的时代，"传统话语"趁机抢占舞台也就不奇怪了。这一时期，国学开始复兴、民族服装开始复兴、仿古建筑开始兴起，以民间文化为代表的各种文化传统，已经在"非物质文化遗产"这面国际化的旗帜下，被公众捧上神坛。此前那些"封建迷信""愚昧落后"等定性用语，已经为"民族传统""人民固有的生活方式"等宏大语词所更替。

流行话语与流行服装、手机款式、休闲方式一样，都在剧烈地变幻着。任何一种"形式"都是有生命的，当它不断被重复使用的时候，它就在不断地消耗其熵变的潜力。当一种形式穷尽了消费者新鲜感的时候，自然会被消费者无情地抛弃；而历史轮回之后，旧形式被重新捡回来当新玩意儿，也不是什么奇怪的事；问题是，它注定了还会被下一个轮回所抛弃。喜新厌旧、不断更换其口味是人类社会的自然规律，谁也无法阻挡。

传统复兴的呼声之所以呼啸而至，当然还是离不开西方话语。比如，目前在传统文化保护中被视作理论依据的"口头与非物质文化"以及"文化遗产保护"这些概念，本身就是地地道道的西方话语。可见，这是一个西方话语与传统话语纠缠交错、相互斗争又相互利用的时代。

新文化运动的先辈们诅咒传统的时候，他们认为自己是在唤醒这个民族的创造精神；新新人类呼唤传统的时候，他们肯定也认为自己是在保护民族的血脉。抛弃传统也好，呼唤传统也好，其实大家都基于相同的民族国家立场，使用了同样激烈的言辞，只不过一个选择了向左转，一个选择了向右转。

问题在于，绝大多数的传统鼓吹者，并不了解什么叫传统，或者根本不想知道什么是传统，他们能够做的，只是就着传统复兴的潮流随声呐喊而已。

这就是主流话语的巨大威力。主流话语所促成的公众选择往往是非理性的。主流话语并不需要每一个人的理解，它自然会推动话语笼罩下的每一位个体。大河滔滔，汹涌澎湃，汇入大河的每一滴水，都无法自主地要跟着大河奔流赴海。

十一　民俗主义与发明传统

郭德纲所谓的传统相声，明显地表现为一种适应时代潮流的宣传策略，问题是，这种宣传策略为什么具有如此蛊惑人心的力量？郭德纲在北京闯荡十余年了，为什么早不红晚不红，偏偏在这会儿就红了？一位从事销售工作的网友作出了这样的解释：

> 白领、大学生、青年伴侣，十年前、五年前的娱乐方式是什么？去茶馆？看相声？不是。是蹦迪、跳舞、酒吧，高雅点的去旅游，可近些年，他们已厌倦了歌舞浮躁，酒吧胡聊；再加之信仰空虚、幽默贫乏、娱乐危机等等问题的驱使，新一代主流人群不得不寻找

新的娱乐休闲方式来调剂自己，他们在不知不觉中开始寻觅另类，回归草根。这样在口口相传中找到了郭德纲，也就是找到了茶馆相声。嗑瓜子、品香茶、听笑话，一遍又一遍的叫好起哄，上下呼应，促成了中国社会又一道靓丽文化风景线。这正是社会意识形态多元化的伟大体现，也是一种很正常的审美演变历程，恰巧被相声撞了大运。①

民俗学者王霄冰认为，1990 年代以来，伴随着经济发展的迅猛势头，中国社会的工业化程度越来越高，无论是城市和乡村都逐渐地告别了传统的生活方式，一些古老的风俗习惯也被渐渐地忘却和丢弃，与此同时，随着生活水平的提高，城市中产阶级的怀旧心理日增，他们在享受现代化的同时也开始回过头来寻求回归传统。

这样的文化心理，也曾发生在欧洲的许多国家。1960 年代，德国度过了战后经济恢复期，生活水平得以迅速改善，整个社会兴起一股享受和消费民间文化的热潮，许多民间传统被重新挖掘甚至被发明了出来。有意思的是，这些被挖掘或者被发明的传统主要不是用来吸引那些真正了解或享有传统的人，而是主要用来吸引那些消费"传统风俗"的中产阶级。民俗学家们把这种打着传统民俗的旗帜，却以新的功能，为了新的目的而重新加以再现的民俗文化称作"民俗主义"。

一般认为，民俗主义是对以往民俗的追溯和改良，它的本质是当下行为；民俗主义行为尽管未必是真正的民俗传统，但它同样可能具有现实的功能和意义，为那些旧民俗的享有者所喜爱；民俗主义行为的功利性和商业性色彩十分浓厚，但在很多情况下还会有一种理想主义的爱乡情结在发生作用。所以说，这些打着传统旗帜的新民俗在当代社会机制中所担负的功能不仅是多重的，而且也是现实的和符合自然规律的②，也

① 跃宏网景：《网络日志》，Windows Live™ Spaces—共享空间，http：//besthong. spaces. live. com/blog，2006 年 8 月 2 日。

② 可参见王霄冰《民俗主义论与德国民俗学》，《民间文化论坛》2006 年第 3 期；西村真志叶、岳永逸《民俗学主义的兴起、普及以及影响》，《民间文化论坛》2004 年第 6 期。

可以说，是我们所无法阻挡的。

历史学家霍布斯鲍姆在《传统的发明》中表达了这样一种意思，传统的反复被提及，往往紧密相关于"民族"这一相当晚近的概念，或者与民族主义、民族国家、民族象征、民族历史这些概念有些关系。

在反复歌咏"龙的传人"和"请别忘记我永远不变黄色的脸"之外，我们还常常需要借助于"共同的文化传统"来构筑一种坚实的民族关系，并把它们作为强化"民族共同体"内部认同的仪式化手段。"仔细追溯起来，民俗学与民族主义思潮之间的联系与互动根本就是与生俱来的：一方面，民族意识促使人们去弘扬民间文化；另一方面，对民间文化的广泛认同又促进了民族认同。在民俗学诞生之初，这一点体现得尤其明显，在德国、在芬兰、在英国莫不如此。"①

苏格兰人聚集在一起颂扬其民族特性时，他们总是喜欢穿一种用格子呢做的苏格兰褶裙，他们认为这种服装体现了苏格兰伟大的古代遗风，并用以区别英格兰的文化传统。休·特雷弗—罗珀在分析这一现象时认为，这些所谓的传统都不是真正的传统，而是苏格兰民族意识支配下的追溯性发明，是他们用以对抗英格兰文化的一种合法性包装②。

同样我们可以知道，所谓21世纪的传统文化复兴浪潮，只不过是国力逐渐增强，中国民众如暴发户一般的民族自信心开始急剧膨胀，民族情绪以另一种方式重新抬头的征兆。这种民族情绪在2004年的端午保卫战中已经在国际舞台上充分地宣泄过一次。

一些具有强烈民族情绪的知识分子动辄奢谈什么"振兴""回归""崛起"，好像缺了相声天就会塌下来似的。相声原本就只是一种地方性的底层曲艺形式，现在却要充任中华民族"草根文化"的杰出代表，为那些具有民族主义情绪的"愤青"背负"民族文化"的重担，真是相声生命中不可承受之轻。

---

① 仲林：《图腾的发明》，《非物质文化遗产保护国际学术研讨会论文集》，"武汉·第四届民间文化青年论坛"编印，2006年7月。

② E·霍布斯鲍姆、T·兰格：《传统的发明》，顾杭、庞冠群译，译林出版社2004年版，第18页。

十二 传统不代表救世主

相声走入低迷是有目共睹的。那么，是不是自古华山一条路，只有回归传统才能挽狂澜于既倒呢？当然不是。

我们在相声发展史的回顾中说到，1950 年代，相声正是在老舍、侯宝林等人的推动下，从演出内容上大力改革，去芜存精，才使陷入低俗门的相声得以涅槃新生。无独有偶，1980 年代，台湾相声却在赖声川的手上，借助于演出形式的戏剧化改装，重获新生。

被认为"使濒于灭绝的台湾相声起死回生"①的《那一夜，我们说相声》，以及"那一夜"火爆之后的《这一夜，谁来说相声》《又一夜，他们说相声》《千禧夜，我们说相声》，就是以"相声剧"的全新形式，为台湾相声的重返舞台创造了生机。十几年中，赖声川一以贯之地采用喜剧式的相声剧形式，微言大义两岸对于中国政治、历史、文化、艺术的情感与反思，达到了出乎意料的好效果。

赖剧"主要集中在对相声段子包袱的掩藏与抖开上；另外，演员的构成及其表演状态，如胖与瘦、高与矮、急与缓、内敛与夸张，也都很相声化，金士杰、赵自强、倪敏然三人高超的表演，也委实看不出与专业相声演员的区别"②。戏剧学家陶庆梅介绍，赖声川创作《那一夜，我们说相声》时，自己都以为这出戏只会吸引少数知识分子和小剧场的固定观众，演出的剧场最初定在只有 100 个座位的台湾皇冠剧场。后来这出戏被收入台湾新象"第六届国际艺术节"，1985 年 3 月 1 日，在能容纳 700 名观众的"国立艺术馆"首演。谁也没想到，在长达两个小时的演出中，"观众几乎是三句一笑，五句一爆"；这出戏的巡演还没有结束，盗版录音带就已经天女散花了。

赖声川的《那一夜，我们说相声》，本来要为相声写一出挽歌，说明

---

① 徐晓燕、晓风：《台湾相声剧花落内地——访台湾著名导演赖声川》，《今日中国》2002 年第 5 期。

② 夏波：《"相声剧"是一种什么样的戏剧?》，《中国戏剧》2002 年第 5 期。

1980 年代的台湾社会，相声已经死亡了。故事发生在某歌舞厅，两个恶俗的夜总会主持人，声称要请一位久违的相声大师重返舞台，结果找不到这位大师，只好自己捉刀代演。全剧一共五个段子，每一个段子都和"失去"有关：传统的失去，文化的失去，记忆的失去……分别用相声展示不同时代的文化心态。演出极为轰动，被认为是台湾二十多年来最著名的一出戏。公众从中看到了"笑"，精英从中看到了"痛"。赖声川说："相声是幽默，是痛快，是我们苦涩的中国人唯一纯粹喜剧形式的表演艺术形态。不知为什么，我总觉得它非常适合表现一些忧伤的话题，大概是因为'痛快'第一个字是'痛'吧。"

无论是演出的形式，还是对于传统、对于相声功能的理解，赖声川与郭德纲都有巨大的差别，但是，两者都获得了巨大的成功。赖声川连续几部"夜"相声之后，"台湾新生代相声人才逐渐浮现，除了侯冠群、郎祖筠、刘尔金拜师吴兆南外。冯翊纲、宋少卿更远赴北京拜师学艺，这两人经过北京名师点拨，演技迅速提高，唱作俱佳，在台湾结合嘲讽时事的强烈特色，各自找到自己的市场定位"①。

可以挽救相声的，也许是侯宝林、郭德纲式的相声大会，也许是赖声川式的相声剧，也许是一种现在还没有出现的相声新形态，甚至不排除朱绍文式撂地演出的可能。当然，也许昙花一现的郭德纲之后，谁也挽救不了相声的必然没落。所谓传统相声的火爆，只是此一时此一地的偶然现象，并不意味着传统可以代表救世主。

十三　对于郭德纲现象的隐忧

反观郭德纲的成功，其实存在巨大的隐忧。

首先，郭德纲及其德云社的火爆是以整个相声行业的冷清来衬托的。

无论相声界内部有过多少明争暗斗，起码这些斗争没有暴露在公众的视野内。观众不知情，自然也就无法对相声艺人的个人品质行使价值判断，人们对于相声的判断可以更集中地着眼于相声艺术本身。但是，

① 阿兰：《台湾相声北京安"家"》，《两岸关系》2002 年第 8 期。

郭德纲通过"曝家丑"的方式猛烈地抨击相声界内的明争暗斗，给大众造成一种"相声界只有郭德纲一个好人"的错觉，把本该局限于纯艺术鉴赏的行为扩大为一种人格批判，明显地借用了"诗外功夫"。

郭德纲及其德云社火了，可是，郭德纲的火爆部分地是通过诋毁、贬低同行而达致的，"钢丝"们对郭德纲的神化进一步反衬了整个相声界的"庸俗"与"劣质"，因此，整个相声行业可能由此遭遇更大的危机。提出相声回归剧场，郭德纲不是唯一的，也未必是最早的。虽然德云社大张旗鼓地搞了个十周年大庆，但郭德纲一直讳言什么时候正式有了"德云社"这个演出实体。倒是天津的"众友""哈哈笑"等相声艺术团明确成立于1999年，而且此前早就提出了相声回归剧场的主张。但是，寻遍众多媒体，郭德纲呼吁相声回归剧场时，从未提及这一主张的天津源头，媒体也众口一词地把"功劳"归入郭德纲名下。也就是说，郭德纲并不是通过"水涨船高"的方式来凸显他的英雄本色，而是通过"水落石出"的方式浮出水面。

当然，我们可以说，危机的明朗化可能会有助于相声界的觉醒，潜规则的打破有助于新规则的确立。但是别忘了，一枝独秀总会有凋零的时候，百花争艳才是春天的来临。如果这种危机是建立在对于全体相声艺人个人品质的价值否定上，如果大众缺少理性的判断，那么，这种危机就可能不是感冒，而是癌症了。

其次，如果相声全面回归剧场，可能会使相声变成有闲阶层的奢侈品。

1949年以前的相声大多是撂地演出，一群贫民围成一圈听艺人瞎侃，哄笑完了，有钱的给钱，没钱的走人，相声是名副其实的大众艺术。相声全面走进剧场走向舞台，主要是侯宝林相声大会以后的事，但侯宝林是通过团结所有相声艺人送戏下乡、送戏到基层的，这时的相声，还是大众的艺术。1980年代后的相声，虽然滋生了一批相声豪绅，但相声直接通过电台与电视，普及到了千家万户，仍然是大众的艺术。

郭德纲呢？他不撂地，他诋毁同行，他也没有送戏下乡，他声称自己的节目不适合上电视。唯恐天下不乱的网友和记者甚至奉劝你，别人的相声都不能要了，只有郭德纲的相声才是真正的相声。那么，你到哪去看郭德纲的相声呢？郭德纲火爆这么长时间了，有几个人真正看过郭德纲的演出？郭德纲告诉你：到我的剧场来，买票！票贵不贵且不说，你来了也不一定能买上票。为了看一场郭德纲相声，你得前后张罗好一阵子。北京城堵车这么厉害，出行一趟殊为不便，若非有闲阶层，有几个人能有幸一睹其剧场风采？如果你是外地人，那你就等着吧。

相声回归剧场，表面上看是降低了姿态，回复了"草根"，实质上只是投合了"愤青"和有闲阶层的"草根情怀"。剧场的封闭特征使相声由"大众艺术"变成了"小众艺术"，这于艺术的自足发展也许是一件好事，但不可否认的是，郭德纲让相声离大众更远了。

我们前面分析过，以"性质世界"的标准来看，郭德纲的传统相声并不是"真"传统。而以"意义世界"的标准来看，郭德纲的传统相声也未必是"善"的传统。但愿郭德纲现象所引爆的危机能够触动相声界濒死的麻木。但愿相声界能以此作为反思的契机，无论是以传统的方式，还是以改革的方式，抑或以第三种方式，为大众创造出更多更好的令人喜闻乐见的相声节目。

（本章原题《郭德纲及其传统相声的"真"与"善"》，原载《清华大学学报》2007 年第 2 期，收入本书有修订。）

附录一 关于相声与传统的讨论

【凌云岚（中国传媒大学）】郭德纲所标榜的"传统"，其实不仅仅是传统的段子或技艺，在这一点上我觉得文中的说法不够准确。郭德纲的传统段子在他的作品中绝对不是最受欢迎的，但我觉得他所标榜"传统"中相当重要的一个部分，其实包括他对传统相声精神的复活，比方说对当下的关注、不受约束的纯搞笑、讽刺、颇多争议的"砸挂"……郭德纲的相声摆脱了晚会相声的种种束缚，在对被过分"净化"的相声的再度改造中，培养起自己的"粉丝"。

我同意作者的说法，不同的人因为各自不同的利益立场，会对传统作出不一样的阐释，比方说官方在"国学热"上表现出来的对"传统文化"的再利用；或是普通大众在对普及历史书籍的追捧中对"传统"的消费；还有最近倒霉的"中国龙"引发的争论。郭德纲的"传统"只是无数利用方式中的一种。

不过在我看来，每次听他的传统段子，总觉得太"急"，没有之前的大师们处理的舒缓，单纯从技艺方面看，我觉得"传统"这面大旗，确实帮助郭德纲赢得眼球，不过他的步履有些蹒跚，所以还不能算一名成功的旗手。

【黄永（自由作家）】作为郭德纲的听众，我就喜欢听传统段子，但传统段子很久以来没什么人说了，他给恢复了。从这个狭隘的角度分析，说他追求传统也好，恢复或弘扬也罢，都不为过。包括它重新用一些传统技法、脏口、砸挂，这本来就是相声的原貌，也是相声之所以吸引人的地方。要追溯相声到底有没有传统，相声的传统是什么，的确很难说得清。郭德纲加入很多自己的即兴表演和当下流行的语言。这跟易中天品三国没什么区别，哗众而已。但区别是相声本来就是以哗众为己任，而百家讲坛却被披上了学术外衣。

定义传统，对于普罗大众来说没那么复杂。传统的就是老的，曾经时兴但现在不时兴的。对于中国具体的政治体制来说，就是"五四"之前或是1949年之前或是改革开放之前的，对于大众审美情趣而言都具有传统的价值。传统文化不一定非得是国学，是老夫子，是先秦，是诗词。《一双绣花鞋》连我十岁的女儿都爱看，液晶电视的受追捧。对于现在的年轻人来说，只要是经所未经、闻所未闻、与现实价值观有出入的都是传统的。

要说传统曲艺的改革，戏曲的嬗变比相声大得多。从样板戏到现而今交响乐伴奏越剧，赵本山把二人转从脏口改成了净口，比相声的净化差着两代人呢。我颇赞同电影《霸王别姬》里张国荣的一句台词，大概是："我不是不赞同京剧要改革，但是京剧要改成这样那就不是京剧了。"相声亦然。每一种艺术表达形式注定了只能是部分观众喜欢，而不能成为全民的。老的相声段子和老的相声手法确实是相声艺人们智慧的结晶，充分发挥了汉语言文字的特点。我觉得郭德纲的功劳在于他恢复了相声的原貌。在当今新花样唯恐层出不穷的年代，其实一些很简单很古老的玩意儿就足够有趣了。

【戈兰（北京语言大学）】你剥郭德纲的皮，小心钢丝们不依，上门砸你们家的玻璃。

文章写得行云流水，妙语连珠，看了很喜欢。

郭德纲那样热，肯定是不正常的，这小子其实是摸准了时下大众文化的脉，挠到了广大人民群众的痒处。人民群众被郭德纲耍得一愣一愣的，同时却还高兴得乐呵呵的。

自古至今，成功的戏子，都有这种察言观色、借水行舟的本事，侯宝林借助于党和政府，马季、姜昆借助于电视，郭德纲则借助于新兴的白领阶层。卖笑取悦，本是俳优的本色。

你说得很对，草根也好，传统也好，其实只是在消费过剩时代一个叫卖的幌子。跟江湖郎中吆喝祖传秘方是一个道理。

但我仍相信存在着真正意义上的草根或者传统，我相信通过学者的努力是能够重新发现这种被历史尘埃和现实的污垢所掩埋的本真状态的（我所谓的"本真"并不意味着好，没有价值上的意义，而只有认识论上的意义），而你却否认这种本真的存在或者重新发现这种本真状态的可能性。在后现代，本真和对本真的追问，似乎早已不合时宜，但放弃了本真的追求，学术还剩下什么？学术会不会被泡沫化？

这话其实不仅仅是针对这篇文章，也不仅仅是针对你的，而是针对整个学术界的状况有感而发的。

因此我们并不能因为传统被消费绑架了，就否定传统的存在，正如我们不能因为处女都被玷污了，连处女膜都可以伪造了，就否定处女的存在一样。

相声演员中，我还是比较喜欢马三立的风格，那种入木三分、发人深省的冷幽默（而不是像侯宝林那样硬挠人家的胳肢窝），那才是真正意义上的幽默，而郭德纲充其量是一个挠胳肢窝的高手，敢于撒泼耍赖卖乖说粗话，他的相声其实跟黄段子没有本质的区别，只不过他挠的身体部位比黄段子稍微高一些，尚没有构成性骚扰的罪名而已。

你想啊，现在那些单身白领多么寂寞啊，那些帅哥猛男都纷纷加入了家庭妇男的行列了，好不容易有了一个郭德纲横空出世，能不受追捧吗，能没有人格魅力吗？才怪！

说到这里，我认为你的文章主要还是外围的分析，在文本分析这方面稍显不足，要剥郭德纲的画皮，最好拿他的一则相声作一下细致的文本分析，包装、叙事、炒作等都是外围的功夫，而郭德纲的走红，肯定还主要是他的相声有他特别的符合时代需要的地方，这已经不是剥皮，而是解剖了。

另外，标题过于学术化，可以考虑一个更吸引眼球的标题，比如就叫《剥郭德纲的皮》之类（不过，太狠了点）。

【杨早】看爱东的文章，正好听到一首流行歌：容祖儿的《爱情复兴》，劈头就是"华丽的巴洛克舞曲，卡夫卡朗诵着诗句……中世纪爱情"，用郭德纲的话说，这些符号"哪儿跟哪儿都不挨着"，但是这些或对或错的知识点拼贴在一起，营造出一种"想象的氛围"——这正是怀旧的要素，或精致或粗陋，没关系，重点在于消费。

所以郭德纲不"真"也罢，不"善"也好，对这个社会来说，并不见得有真实的意义。郭德纲的意义在于他提供了一种新的消费品，这种新产品能够触发某一条敏感带，这已足够。我记得最初，大家主要赞扬郭能够带来"久违的笑声"，后来就传统呀，回归呀，自炒人也炒，郭就俨然旗帜了。

还想说的是，郭德纲对相声的看法有其合理性。比如，他强调相声自清末以来，已经将引人发笑的方式、材料研究很透，换句话说，这是他认为"正统"的相声方向。相声是让人笑的，不是教育人的，更不是歌颂人的。这个观念对近二十年扭曲的相声（乃至晚会节目）生态有消解作用。从这点来说，未尝不可以将郭德纲看作相声界的王朔。而且郭也同样有建设能力不足的问题。郭德纲有时也说：听完相声的人没有作案去的，相声也是"高台教化"——这实际上又将以往曲艺攀附主流意识形态的"传统"也复兴了。

【黄永】对于郭德纲的发家史，我没有研究。但我个人感觉这只是一个偶然，而不是处心积虑的阴谋。德云社成立十年，在茶园小剧场坚持演出了十年，光这番功夫在现在只求速成人人企望一夜成名的超女时代有多少人能坚持？不管在郭德纲成名之后怎么吹嘘自己，贬低他人，用各种现代推销手段卖弄自己，那都只是证明他现在有市场有资本有话语权了。用他自己的话说，他毕竟有这些惨淡经营十余年的吹牛资本。他不是一夜成名，很多"钢丝"对他的崇拜追随也是冲着他这份韧劲去的。因为毕竟大多数"钢丝"们不时在听到他这些吹嘘之后喜欢上他的，是先有人喜欢上他的相声，尔后使他成名，他才有了吹嘘的场所和听众。

而如果说去剧场的就是有闲阶层，天桥乐茶园门口有限的停车位就说明大多数观众只能乘坐公共交通工具，顶多出租车前来。虽然说专场确实一票难求，但在他们固定的演出场所还是有大量的外地人、中老年人、没什么文化的人、低收入者等"草根"观众的。

说白了，郭德纲对相声的贡献本来也不是能以他本人有多成功来衡量的。至少他掀起了大众对相声重新热爱，且不光是原本就喜欢相声的人，又增加了本应去追看"超女""易中天"的"小资""白领"们。这就够了。毕竟火的不光是他一个人。东宫每周末的相声晚会也卖挂票。广播电台里的相声节目也增加了。我每天必听的除了北京文艺台 FM87.6 每天下午三点到四点的"开心茶馆"主捧郭德纲外，河北人民广播电台 FM105.2 每天七点到八点和 FM99.3 每天八点到九点的相声节目就都没有郭德纲。

其实我觉得咱们都没必要那么敏感。对于文化现象，一个人的火成全不了一个行业，也败坏不了一个行业。

【施爱东】同意黄永兄的话："一个人的火成全不了一个行业，也败坏不了一个行业。"我这篇文章想说的，也是这个意思。这与我的下一句话是相承接的："所谓传统，既不是毒药，也不是救世主，只不过是一块生意人用来吆喝的招牌。"

这篇文章并不是想砸郭德纲，而是想通过郭德纲这一现象说明，所谓"回归传统"，只是人们当下背景中的一种浪漫想象和话语操作方式。所有被操作的"传统"，都是由当下利益驱动的。

【萨支山】谈到对传统的阐释的时候，爱东借用了"真"和"善"两个概念，其实，不但何者为"真"是个问题，即便是何者为"善"，同样也是个很难说清楚的问题。特别是将"善"定义为能否为"社会发展"带来什么结果的时候，问题似乎就更难说清楚了。因为这里牵涉到"动机"和"结果",你当然可以批评他借用"传统"为自己张目的动机,也可以举赖声川的反例作为佐证。但他总是给相声带来一些"新"的东西,至少会有很多人喜欢,那么,这就很难说是不是"善"了。

1949年之后,并不仅仅是相声,在通俗文艺这个领域,都有程度不同的"改造"过程,一方面是将它们纳入国家对文艺的控制,另一方面却也提高了它们的等级地位。当然,这样相声的所谓"草根"特点也就被改造了——这不但是指它的内容,同样也指它的观众群,亦即所谓的"雅俗共赏"。郭德纲是部分地反对这个改造的。郭德纲特别的地方就在于他成功地借用"传统"或"草根"将他的相声变成"时尚"和"品位"的一个招牌。这就像吃"农家菜"和"忆苦思甜"饭一样,去追究它"农"在哪里和"苦"在何方,是没有多大意义的。

【施爱东】何为"善"?这确实也是一个纠缠不清的概念,而且每个人都会有自己的一个价值坐标。我之所以会有上述的隐忧,我的价值坐标是:对于"大多数人"来说,这一事件可能意味着什么?萨兄从一个角度说,"至少会有很多人喜欢",而我从另一个角度说,绝大多数人反而可能因此更难享受到相声了。我正是从这个角度出发,认为郭德纲的胜利"未必是善"。

另外,黄永兄和萨兄都提到,对于"传统"与"草根"概念的清理没有多大意义,我高度不同意。对于普通民众来说没有意义的事情,并不意味着对于文化工作者来说没有意义。如果按黄永兄和萨兄的意思,那么,所有的哲学都是无聊,所有的哲学命题都没有意义。职业文化工作者的工作,就在于能够从别人认为没意义的地方发现意义。

【杨早】不问出处,活在当下。作为个人可以这样想,看待"话题"不能这样。

还是余秋雨的翻版。如果你啥也不说,闷声大发财,我管你呢,能给这个时代提供点儿娱乐,就是无上功德。

但要是你在拿"传统"说事,就会有人出来掰扯掰扯,究竟是怎么回事儿,你丫说到点子上了吗?凭啥这样说?

认真地揭伪存真,就是"知道分子"的天职。很多号称知道分子的人不尽责,就是因为不认真。有人这么说了:"世界上怕就怕认真二字。"

【段美乔（中国社会科学院文学研究所）】我对郭德纲的了解，只来自以下几个方面：听过他的几段相声，看过他的现场表演的片断以及当主持人和接受采访的几期电视节目，再来就是认识两三个小白领"钢丝"。施爱东认为他"使用了非常精当的宣传策略，他高举着'传统相声'的旗帜，把'非著名相声演员'的身份当作一种向主流相声界提出挑战的锐利武器，严格地把自己区别于那些已经失去市场的'著名相声演员们'，把自己塑造成一个传统相声的正宗继承者。这一'非著名'的'传统'形象热烈地迎合了时代的主流话语。"对此我非常赞同，但也许基于入手处的不同，我们的关注点可能有所不同。

施爱东关心的是郭德纲给相声带来些什么，会引导相声走向何方；而在我看来，对于郭德纲会带给相声些什么，会引导相声走向何方的种种忧心，我认为大可不必。这不过是又一次从失衡走向平衡的一个过程。就像 20 世纪五六十年代的相声革新一样，相声的日益低俗化使它逐渐走入困境，于是有了革新相声的活动，相声终于成为一门艺术，一种文化了。可是从此它就高枕无忧了么？讽刺相声、歌颂相声、教育相声，之后它再次陷入僵化的困境。接着郭德纲出现了，也许他会再次带领相声走向"低俗化"，但不可否认的是，相声赢得了观众。相声活了，而只有活着，才能有发展的机会。

与施爱东不同，我可能更在意郭德纲给当下的听众带来了什么，为什么他在这一时期会走红，他到底迎合了听众的哪些需求，而听众的这些需求中又体现了当下的社会结构或思想倾向的哪些变化。

施爱东的文章认为郭德纲的"传统"只是一个营销策略，一个噱头而已。在某种意义上说，这个判断并没有错。但这并不能解释郭德纲在剧场中取得的成功。郭德纲的"传统"固然有宣传策略的意味，但他把相声重新带回到"无意义"状态的企图，可能才是他所谓"传统"的核心。而这一点，我以为才是他火起来的根本。

"非得让相声教育人？非得每段都有教育意义？我不服！知道么？（观众喝彩/掌声）让人受教育的形式太多了！放了相声吧！饶了它吧！它也没害任何人，就让它给大伙带来点快乐，我觉得很好啦已经！不用这么苛求。是不是？"这段话，从相声本身而言，是对风行五十多年的讽刺相声、歌颂相声和教育相声的反拨；对听众而言，则是一种精神上的解放。

事实上，相声在它诞生之初，就处于"无意义"状态。对于在天桥下艰难求生存的相声艺人来说，他们所做而且能做的也就是给普通百姓提供一次走出艰难生活、满足快乐本能的机会而已。我倾向于把现在郭德纲所作的"无意义"相声的宣言，看作20世纪90年代以来的无厘头文化在相声领域的一次慢了半拍的尝试。至于为什么会慢了半拍，我想这恰好与一直以来相声的主要传播媒介电视和广播有关。

【宣炳善（浙江师范大学）】爱东兄说"相声是大众艺术"，我想，这个说法可能有问题。任何一个艺术都不可能被所有人接受，那么就是不可能是大众的，艺术从接受者来看，还是小众的。

像京剧，真正能够艺术理解的观众怕不会太多，所以也是小众的，其他剧种、其他表演艺术也是一样。像电影被认为是大众艺术，其实，平时看电影的人数很少，我看到过一个在北京的调查，许多民众在生活中根本不看电影。电影被认为是大众艺术的代表，但在实际中并非如此。像贾樟柯的《世界》讲在北京的民工，但民工大多不看这个电影。农村的人更少看电影。

相声主要是在北方民众中接受，南方人就相对陌生一点，而在北方，也主要在京津一带，其文化传承空间其实很小，哪里就是大众了？至少在我们南方的浙江，对于相声很多人不听的。

我想，艺术的接受是有不同阶层的，或者说民俗主体是不同的。不能说市民、农民爱听相声，就一定是大众艺术，这里的大众艺术确切说只能说是市民艺术或者说农民艺术，或者贫民艺术，大众还是要落实到一个具体的社会群体中去，不能只是一个抽象的概念。我认为爱东兄可能对"大众艺术"这个概念有一个浪漫的想象，实际上太笼统了，大众变成面目模糊的人。

爱东兄认为，在郭德纲手上，相声由大众变成小众了。其实，在我看来，相声本来就是小众的，真正成为大众，可能不是相声，而是说话了，日常说话才是大众的。在郭德纲的相声中，说的都是小人物，很少说帝王将相的大人物，这个相声的内容倒是有些大众的。而且接受主体也比较复杂，因为郭德纲说有一次剧场中有一半是民工在听他的相声，所以他就改变了表演风格，表演因观众的对象而改变，那么这个众也就不算太小的，也不只是大学生、白领在听。

我看一些材料说，2007 年，郭德纲要在全国的大学免费讲相声，这可以看作是他在培养新观众，观众确实是他的艺术父母。所以，我想，用观众艺术的概念可能比大众艺术更妥当一些。

当然，我的这个观念可能有些让爱东兄吃惊，我一直认为"大众艺术"这个概念不是一个艺术概念，而是一个意识形态化的政治概念，它也不是一个学科的概念。因为在中国，一说大众艺术，就是正面意义的，一说大到小众，就是不好的意思，其实是掉到政治话语的语言陷阱里去了。

【施爱东】以上诸位的意见我都很同意。所谓小资、平民，大众、小众之分，本身就有浓重的意识形态特征，不应该成为严肃讨论的操作语言。而且，艺术创造与艺术欣赏本该就是小众的而不是大众的。这些我都同意。但我为什么还要在文章中作这样的区分和叙述呢？

因为我预设了一个对话者，这在文章的开头就已经剑指了。

我的对话者就是媒体，以及谈论郭德纲现象的大多数网民。正是因为 2006 年充斥各种媒体的报道都在声称郭德纲恢复了相声的传统、郭德纲的胜利是草根的胜利、郭德纲让相声回归了大众、郭德纲挽救了相声，甚至说，郭德纲的出现至少可以让相声晚死五十年，等等。我这篇文章的目的，是想澄清这些混乱的认识。

因为在文章的写作中已经预设了对话者，所以，我延用了与媒体和网民们相近的话语体系，目的是为了以子之矛，陷子之盾。不过，可能我没能在文章中把这个意思说透。

【杨早】郭德纲的许多作为，实际上是违反"相声社会"传统法则的，比如"砸挂"，一般如果会引起对方的反感，传统相声艺人也都会有所顾忌。更何况后来郭德纲在博客里说汪洋自小练功不勤等，那就不是砸挂而是"砸人饭碗"了，这在旧时候是缺大德的事儿。再说杨志刚事件，无论如何郭德纲是叫过杨"师父"的，后来两人翻脸，不征得前师同意又重投明师，这也罢了，还不断在各种节目中批评、讽刺这位过去的师父，这也是严重违反传统相声界道德的做法。可是，对郭德纲的人气毫无影响。

这说明，所谓"复兴传统相声"，是典型的"六经注我"，是郭德纲、德云社与白领听众的一起合谋，其本质还是"娱乐"，只要有娱乐，传统云云，不过是谋取合法性和超越性的手段。而说到娱乐的方式，古今其实也没有什么大的不同。

附录二 相声不会死，但不是这样活

【冯建国（山东大学儒学高等研究院）】随着中央电视台2007年春节联欢晚会的落幕，相声何去何从，再一次被舆论推上了风口浪尖，很多网民群起而问责：为什么不让郭德纲上春晚？

郭德纲以及他所标榜的传统相声，无疑是2006年最引人注目的文化现象之一。类似于丹、易中天走红的文化意义、龙能否代表中国形象等，都是公众关心的文化课题，但是，学术界并没有把这些现象当作文化课题认真对待，学者们只是偶尔通过媒体发表些感想式的意见。

《清华大学学报》2007年第2期刊出了施爱东博士饶有趣味的长篇论文《郭德纲及其传统相声的"真"与"善"》，这在以学术为言说对象的大学"学报"中是独树一帜、极具开放意识的。现有的学科界限和学术范式决定了一个三流作家的作品评论可以登上权威的学术期刊，而当下的文化生态却进入不了研究者的学术视野，因为我们无法将之归入任何一门"学科"。当代文化进程中学术研究的缺席，无疑放任了社会舆论的极端化倾向，从而放任了文化市场的混沌和无序。

施爱东的论文显然是有备而来的，作者预设的对话对象正是社会舆论的代言者——媒体和网民。2006年充斥各种媒体的报道都在声称郭德纲恢复了相声的传统、郭德纲的胜利是草根的胜利、郭德纲让相声回归了大众，甚至说，郭德纲的出现可以让相声晚死五十年，等等。作者就此提出了截然不同的看法。作者试图从性质世界的"真"和意义世界的"善"两个维度出发，考察郭德纲及其标榜的"传统相声"是不是真的传统、有没有善的意义，进而考察郭德纲市场营销的宣传策略，以澄清社会舆论的混沌状态。

作者循着相声界族谱向上追溯，找到了相声传统的第一个源头朱绍文，借助有关朱绍文等早期相声艺人的种种文献与传说，重构了相声表演的早期形态。作者指出，1949 年以前的相声艺人几乎清一色文盲。"为了迎合一般小市民的低级趣味，相声艺人的穿戴言行往往以搞怪为胜，表演时常常骂大街、说下流段子、拿乱伦说事、嘲笑农民和外地人，甚至当众脱裤子，什么都有。"正因如此，妇女和儿童曾经被禁止听相声。中华人民共和国成立后，侯宝林联合老舍等文化工作者，组织相声艺人学文化、改本子、进扫盲学习班，在相声表演中"把骂大街、贫嘴废话去掉，加上些新内容、新知识，既有教育意义，还有笑料"；同时借助政府力量，把改良后的相声送到各机关、团体，这才使相声得以涅槃新生。

传统是动态的不是僵化的，传统是在适应中生存的。相声的历史发展过程中，适应不同时代的需要有过不同的传统，同一历史时期的相声也有不同的种类，不同相声艺人还有不同的风格。那么，郭德纲所谓的传统相声到底是以哪一时期、哪一种类、哪一风格作为标准呢？谁也回答不了这个问题。所以说，"郭德纲所谓的传统相声本质上只是一种迎合流行话语的市场策略"。

台湾的相声发展史对我们极有借鉴意义。台湾相声由于不能适应时代的发展，从 20 世纪 50 年代后期开始日渐低迷。至 1980 年，台湾已经找不到职业的相声艺人了。有台湾学者分析认为，台湾相声没落是因为没有侯宝林这样的改良者和领头羊。1985 年，改良者终于出现了，从美国学成归来的赖声川博士创作导演的《那一夜，我们说相声》等系列"相声剧"借助于演出形式的戏剧化改装，获得极大的成功，使濒于灭绝的台湾相声起死回生，并借道北京进入了内地市场。在此必须注意，无论侯宝林还是赖声川，他们都是因改良传统而不是因固守传统而奠定其历史地位的。

我们虽然不能指认郭德纲直接借用了赖声川的创意，但郭德纲成名之后，一反传统监护人的面目，制作了大量相声剧形式的电视节目，而且受到了观众的热烈追捧。不过，已经成名的郭德纲无须解释他的相声剧到底是传统的还是现学现卖的。传统只不过是郭德纲用来垂钓观众的一块鱼饵，已经上钩的鱼儿是不需要再喂鱼饵的。郭德纲已经悄悄地从传统相声中金蝉脱壳了，媒体和网民却依然沉浸于假想的传统之中。

施爱东试图通过郭德纲现象说明，所谓回归传统，只是人们在当下背景中的一种浪漫想象。所有被操作的传统，都是由当下利益驱动的。事实上，"一个人的火成全不了一个行业，也败坏不了一个行业。"所谓传统，既不是毒药，也不是救世主，只不过是一块生意人用来吆喝的招牌。

《辞海》把"传统"释为"由历史沿传而来的思想、道德、风俗、艺术、制度等"。几千年人类文明史几乎已经穷尽了人类可能的思想方式与行为方式，无论是哪种形态的当代哲学或当代艺术，我们都能在既有的历史文化中找到它们的根源和依据。从这个意义上说，所有人类的思想与行为都是传统的。当什么都是传统的时候，也就没有什么不是传统了，如此，传统的实际意义也就消失了。

从另一个角度看，不同的文化形式常常是互不兼容的，并不是所有被我们认作传统的文化都是适用于现实生活的。选择哪一种传统应用于我们的文化生活，是由文化的执行主体所决定的。所以说，传统不是客观的，而是主观选择的。传统是手段，而不是目的。传统的选择主要取决于当事人的利益诉求或情感需求。

郭德纲的利益诉求是相声作为商品所能带给他的商业利益，观众则是借助于购买这种文化商品给自己的生活增添笑声和乐趣。郭德纲真正需要迎合的是观众的购买欲望，传统只是郭德纲在与公众话语的不断磨合中找到的一个话语招牌。

以郭德纲的年龄和阅历，他所能掌握的"传统相声"是极为有限的，创作源泉的过度取用必然导致源泉的过早枯竭，虎头蛇尾是郭德纲在相声舞台上的必然趋势。这一点郭德纲自己应该比谁都清楚，所以，郭德纲向影视业以及戏剧领域的转型也就不失为一种聪明之举。

问题是，郭德纲把别家别派的相声都给骂倒了，如果他自己又转型遁入了影视戏曲界，那相声怎么办？

相声当然还会好好地活着。台湾的相声史不是已经告诉我们吗，因为有了赖声川，相声又复活了，而且是以另外一种面孔活在更亮丽的舞台上。时势的需求是必然的，英雄的出现是偶然的。只要时势需要，英雄不在此时出现，也必在彼时出现。生活中不断有传统进入休眠或消亡，也不断有传统在涅槃或复活。传统的生和死，是由时势决定的，而不是由英雄决定的。郭德纲在北京城苦熬了十年，是时势造就了他，而不是他造就了时势。

郭德纲在相声《西征梦》中说，布什派了一位美女特使到北京与他共商反恐大业，两人在马路边聊了半天，会谈结束时美女特使赶着回大使馆，郭德纲问：我说你怎么走啊？美女说：我坐300。这是郭德纲的经典段子之一，"300"指的是一趟公交车，这在北京几乎无人不知，可是，某著名相声演员在接受记者采访时却坦陈自己不知道"300"指什么。生活在北京的相声演员脱离平民生活已经到了如此境地，他们还能生产相声吗？2006年，郭德纲赢得了一场没有对手的竞争。

那么，被媒体捧为"草根英雄"的郭德纲是不是相声的救世主呢？当然不是。就目前来说，郭德纲既没有侯宝林那样的胸怀和号召力，也没有赖声川那样的学识和思想深度，他只是个技艺比较精湛的普通艺人。从2006年郭德纲在代言"藏秘排油"减肥产品遭批评一事中所持的态度来看，郭德纲远未达到能够领袖群伦的境界。2006年，媒体以弘扬传统为借口，迅速把郭德纲捧上了神坛；2007年，媒体也可能在另一种借口的掩护下，迅速把郭德纲打入地狱。如果我们能够更理性地看待2006年，也许应该把郭德纲还原为一个普通的相声艺人，我们不必担心相声的生或者死，也不必把相声的中兴寄希望于郭德纲。真正的英雄也许还没上场。

（原载《光明日报》2007年3月25日7版）

第 十 章

江湖艺人的娱乐本色

——郭德纲演艺策略的调整与适应性变化

导读

关于郭德纲"传统相声"的批评文章发表之后，许多人以为这篇文章是冲郭德纲而去的，郭德纲也是这么以为的。他重写了一篇《我叫郭德纲》，发在德云班主的博客中，在说到他的"圣诞式"自传时，特意加了几段话，对"一位中国社会科学院文学研究所的副研究员"进行了低调的嘲讽。

小时侯（候）的我，是一个害羞的孩子。据说出生之前父亲曾做了两个梦，一个是梦见父亲在屋中时突见院中冲入一只虎，于是关上院门留住了虎，梦也就醒了。

另一个梦更离奇了，半空中祥云缭绕，来一神仙抱一孩子递给父亲。我后来说［买金龟］时总偷着乐，总觉着说的是我自己。父亲是个严肃的人，对这两个梦从不愿提及，倒是奶奶很相信，认为这个孙子能很了不起，可惜，到她老人家辞世，我也没什么起色。

（这段文字之前发表时，曾有一位中国社会科学院文学研究所的副研究员大为不满，副研究员教导我们说："更为夸张的是，郭德纲居然使用了'圣诞叙事'的传统来进行自我包装。中国是个谶纬神话非常发达的国家。在圣诞叙事中，大凡伟人出世，总是会有神异降临以为先兆。比如《拾遗记》记载'孔子当生之夜，二苍龙亘天而下，来附微在之房，因而生夫子。有二神女擎香露，空中而来，以沐浴微在'。《史记》记载刘邦的父亲叫太公，母亲叫刘媪，刘邦出世之前，'刘媪尝息大泽之陂，梦与神遇。是时雷电晦冥，太公往视，则见蛟龙于其上'。《我叫郭德纲》这样描绘郭德纲神奇出生，这种叙事传统的运用大概有点过火。毕竟孔子、刘邦那些事，都是驾鹤仙逝之后，后人替他们吹出来的。而才30岁出头的郭德纲就显得有点急了。"

呵呵，我想了又想，我确实没有当皇上的想法。为了说相声，我再编一个谶谣，忒累了。只不过我爸爸做了个梦，我跟大伙念叨念叨，不至于给您添那么大的麻烦吧。臧克家先生评武训曾说，古今完人究多少，何与一丐作苛求？您是有身份的人，那么大的副研究员，有那么多的国家大事等着您去研究，您却跟一说相声的较劲，这要传开了，多让您的同行笑话啊。

另外，您评相声的文章学生拜读了，感谢您关注相声。实话实说，真有几句是对的。其他的就不必谈了，终归隔行如山，相声演员中尚有一多半是外行呢，何况您是做副研究员这门技术工作的，希望我们都完善自己的手艺，为国家的建设添砖加瓦。林志玲曾告诉咱俩人：加油，加油，加油!)①

杨早写了一篇《看郭德纲回应施爱东》，评论说："郭德纲究竟比韩寒大几岁，阅历也强得多，虽然隐隐也指向'庙堂/草根'的对立，可话说得皮里阳秋，还为和谐社会喊了两句口号，也不惜把自个儿比作'丐'，真有卫嘴子的狠劲哪。"②

---

① 郭德纲：《我叫郭德纲》，新浪博客"德云班主"，http：//blog. sina. com. cn/guodegang，2007 年 5 月 28 日。

② 杨早：《看郭德纲回应施爱东》，新浪博客"杨早的博客"，http：//blog. sina. com. cn/gaofu，2007 年 7 月 25 日。

一　郭德纲的"传统观"

郭德纲早期的相声很贴近生活，玩世不恭的情调中，充满了生活趣味，我很喜欢。我的《"传统相声"的真相与意义》，也并不像郭德纲以为的，是为了"跟一说相声的较劲"。我只是拿"传统相声"做个例子，用来解释什么是所谓的"传统"或"传统文化"。

说到相声传统，当然得从相声源头说起，于是，我从朱绍文、万人迷，一直说到侯宝林、马季、郭德纲。通过对于相声史的梳理，我们会发现，相声从来就没有一种稳定的，或者说所谓传统的表演方式，甚至我们今天以为是天经地义的"对口"这种最基本的相声表演模式，都不是相声祖宗朱绍文留下来的传统。

当郭德纲打着传统的旗帜讨伐相声界异己的时候，当郭德纲极力把自己打造成一个相声英雄的时候，当郭德纲使用圣诞模式为自己包装的时候，那只是一种宣传手法。传统只是一种借以上位的商业手段。

什么是传统？郭德纲的答案非常明确："我"就是传统。郭德纲的传统观完全是以"我"为标准来定义的：所有与我的做法相符的，就是传统相声，而与我相悖的，就是糟践相声。

当他猛烈地抨击那些半路出家的相声演员"以种种借口混到我们这行来了"的时候，他是以"我"从小学相声为标准的，因此，他有意忽略了一个事实：半路出家，本身就是相声界的老传统。上至朱绍文，下至马季，数不清的相声祖宗都是半路出家的。

我们想象中的传统往往是一种稳定不变的操作方式，事实上，每一时每一地，传统都随具体条件的不同而变化着。在众多前人的不同传统中，选择张扬这一传统而不是那一传统、赋予某种传统以特别意义，并不存在真与假的差别、正宗与非正宗的差别，而是取决于当事人的利益诉求。而这一传统能否被公众所接受，则取决于当事人的蛊惑能力。

二　郭德纲与假想敌的和解

历史学家霍布斯鲍姆在《传统的发明》中表达了这样一种意思，传统的反复被提及，往往紧密相关于"民族"这一相当晚近的概念，或者与民族主义、民族国家这些概念相关。近几年来，以民间文化为代表的各种文化传统，已经在"非物质文化遗产"这面国际化的旗帜下，被公众捧上神坛。传统正逐渐成为一种商业包装和人气包装的有效工具。

问题在于，绝大多数的传统鼓吹者，并不了解什么叫传统，或者根本不想知道什么是传统，他们能够做的，只是就着传统复兴的潮流随声呐喊而已。郭德纲传统相声的粉丝们，多数只是因为喜欢郭德纲，所以跟着郭德纲瞎起哄。

声名未著时，郭德纲说："不允许别人侮辱我们这东西。我有时候打开电视，看见电视上什么演小品的演员啊、电影演员啊都来说相声，我很生气——我没糟践你们，你们干吗来糟践我们？"他认为电视、电影，以及客串相声的圈外艺人，是破坏相声传统的罪魁祸首，是传统相声的"敌人"。

可是，当郭德纲成为著名笑星之后，郭德纲一样抵制不住诱惑，他也要频频客串主持、客串小品、客串演戏、客串投资电视连续剧，跟赵本山一样，他也"以种种借口混到别人那行去"。

商业社会的艺人都是这样，无论用什么借口来包装自己，一旦目的达到之后，他们自然会改口。正如赵本山的刘老根大舞台是借着"传统二人转"而上位的，但当大舞台火起来之后，面对"刘老根大舞台演出的节目不是传统二人转"的指责，赵本山在接受《辽沈晚报》记者采访时说："是不是传承人一点儿都不重要。"郭德纲是个聪明人，这点道理他也懂，只要德云社站稳了脚跟，他一样会毫无顾忌地抛弃"传统"这面过气的破旗。

在2010年的《越光宝盒》电影宣传片中，郭德纲自称在剧中饰演了曹操一角："我演的这个角色颠覆了以往所有的曹操形象，他前一秒是个大军事家，下一秒就变成一个'二百五'了，他的对白也是很分裂的，他就是一个聪明过了头的人。"郭德纲面对电视机前的观众，非常自信地认为自己能够演好这个角色，他说自己任何条件都没谈就接下了这个角色，因为他觉得这部电影的无厘头方式跟他讲的相声是很一致的，不同的表演舞台，有许多地方是相通的。"任何条件都没谈"他就接下了这个角色，可见郭德纲成名之后，他是多么想"以种种借口混到别人那行去"啊！

成名之后，"非著名相声演员"终于成了"最著名相声演员"，郭德纲与自己的假想敌全面和解了，因为他承认了不同表演形态之间，许多地方是相通的。"混到别人那行去"，既是艺术需要，也是利益需要。

图10—1　郭德纲在 2010 年上影的穿越电影《越光宝盒》中饰演有异装癖的曹操。他当年竭力反对其他行当的演艺人员"以种种借口混到我们这行来了"，如今却大方高调地"以种种借口混到别人那行去了"。施爱东截图，2012 年。

三　江湖艺人郭德纲

前面说过，我喜欢郭德纲的相声，接着我要说，我也喜欢郭德纲这个人，我喜欢郭德纲的娱乐性。尽管我心里明白，他最痛恨的"专家"中，我肯定排在前几位。

我喜欢郭德纲对于自己作为娱乐明星的准确定位。娱乐明星只是供人娱乐的公众人物，不是道德标兵。许多娱乐界人士因为不能正确找准自己的定位，被宣化官员一纸"德艺双馨"钉死在聚光灯下，过着双重人格的压抑生活，最后把自己累成了赵忠祥。可是你看，郭德纲多聪明，他从一开始，就把自己定位于"江湖艺人"。

正因为是个江湖艺人，郭德纲可以在师父面前装孙子；可以在徒弟面前充大爷；可以在电视机前骂大街；可以为小师妹两肋插刀争遗产；可以"前一秒是个大军事家，下一秒就变成一个二百五"。

成名之后的郭德纲丝毫没有减弱其骂战的锋芒，不断转战于各个娱乐战场，看谁不顺眼就灭了谁，用词狠辣，攻势凌厉，打遍天下无敌手。火爆全网的骂战檄文《人在江湖》在网民中激起了无数赞扬："功夫啊！""牛逼啊！""太有才了！""骂街的祖宗！耍泼的状元！高手！伟人！""求求您了，还能再恶毒点么？我的郭大爷。"

对于那些非关国计民生的娱乐圈是是非非，公众全是局外人，谁也不会为了几片鸡毛蒜皮去刨根究底追问谁是谁非。娱乐圈没有是非，只有关注度。公众关注的是事件本身的娱乐效果，而不是事实和道义。郭德纲是聪明人，他太明白娱乐圈的这点事了。

明星的身价，是与他的受关注度成正比的。制造事件，并且让事件成为新闻，是为了保住人气、维持身价，这并不是什么艺坛秘笈。问题是制造什么性质的事件，以及如何让事件与自己的一贯形象保持一致。

陈冠希艳照门事件之所以彻底击垮阿娇，是因为这一事件与人们印象中的阿娇形象太不一致，观众明显感觉到了上当受骗。试想，如果阿娇的早期形象走的不是玉女路线，而是如武藤兰、苍井空一样的艳星路线，那么，艳照门事件不仅不会击垮阿娇，甚至会大大拉高阿娇的人气指数，所有阿娇担纲的光碟都会洛阳纸贵。

也就是说，只要艺人的新闻事件符合公众对于该艺人的期待和想象，不要伤及公众的情感和娱乐情绪，事件越出离常态越有娱乐效果，公众总是对传奇事件保持欣赏态度的。

2006年的郭德纲还是个"愤青"式的"非著名"娱乐明星，那时的他，正投合了广大"愤青"对于"愤青"明星的殷切期待。仅仅一两年之后，郭德纲火了，德云社也火了，名来了，利来了，腰粗了，两年前说过的话全忘了。"相声传统"？管它呢！反正吹牛不上税，法律管不着。我们这些吃瓜群众谁也不会去追究郭德纲曾经吹过哪些牛皮，也管不着他今天的行为是否遵守了昨天的誓言。

郭德纲从一开始就没有穿上绅士或者君子的外衣，他的每一个面向，每一种行事方式，从来就没有拘泥于"五讲四美三热爱"。相反，正因为准确地把自己定位于江湖艺人、娱乐明星，他越来越懂得如何为公众制造看点，不断地以出其不意的方式在各个娱乐领域大耍宝，他的形象是一贯的。

看腻了一本正经的赵忠祥，看腻了德艺双馨的刘德华，看腻了一脸奶油的何炅，我倒是更喜欢看这个一脸匪气的江湖艺人郭德纲。聪明的娱乐明星很清楚自己的娱乐价值——只要能让人娱乐，就会有人喜欢。艺人不是中学教师，不必指望用艺术教化民众；艺人也不是正能量化身，不必以身作则当道德标兵。艺人以娱乐大众为天职。

（本章原题《郭德纲一直在进步》，原载胡粲然主编《嘉源闲话》2009 年第 2 辑，北京嘉源置业投资有限公司印制，收入本书有修订。）

第十一章

求仙布道的现代营销模式

——"神仙道长"李一事件中的仙师与仙友

导读

重庆缙云山李一道长，以"慈悲天尊"的仙师身份，屹立在"以道家精神倡导人类新文明"的高度上，2007—2010年，频繁现身于湖南卫视和凤凰卫视，获得了很高的知名度。这位1969年出生的仙师，频繁举办养生讲座，出版养生专著，发行养生光盘，俨然已经脱离肉身凡胎修得不老之身。再接着，《中国企业家》《南方人物周刊》等媒体相继推出大幅报道，把李一神化为"当代神仙"。

高中学历，2007年11月（一说2006年）才受箓成为正式道士的江湖混混，当年12月就当选为重庆市道教协会副会长，2010年6月，迅速升任中国道教协会副会长。李一升仙之速，堪比"神舟"火箭，其中重重内幕，外人不得而知。坊间传闻：有钱能使鬼推磨，有钱李一可通天。

汉代王遂得道，举家升天，连带畜产皆升而为仙，犬吠于天上，鸡鸣于云中，传为千古仙话。李一的得道却颇有现代模式：先由弟子鸡犬升列"仙友"①，而后烘云托月拜出"仙师"。

---

① "仙友"是李一发明的词汇，用来指称其门下弟子。李一弟子之间，相互也称"仙友"，类似于学校中的"同学"。

一　李一的求仙"道"路

极力将李一推向神仙宝座，没想到用力过猛，不小心将李一推落神坛的前台推手，《世上是不是有神仙》的作者，著名央视"才女"樊馨蔓，她在为李一辩护时，曾经说过这么一句话："你们只看到了李一，而看不到李一背靠的是中国的道文化。"①

樊馨蔓歪打正着，一语中的，李一背后，的确是深厚的"道文化"。比照中国历代神仙史，我们会发现，其实李一的升仙旅程，正是循规蹈矩地照着传统的道家升仙之路，亦步亦趋一步步走出来的。李一与他的无数道长仙辈如陈抟、张果、林灵素之流相比，并没有质的差别②。

李一失算的地方在于，他忘了自己生活在 21 世纪的信息社会。信息社会的神仙要低调，低调，再低调！否则，一不小心，就会被方舟子这些现代钟馗祭出科学照妖镜，把你打回重庆沙坪坝。

为了更清晰地认识李一升仙道路的"传统性"，我们借助另一位更著名、更成功，以至令宋徽宗背上"佞道亡国"骂名的道教神仙林灵素③，与李一对照着看。

林灵素浙江温州人，本名林灵噩。李一重庆沙坪坝人，本名李军。

林灵素出身贫寒，幼年失怙，少依佛门为童行，因屡受其师笞骂，愤而转投道门。李一出生于普通工人家庭，从小在石桥铺长大，高中时跟一位河北来的杂耍艺人出走，先后学习气功、杂技，走投无路时，遁入道门。

林灵素游历江湖期间，得异人传授，能行五雷法，据说可以祈晴祷雨。李一游历期间，学会了手掌煎鱼、人体通电等杂耍节目，声称能利用人体通电为人治病。

---

① 樊馨蔓：《生命如此2》，新浪博客"蔓馨樊的博客"，http://blog.sina.com.cn/manxinfan22，2010 年 8 月 17 日。

② 吴真：《期颐仙翁的"百岁模式"》，《中华读书报》2009 年 4 月 29 日。

③ 关于林灵素的生平，本文主要参考李丽凉：《北宋神霄道士林灵素与神霄运动》，香港中文大学，文化及宗教研究系博士论文，2006 年。

　　林灵素早年贫困潦倒，"往来淮、泗间，丐食僧寺，僧寺苦之"，转投会稽天宁观，却被老何道士所拒。李一结束游历回到重庆时，曾先后开办"巴蜀绝技团""道医馆"，教授"龙人气功"，试验"通电疗法"，与人合资搞生态农业园，想尽一切办法，却屡战屡败，常常吃了上顿愁下顿，一度食不果腹。

　　公元1113年，林灵素来到楚州，不知何故与僧人彗世发生争执，吃了官司。却没想到林灵素得以在官司中展露自己的辩论才华，楚州通判石冲欣赏林灵素的才华，依照宋徽宗诏求隐士的旨意，居然将林灵素引至京师，并一路引荐到宰相蔡京门下，再由蔡京引荐给宋徽宗，成为国师，由此发生了一生命运的最大转折。公元1996年，李一在重庆市委机关大院的小礼堂附近开设了一家"道医馆"，还碰巧把一位市领导的病给治好了，颇得该领导好感。后来李一与全真派周至清道长发生冲突，周至清道长将李一劣迹诉至市领导处，却反被李一的巧妙手法占去了便宜。据这位市领导说："周至清到处告他，他却从来没有在我面前说周至清的不好，所以我当时觉得这个年轻人还是比较有涵养的。"[①] 李一不仅没有被周至清告倒，反而被该领导认为是个有涵养的好道士，得到该领导的更多支持。

　　林灵素事业的发展，得到了许多道教管理官员或道内权威人士如徐知常、徐守信、张继先等人的推介和力捧。李一事业的发展，也离不开重庆市主管宗教事务的某领导以及德高望重的道长如授箓师陈莲笙等人的大力扶持。

　　林灵素外貌美秀，仪表风流，素风雅，善于画竹，因而颇得具有艺术家气质的宋徽宗的喜爱，赐号通真达灵元妙先生，呼为"聪明神仙"。李一虽然年过四十，可是皮肤很白，保养得比三十多岁的女人还好，"讲课时候，大家就都围着他问有什么美容奇招"，加上他外表温和，常以微笑面孔示人，因而颇有富婆缘，许多女企业家对他一见倾心，心甘情愿给他送钱，为他扬名。

　　林灵素口才好，于上清宝箓宫高登讲坛，面对宋徽宗与众多博学名臣，以浅白通俗的语言翻讲道经，颇得这些大宋精英的认可。李一的口

————————

① 吴琪、陈晓：《李一道长的买卖》，《三联生活周刊》2010年第35期。

才也非常好，往往让那些听过其演讲的"仙友"们感叹不已，尽管花得起大把钞票的"仙友"多数都是见过大世面的富商富婆，但是，这些人居然"听他讲三个小时都不想跑去上厕所"。

林灵素的学问不错，据说林灵素曾校雠批注丹经，著有《金火天丁神霄三炁火铃歌》，主持了神霄经典的编纂与仪式的整理改革。李一博闻强志，虽然入道较晚，可是进步很快，著有《养生智慧》系列丛书，颇受广大热衷养生的富商富婆们推崇。

林灵素行事高调，因为得到宋徽宗的宠幸，日益狂妄，甚至发展到胆敢与太子争道，因而触怒徽宗，加上 1119 年 5 月间，京城洪水，徽宗要求林灵素登城作法，结果法术不灵，徽宗在朝野一片反对声中，只好将其斥归故里。李一也是被富婆们崇敬的目光冲昏了头脑，行事过于高调，频频亮相于各大媒体，一不留神被现代钟馗方舟子给盯上了，发动主流媒体揭出了他的斑斑劣迹，中国道教协会迫于压力，只好拿掉了李一的道教协会副会长职务。

公元 1119 年，仅仅得势不足四年的林灵素就被贬回家乡，第二年，年仅 45 岁的林灵素就在家乡郁郁而终。公元 2010 年，仅仅走红不足四年的李一，年仅 41 岁就被拉下神坛，还因涉嫌诈骗、强奸、偷税漏税等罪名而身陷系列官司。

林灵素和李一的升仙之路极其相似，这也是历代道教神仙的通行大道。少年落魄—离家出走—游历他乡—习得绝技—以技博名—贵人相助—伶牙俐齿—飞黄腾达。到了这一步，本该像唐代的张果、明代的刘伯温那样弃官出走，主动归隐，留得身后仙名，可惜的是，林灵素和李一的行事都太高调了，他们过于贪恋世俗社会的荣华富贵，在这个污浊的凡世间滞留时间过长，还没来得及弃官隐逸、巩固仙名，就被拉下神坛，打回了原形。

鲁迅曾有一句广为引用的名言："中国根柢全在道教，此说近颇广行，以此读史，有许多问题可以迎刃而解。"这句话常常被用来论证道教是中国传统文化的代表。借助鲁迅的判断，将李一的升仙之道视作一种"求仙问道的营销与牟利模式"加以考察，樊馨蔓说李一身上深刻地体现了"中国传统文化"，仔细想想，真是太恰当不过了。

图11—1   缙云山绍龙观规模并不大，周边的山水风貌也没有什么奇特之处，能被李一经营出如此一番让无数名星大腕竞折腰的浩大声势，也着实不简单。施爱东摄，2010 年。

二　樊馨蔓的自信与执着

抛开李一履历的真假，悬置李一动机的善恶，单就李一所谓"养生智慧"的效果而言，恐怕也很难彻底否定李一。

缙云山是个闹中取静、风景宜人的好地方。李一以他的仙师身份，强制仙友们不看电视、不听广播、不读书报、不与人交流，这对于那些夜夜笙歌的有钱人来说，确实起到了休养生息的作用①。

据说马云曾在缙云山闭关八天。马云对记者阐述了一个"借假修真"的理论："我只是借一个场所，借一个方法论，借假修真，强迫自己离开平常的办公室，到另外一个领域思考。每次都是他讲他的，我想我的，也不是从李一那儿学习什么，只是'为我所用'，凡是我觉得不靠谱的，

---

①　陈彦炜：《李一：道，可道，非常道》，《南方人物周刊》2010 年第 26 期。

就不听，只听那些对我有用的。"①

一位老道长说："李一就是一个骗子，不过他不骗小人物，只骗那些有钱的大人物。"② 另一种比较普遍的说法是，李一的许多女信众，往往是家庭或者婚姻出了问题的中年女性。作为道长的李一，他的和风细雨以及宗教面孔，或许能给她们带来些许冬日阳光般的温暖。李一需要仙友们的钞票，仙友们需要仙师的精神指引，一个周瑜一个黄盖。至于方舟子这些科学教，他们就是一群吃不着葡萄的狐狸，拿耗子的狗。

在著名仙友樊馨蔓眼中，李一是"当世少有、能够熟读各类经书，并且亲身实证，证得中国传统文化之不可思议、之伟大的良师益友"③。

可在我们这些凡人眼中，即便只是稍微受过一点逻辑训练的中学生，也能看出这句话的纰漏。第一，"当世少有"是怎么统计出来的？第二，所谓"熟读"的标准是什么？第三，什么叫"各类经书"？包含哪些"类"？"经"的入选标准是什么？第四，"中国传统文化之伟大"如何"亲身实证"？第五，既然是我们浸淫其中、习以为常的"传统文化"，为何又是"不可思议"的？

樊馨蔓说："2005 年我经历了 15 天不可思议的辟谷。这 15 天的过程，与李一道长的朝夕相处，不仅让我惊叹生命的不可思议，更重要的是，我们，当时所有在缙云山修行的人，由此推开了一扇蕴藏了千年宝藏的大门：中国的道文化，佛文化，儒文化。"④

樊馨蔓并不知道自己的无知吹捧从另一方面来说，恰恰藐视和羞辱了中国传统文化，虽然她本意并非如此。且不说释道两家，光儒学一门，就不知道有多少饱学鸿儒终其一生不得真谛。而李一仅仅用了 15 天，居然就为樊馨蔓推开了"蕴藏千年宝藏的大门"。孔夫子一生谨言慎行，不语怪力乱神，要是让他知道三千年后有个细皮嫩肉的妖怪小道士，只需

---

①　何尹凡：《道长李一》，《中国企业家》2010 年第 2 期。

②　唐明灯、邓全伦：《"神仙"李一的"大道"》，《时代周报》总第 91 期，2010 年 8 月 11 日。

③　李颖、麦嘉曦：《弟子欲诉李一索赔 3000 万　李一神话破灭在即》，《广州日报》2010 年 8 月 18 日。

④　樊馨蔓：《拯救灵魂计划 27》，新浪博客"蔓馨樊的博客"，2010 年 8 月 18 日。

半个月就能让一个文学女青年隔空探物般把他儒文化的宝藏给取了去，他得赶紧求求陈真师傅帮他把那"万世师表"的牌匾给摘了劈了，拣两块豆腐一头撞死去。

虽然樊馨蔓恐怕连"传统"两字是什么意思都不知道。但她这种大惊小怪的表述方式倒是古往今来的文艺青年们所惯用的，拍案惊奇，含糊其辞，似是而非，基本上只是用来表达一种嗟叹的情绪，不能说明任何问题。如果樊馨蔓家里有本《辞源》，顺手翻一翻，她就知道中国传统文化中甚至根本就没有现代意义上的"传统"这个词。

可是，樊馨蔓却自信而倨傲地说："我是中央电视台的记者，大家不听我的却听路人的，有什么办法？"在博客中她还写道："我一直不接受任何媒体的采访，除了我非常信任我自己是中国最大媒体的记者，以我们一贯以来'公正，平等，求实，前卫'的职业要求，分秒不敢放松自己的言行所为。"① 这话虽然有点语法错误，但意思还是明白的："因为我是央视记者，所以我代表着公正、平等、求实、前卫。"

樊馨蔓第一次上缙云山的第一顿晚餐，就看见了许多"奇怪的人"。据樊馨蔓描述："还有一个人，几乎是佝偻着身体，那缓慢移动、瘦弱的样子，好像是几把骨头很不牢固地交搭在一起，随时要散架。他的样子太可怕了，我们所有的人都不约而同地看着他。他拿着一个饭盒，径直地移动到了厨房里面。"樊馨蔓不禁对这个人的身份感到了好奇，旁边有人告诉她："是香港来的一个病人，晚期淋巴癌，来的时候已经骨转移，不能够行动。在这里有几个月了，现在好多了，能够自己走动，吃饭，还能够自己洗衣服了。"

樊馨蔓的同伴问李一："这样的病人你们也敢接啊？能够治好吗？"李一只是轻轻地答道："原则上我们不接这样的病人，因为我们这里的目的并不是收救病人。但是人啊，总是在不知不觉中错过的东西太多了。人要有觉悟，一个有觉悟的人是不会让事态发展到这样一步的。能够来

---

① 张书舟、付璨然：《央视导演樊馨蔓　被疑是李一推手》，《南方都市报》2010 年 8 月 18 日。

这里是缘分。救人于危难也是我们不能够违背的。"①

　　患者以及旁人的现身说法，以及李一的悲悯情怀，无疑是樊馨蔓的亲眼所见，亲耳所闻。那轻轻的几句话，如同"夕阳中的新娘、波光里的艳影"，带着一轮圣洁的光晕，打在李一的头上，激动了樊馨蔓心头淡淡的涟漪。当然，只有作为事后诸葛亮的我们这些喜剧观众，才能明白那个"香港病人"其实也是李一低薪租来的群众演员。

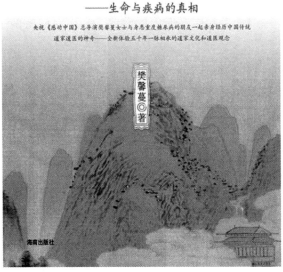

图11—2　樊馨蔓著，海南出版社于2009年推出的"纪实"著作《世上是不是有神仙——生命与疾病的真相》，封面设计颇有些神色仙气。资料图片。

---

　　①　樊馨蔓：《世上是不是有神仙4》，新浪博客"蔓馨樊的博客"，2009年1月9日。

面对司马南以及媒体记者的质疑，樊馨蔓愤怒地回击说："你是不是可以来调查和了解一下呢？我这么大力气做了，是因为我深知传播的力量，我是记者啊，中国最大媒体的记者。司马南先生，你要进步。不要胡子长短地八卦。你要学会穿透现象，直抵本质。这个本质是被岁月沧桑地掩盖了几千年的中国传统文化。"①

樊馨蔓的可怜之处在于，所谓的"传统文化"或者"本质"这类东西，虽然是她最热衷、最崇拜的，但恰恰又是她最陌生、最隔阂的。正如1980年代曾经的学术界风气一样，许多人往往把自己读不懂的文章认作好文章。不过，那个时候的风向是"崇洋"，而现在的风向则是"拜古"。樊馨蔓正是当代文化风潮滋养下的一名拜古女。不懂导致心虚，心虚滋生敬畏，正是出于对"传统文化"的敬畏，樊馨蔓将这种炽热的情感移情于"中国道文化"的杰出代表李一道长。

樊馨蔓说，她们第一次跟着李一准备"用电检查身体"的时候，一进电疗室的门就被里面那种"看不大懂"的氛围给镇住了："这像是一间会谈室。一组沙发圈围在旧旧的白墙下，面对门有两扇窗户，窗外大约一尺远也是一堵鹅黄色的墙，在房间灯光的映照下，看见上面同样是一些奇特的线条，图形，和密密的我们看不大懂的中文字。"②看到这架势，可爱的樊馨蔓居然紧张得"双手不停地往牛仔裤上蹭湿漉漉的汗"。

大概是捏准了这些传统文化爱好者的软肋，李一特别擅长讲述各种"道医胜过西医的故事"，让这些传统文化爱好者大受鼓舞，将之引为爱国知己、视如世外高人，从而进一步加强了对于中国传统文化的崇敬和热爱，同时也加深了对于李一的信任和皈心。

可是，明眼人一眼就能看出这些无从对证的故事是多么的荒谬。

> 道长："去年我受到德国一个城市的市长邀请，去给他们的一个政府项目作'堪舆'咨询，到德国我才知道，德国代表的西方社会，

① 张书舟、付璨然：《央视导演樊馨蔓 被疑是李一推手》。
② 樊馨蔓：《世上是不是有神仙5》，新浪博客"蔓馨樊的博客"，2009年1月11日。

他们现在对中国的中医，中国人讲究的经络学，特别的在意了。他们告诉我，他们已经投入了巨资研究中国的医学。"

问："请你去给德国人堪舆？"

道长："是啊，就是看风水。到了德国之后首先市长本人的病被我检查了出来，他非常的吃惊，因为我没有运用他们德国非常先进的任何一种医疗检查手段，只是用了我带去的一根电线。然后他们就做了一系列的活动调整，马上组织了他们的医院啊，国家医药课题组啊，医生博士啊，和我一起交流。"[①]

李一太不了解德国了，他以为德国的市长是中国的市长，一个行政电话，马上就能组织起"他们的医院、国家医药课题组、医生博士"全都屁颠屁颠跑来听一个中国"道医"的胡说八道。就算你李一再加十根电线，借给德国市长十倍的神力，他也不可能拥有马上组织国家医药课题组来跟你"一起交流"的行政力量。

话说到这里，忍不住还得向读者贡献两则笔者本人接受"气功疗伤"的小故事。

一个是 1990 年前后的事，我摔伤了手，朋友给我请来一位气功师。气功师让我把手半举着，隔着一米给我发功，发了半天功，累得满头大汗。大约僵持了十几分钟，气功师收气，问我："好多了吧？"我的手已经举得酸痛无比，实在是不想再举了，加上不忍拂了朋友的一片好意，只好说："好多了。"朋友高兴地问："真的好多了？"我说："真的好多了。"气功师兴奋地说："动一动，甩一甩。"我为了证明真的好多了，只好动一动甩一甩。除了我的手变得更酸痛，其余皆大欢喜。这个故事后来被我的朋友当作该气功师隔空疗伤的著名案例，讲述了许多年。

第二则是 2008 年的事。因为过度使用电脑，我的肩周炎越来越厉害，某天应我的前老板郭鹏辉之约，和几位社会名流一起吃饭，他请了一位著名气功师来治腰痛。那位气功师给他发完功，毫无征兆地突然冲着我

① 樊馨蔓：《世上是不是有神仙 11》，新浪博客"蔓馨樊的博客"，2009 年 1 月 25 日。

说："你有肩周炎。"我说："是。"我一点也不奇怪，因为我之前给过他名片，干我们这行的，肩周炎、颈椎病，这都是职业病。可是郭鹏辉却立马奉上赞叹："真是神医啊！一眼就看出来了？来来来，他是我好朋友，你帮他也治一治。"就这样，十几年前的遭遇再次降临在我的肩上。气功师把我折腾得死去活来，发完功，问也不问，直接拍拍我的肩膀，说："根除了！三天之后炎症全消。"

有过这样的遭遇，我就一直怀疑，类似于马云、杨锦麟、窦文涛、梁文道、王鲁湘、王菲、李亚鹏之类的"仙友"们，是不是也像我一样，都是"被道医"的朋友。

三　李一的修仙"道"理

即使在"倒李"记者的笔下，也反复提及许多人对李一的这样一种评价：聪明，记忆力好，喜欢读书，知识面宽，勤于思考。李一确实很聪明，自从被疑诈骗、强奸、偷漏税等诸项罪名以来，就一直宣称"闭关"，拒不见客。媒体得不到新资讯，进一步的炒作就受到局限。

2010年10月29日，笔者曾专程前往缙云山绍龙观，试图拜会李一。此时的绍龙观已经非常冷清，笔者只见到几位面无表情的道姑，她们对于笔者的提问一概不答，甚至对于观内拍照的请求都予以拒绝。道观不算宏大，建筑也很粗糙，与人们想象的著名道观相去甚远。但是，从四处可见的各种规章制度如《进庙须知》《绍龙观道众守则》《绍龙观清规榜》《进香须知》等各种文件来看，李一应该是个勤于管理的企业家。在某个过道上，还钉着一个"缙云山大家庭道风道纪评议箱"，估计是起纪检作用的。

由于李一拒不见客，目前有关李一的各种资讯大多是间接资讯。对李一的描写最直接也最细致的，还是樊馨蔓关于生命问题的系列博客。樊馨蔓记录了大量有关李一仙师和绍龙观仙友的"道理"对话，颇似一本"现代论语"。

在没有其他一手材料的基础上，我们首先预设樊馨蔓的记录都是真实的，然后从樊馨蔓的记录出发，来认识李一和他的仙友们。

图11—3　本准备大兴土木扩建、兴建的各种养生堂馆，因媒体的打假而中断。曾经门庭若市的绍龙观，一夜之间变得门可罗雀。施爱东摄，2010年。

看过《鹿鼎记》的朋友都知道，韦小宝说谎有个诀窍："一切细节不厌其详，而且全部真实无误，只有在重要关头却胡说一番。"这是他从扬州妓院学来的法门。

李一就是现实版的韦小宝。比如，他说："很多人年年都体检的，但是在病形成的那么长时间里面还是没有能够被发现。现代医学还在成长。"这是很实在的大实话，关键是，大实话的背后，隐藏着关键性的不实话。我们来看看他是如何解释"用电检查身体"的。

道长："我采用的是道家的方法给你们检测。我用的这个方法是属于现代医学之外的一个体系，不同于你们熟悉的医院检查。道家的这种方法，在目前，依然填补了现代诊断学的一个空白。如果用在治疗疾病中，可以治疗很多的疑难病症。"

问："现代诊断学有很多高科技诊断手段啊，一整套完整的数据分析，而你，只用一根电线？"

道长："是，工具只有一根电线。诊断的不是电线。当代的很多东西，与道家文化相比，都是很年轻的。我为什么说'填补了现代诊断学的一个空白'呢，因为它填补的是'现代诊断学无法诊断'的空白。现代诊断学有一个非常无奈的问题，就是虽然大部分的病都是能够治愈的，但是现代医学的诊断跟不上。如果一个人的病在早期能够被及时检查出来的话，这个人完全可以通过现代医学手段被治愈，问题是许多疾病在器质性病变前检查不出来。一旦能够被诊断出来'有病'，诊断出来的时候就已经晚了，属于事发之后。所以现代诊断学在我们说来，叫做事后诸葛亮。体检也一样，体检能够基本察觉到一个人当时的基本状况，但是却不可能知道这个人未来的状况。而我用的这个传统方式的诊断，能够诊断出既有的疾病——你已经得的病，也能够诊断出你潜伏期的疾病，你未来身体的状况。"

道长和患者各拿一根电线，道长用左手捏着，手搁在左腿上；患者右手捏着，右手放在腰间。道长嘴里念念有词，双目微闭，右手中指和食指并排竖着，不断从空中拉回到胸前、再划到空中……我听见好像是骨头的"嘎嘎"响声。①

谎言就像肥皂泡，一触即破；若有一些真话夹进来，半真半假，那就像气球了；如果能做到细节全部真实无误，感觉起来就会像足球，即便用脚，也不易踢破。李一是个聪明人，使用了大量的现代医学用语来包装他的"道医理论"。李一的话，大多数符合普通人的医学想象，很容易为一般人接受，但恰恰就在当你放松了警惕，以为句句在理的时候，他悄悄地夹带植入了他的最核心却最荒谬的理论。我们再来看看李一是如何解释灵魂存在的。

道长："修行是东方的实证科学。我们东方的实证方法早就实证了灵。西方人也一直在通过实践，比方说给灵魂称重量的方式来寻找灵魂。与我们不同的是，他们只是在客观地描述这些东西，

① 樊馨蔓：《世上是不是有神仙5》，新浪博客"蔓馨樊的博客"，2009年1月11日。

比如给灵魂称重量啊，做灵体的造影啊，通过这些方面证实它的存在，还没有形成、达到主动的沟通。证实存在，与沟通还是两个方面。"

问："人和灵的沟通，怎么能够证明？"

道长："你们所信任的科学，对于灵魂从物质意义上的证明应该有了大量的探索成果。作为沟通的方式，那是一个很复杂的过程。我们现在的科学不断探索灵魂的存在就已经是一个很大的进步了，而存在的灵魂怎么和我们沟通呢？那是一个实证的过程，是我们东方人的事情。"

问："灵魂是什么？是另一种形式的物质吗？"

道长："一定要用现代语言表述的话，勉强地可以说灵魂是信息。"

问："道长你真的认为是有灵魂的？"

道长笑："这不是我认为的事情，这是另一个空间的事实啊。换一种你们认为比较科学的说法：灵魂是存在于不同空间的一种现象。是我们生活在三维空间的大部分人无法感觉和想象的。"①

李一具有很强的外交天赋，善于迂回答问，形式上回答了你的问题，实际上没有提供任何实质性的内容，反倒从你的问题中导出了他自己的观点，牵着你的鼻子走。类似这种似是而非的奇谈怪论，特别易于蒙骗像樊馨蔓这种有点文化、有点闲钱、有点浪漫，当然身体也有点毛病的人。

李一的"会做人"也表现在他的"会说话"上。正如那位原重庆市领导所欣赏他的，周至清到处告他，他却从不说周至清的坏话。尽管不断有人用现代科学质疑李一的"道医"，可李一却从来不用自己的"道理"与听众既有的科学知识发生对抗，而是拿来主义为我所用，善于用现代科学术语包装他的荒谬理论。

---

① 樊馨蔓：《世上是不是有神仙 6》，新浪博客"蔓馨樊的博客"，2009 年 1 月 13 日。

　　道长："从另一个角度，我们看以现代西方为核心、为代表的科学发展，表面上是现代的物理学、化学、生物学等等一切的学科的高度完善，似乎得到了空前的发展，但是实际上，他们发展的成绩到目前，还没有超越对中国传统文化进行解码。就像我和德国人说的那样，道还是道，只不过你们到今天为止掌握到的系统论、泛系理论、控制论，还有信息论，包括你们到今天为止出现的混沌论、相对论，还有力学、波粒二象性、物质、反物质、暗物质，这些东西都没有超越对中国传统文化的解释，而且恰好都是完全的用来解释中国传统的文化和哲学。比如像他们发明的红外线成像技术，和声纳（呐）接受仪，终于可以依靠这个新的科学成果来证明几千年前我们说的经络的存在，他们仪器的成就在这一个问题上，仅仅是为了说明我们中国传统文化中的一些东西，把这些东西变成为能够普及大众的一个公式。以此类推，可以很多。"①

　　进入 21 世纪以来，中国国力增强，民族主义抬头，以及随着文化多样性观念的反复提倡，那些曾经被推倒被否定的文化形态重又披上各种彩衣，回到了我们的生活舞台。李一顺势而起，免不了也得唱唱扬我国威的俗调调，讲些让樊馨蔓这些迷恋"传统文化"的爱国者们爱听的话。

　　道长："这正是我们传播中国传统文化需要做的事情。我们对科学有多少的了解呢？我们对四千七百多年历史的、中国古老的道文化，又有多少了解呢？大家习惯说'怎么怎么不符合科学'，但是道文化所产生的知识结晶——如果我们只能用知识来指代的话，却已经在四千七百年的历史长河中被反复地实践和论证了；大家自以为了解和信任的近现代科学，在中国古老的文化面前，只是一个仅仅几百年的小孩。一个几百岁的小孩站在一个四千七百年的面前，不是幼小得像是婴儿吗？我们指望一个婴儿能够告诉我们什

---

① 樊馨蔓：《世上是不是有神仙148》，新浪博客"蔓馨蔓的博客"，2009 年 8 月 13 日。

么呢?"①

这个比喻很有意思,许多人很欣赏。可这种比喻是最没有逻辑的。这段话中,处处都是漏洞。

首先,无中生有。中国直到汉代才有道教的雏形,李一所谓的四千七百多年,不知从何而来,又从什么事件开始算起,反正瞎编一个足够大的数字,仙友们也听不懂。

其次,指鹿为马。把中国文化史偷换成了道文化史。李一所谓的"道文化"是个无法界定的、海市蜃楼般的模糊概念,适合用来指代各种游移的概念。

第三,瞒天过海。"实践"与"论证"完全是两回事。如果实践过就能被证明,那裹小脚、蓄长辫还被"论证了"好几百年呢,难道今天还得恢复女人裹小脚不成?

第四,无效类比。且不说文化的有效性是不是可以用存在的时间来衡量,光是类比的随意性就决定了类比的无效。试想,既然李一可以把一百年比作婴儿,把一千年比作成人,那么,张三当然也可以把一百年比作朝气蓬勃的少年,把一千年比作垂死挣扎的老人。李一根本无法证明他的类比就一定比张三的类比更合理。

可是,仙友们不会这么想,在仙友眼中,李一已经罩上了一圈神秘的光环,这种光晕效应决定了仙友的理性被局限。就算有漏洞被仙友们看破了也无妨,聪明的李一早就为自己的漏洞埋下了重新阐释的伏笔,他非常睿智地指出:"语言是非常危险的东西,因为语言难以表达清、难以表达尽我们真正要表达的意思。只要我说了,我的语言就会有漏洞,因为语言就是一种非常有局限性的表达。"② 这段"道可道、非常道"的现代版本,既承继了《道德经》的东方智慧,又掺入了"后现代"的学术思潮。李一的学识、智慧确实远在樊馨蔓之上。

---

① 樊馨蔓:《世上是不是有神仙9》,新浪博客"蔓馨樊的博客",2009年1月20日。
② 樊馨蔓:《世上是不是有神仙141》,新浪博客"樊馨蔓的博客",2009年7月30日。

图 11—4   《三联生活周刊》2010 年第 35 期推出"李一专刊"，特别策划《从绝技大师到养生大师：李一道长的买卖》。施爱东翻拍。

四   樊馨蔓的真诚

李一道高一筹的智慧和狡诈，彻底征服了他的"三万仙友"，所以樊馨蔓认为，只有李一才是真正掌握着解读中国传统文化钥匙的那个人，樊馨蔓激动地说："他就是杂技团出生，怎么了？即便所有针对于他的污浊是真的——但是我不相信——怎么了？"①

樊馨蔓这句惊天地泣鬼神却毫无力量的辩护词，遭到了广大网民暴风骤雨般的炮轰。相比之下，还是马云的评价中允些：李一不是神也不是鬼，他是人。同样，樊馨蔓也不是痴不是傻，她是真。我更愿意相信

①   樊馨蔓：《生命如此 2》，新浪博客"蔓馨樊的博客"，2010 年 8 月 17 日。

樊馨蔓的真诚，她真诚地相信李一，她真诚地相信自己所亲眼看到的，错只错在她的善良和轻信，她不知道亲眼看到的也会是假象。

李一造假，显然受利益驱使，而樊馨蔓为之鼓与呼，却看不出有什么利益因素。樊馨蔓真心实意地热爱中国"道文化"，尽管她并不清楚"道文化"到底是什么样的一种东西，但她有一颗热烈的爱屋及乌的爱国、尚古、崇敬传统文化的赤子之之心。樊馨蔓痛心疾首地警告世人："诋毁李一，受损的也是好不容易巍然而显现的中国道家文化。我心疼！我们的家底啊！"①

在李一的光环还没消褪的阶段，樊馨蔓的中央电视台《感动中国》总导演身份还是很有号召力的。可是，到了李一外衣脱落、众口铄金、落井下石的阶段，无论樊馨蔓是否至真至诚，她的逆潮流而发的呐喊都已经无法激起任何共鸣，难怪这时候的司马南胆敢用调戏的语气揶揄她："这位杭州女子长得很有味道，可是有点邪门儿。"②

五　仙界道统的现代营销守则

本章行将结束的时候，总结几条"仙界道统"的简单守则，与未来的仙师们共勉：

1. 自古以来，方士必备绝技，绝技必有说辞。用现代话语表述就是：第一，得学会玩点魔术；第二，要懂得用仙话包装魔术。

2. 自古以来，仙师必须培养一批忠实粉丝，而且粉丝中必须有权贵或金主。有贵人相助才能扶摇直上。

3. 自古以来，仙师必须勤奋好学。掌握和发明一批仙业术语，是应对仙友质疑的最佳手段。仙师既要懂得仙友已经掌握的知识，还要懂得仙友未能掌握的知识，如此才能在似是而非之间，说得出有玄机的话，显示仙师本色。

4. 自古以来，仙师必须口才好，胆子大，能吹，敢吹，还要敢打

---

① 樊馨蔓：《生命如此 2》。
② 张书舟、付璨然：《央视导演樊馨蔓 被疑是李一推手》。

包票。

5. 现代仙师，可以在电视上作秀，但切忌在纸媒上现形。电视观众的文化层次相对较低，好忽悠；纸媒读者的文化层次相对较高，不好忽悠。另外一个更重要的原因是，就目前的技术手段来看，像方舟子这样一些喜欢揪神仙辫子的现代钟馗，还停留在依据"白纸黑字"来证伪的低级阶段，他们目前还没有发展到依据电视语录或电视介绍来打假的高级阶段。所以，借助电视传播，可以更有效地规避方舟子之流科学教的关注。

6. 现代仙师，不要因为前仙的失败而丧失修炼的信心，要相信传统文化，相信传统土壤，相信在中国这个大林子大市场，一切皆有可能。虽然李一失败了，可是，前仙张果成功了，陈抟老祖成功了，历史记载了大量的成功仙例，要善于总结经验和教训，前赴后继，继往开来。2010 年年初，被媒体尊称为"中医食疗第一人"的张悟本童鞋栽倒的时候，我就曾经笑着跟朋友们说："很快会有下一个张悟本站出来。"原因很简单，对现代科学的畏惧感还没有消除，对西方文化的抗拒力正在加强，盲从盲信民间秘方的文化土壤还很肥沃。

7. 野火烧不尽，春风吹又生；倒下张悟本，还有后来人。同样的道理，术士玩完，江湖仍在，李一倒了，王二麻子在雄起，张三李四在准备。

（本章原题《国产仙师与仙友：李一和樊馨蔓们》，原载杨早、萨支山主编《话题 2010》，生活·读书·新知三联书店 2011 年版，收入本书有修订。）

附录　李一最大的败笔是越界染指"科学"

【吴真（中国人民大学文学院）】假设李一是个真正的道长，那么他应该把自己视作制度化宗教里面的宗教人士，他所说的一切，是宗教话语，不是给你判断真假的，是让人信仰的。可是李一非得把自己包装成道家，一位有思想的贩卖人生哲理的道家哲人。道家也就罢了，这世间也就是多一个南怀瑾，可是，他还要靠看得见摸得着的"道文化"来赚钱，办养生班之类的，既卖心灵鸡汤，又治身体顽疾，双管齐下。道文化还不够，还得按你文章所指出的，把中国文化史偷换成了道文化史。李一之牛，在于他从宗教之道教一下跃进到了宏大的中国文化。

【施爱东】可是，如果他不这样包装自己，他吸引不了樊馨蔓这样的信众，他也赚不到钱。

【吴真】钱是肯定能赚的，如果李一像大部分的正规道士那样，做一场法事，收一回钱，可能就没你们这些质疑的。因为这是道教。所以我觉得你文章提出的问题，其实是搭上了当下中国宗教的一个脉。

【施爱东】我不大同意你说的正规道士就是做做法事而已，你们道内如何界定正规道士，那是你们的事，但我作为一个旁观者，我无从分辨真道士假道士。全真也罢正一也罢，所有道士的劣迹，我都会算在你道教身上。因为对于我来说，你李一受了箓，当了全国道教协会的副会长，我怎么可能把你当作非正规的道士？在我看来，你们道教界，自古以来就是一团乱相，张三李一王二麻子层出不穷。我之所以说李一是最传统的中国道长，是中国道教传统的一个侧影，也是从这个角度说的。

【吴真】你的角度其实就是自古以来那些书写历史的儒生角度。所以你总结李一的成长道路，当然与自古以来的道士道路，是一样的了。宗教在中国历史上，什么时候不是"佞"字在前？儒生所写"二十四史"的"方伎传"里，宣传和尚道士的好事迹，少之又少。

【施爱东】一旦说到历史书写，那就是一个永远扯不清的大题目了，先放下这个话题，照你原来的思路说吧。

【吴真】你文中说到："樊馨蔓也不是痴不是傻，她是真。我更愿意相信樊馨蔓的真诚，她真诚地相信李一，她真诚地相信自己所亲眼看到的，错只错在她的善良和轻信，她不知道亲眼看到的也会是假象。"我从李一以及其仙友的报道和描述中看到一个有趣的事情——去宗教化。如果我们承认樊馨蔓们的真诚，是一种宗教的虔诚，个人心灵的皈依，那么作为一个容忍多元宗教体验的现代社会，我们应该也容忍她们的肝脑涂地。可是现在问题是，李一，还有樊馨蔓，根本不说这是宗教体验，非得把这些"神化"为中华文化。这就让你还有方舟子有了口实了。

【施爱东】有道理。

【吴真】在宗教体验的世界里，不存在真假问题，只要信仰者自己认为真，别人应该理解这种"真"。可是李一的学说，恰恰去掉了宗教的外衣，他非得宣称这就是传统文化、中国文化，甚至连西方实证都用上了，那就授人以口实了，马上就进入了"科学"与"伪科学"的领域了。所以，我看了你文章最大的感受是：当下中国民众，以樊馨蔓为代表，他们打着传统文化的旗帜去体验宗教，去言说宗教体验。十分吊诡。

【施爱东】我同意你的意见。

【吴真】你在文中提到："李一造假，显然受利益驱使，而樊馨蔓为之鼓与呼，却看不出任何利益因素。樊馨蔓真心实意地热爱中国道文化，尽管她并不清楚道文化到底是什么东西，她有一颗热烈的爱屋及乌的爱国心。樊馨蔓痛心疾首地警告世人：'诋毁李一，受损的也是好不容易巍然而显现的中国道家文化。我心疼！我们的家底啊！'"这段文字，十分到位地体现了这个现状。樊馨蔓非得把李一往文化上造神，其实是害了李一。

【施爱东】如果李一和樊馨蔓只局限在宗教话语内说话，不把它与现代医学和中国传统文化挂上钩，我们也插不上嘴。毕竟，那是你们道内的事。

【吴真】对。要是她坚称，这就是宗教皈依，那谁也没话说。宗教自由嘛！西方至今还有许多教会学校宣称是上帝造人，坚决反对进化论。因为这是他们的宗教信仰。可是他们不会蠢到，还找一些上帝遗存的化石之类来"实证"上帝确实造了人。宗教与科学，永远不可能对话。因此没必要找科学依据来证明宗教神话。李一就是太相信科学了。我看你文章所引用的几个例子，他老是说什么"修行是东方的实证科学"。其实啊，宗教就应该一条道，走到底。李一找科学来贴金，是最大的败笔。

【施爱东】宗教与科学，向来是两套完全不同的话语。同样，西方现代文明与中国传统文化，也是两套完全不同的话语，非要用中国传统文化去压西方文化，论证谁更高明，谁更低级，从一开始就是大错而特错。方舟子是个科学捍卫者，他的思路就是：既然你要跟我玩科学，好，我就用科学来跟你玩。李一道长只是学了几个科学新名词，这些小玩艺，用来骗骗樊馨蔓还可以，怎么能跟方舟子过招呢?

【吴真】是的，从李一的下场，我也看到了中国传统文化，尤其是中国宗教的不自信。当然这一不自信，是从"五四运动"以来就被"赛先生"一路压迫而成的。过了若干年再来解读李一事件，我相信会解读为：宗教与科学的又一场对决。只是这一次，宗教穿着"中国传统文化"的二手服装。

【施爱东】李一本来想用现代科学来重塑和包装传统道教，如果成功了，他可是一代宗师啊。可是，他没想到，纸是不能用来包火的。

【吴真】李一的包装，正如你所说的，除了传统文化，还有所谓的东方文明："大概是捏准了这些文化传统爱好者的软肋，李一特别擅长讲述各种道医胜过西医的故事，让这些文化传统爱好者大受鼓舞，引为爱国知己，从而进一步加强了对于中国传统文化的崇敬和热爱。"在中国古代六朝的时候，西来的佛教大大抢夺了道教的地盘，就有道士写出《化胡经》，试图以道压释，历史过去一千多年，我觉得很有意思的是，东风压倒西风的想法，一再重演。

【施爱东】正因为西风盛了，东风弱了，所以才有必要帮着东风吹口气。李一善于利用当下流行的民族主义话语，他知道所谓的"爱国主义者"爱听这样的话，投其所好。

【吴真】是的，民族主义，传统文化。都是当下最中听的。

第十二章

网络文化中的偶像崇拜与"英雄"生产

——以"韩寒神话"的史诗母题为例

导读

"天才韩寒"的成名史,就其结构来说是一部当代网络英雄的史诗。

在史诗传统中,无论史诗情节如何丰富多元,其结构和母题都是相对固定的。英雄形象主要从英雄成长、英雄人格、英雄业绩三个方面加以塑造。英雄成长一般遵循"特异诞生—孤独童年—迅速成长的少年时代"的生长轨迹。英雄人格中最大的优点是超凡的勇气和能量,最大的缺点是伟大的愤怒及其不可调和的内在矛盾。英雄业绩则固定地体现在征服魔界、征服他族、征服美女三个方面。

在韩寒神话中,这个天才少年曾先后挑战三个越来越强大的"魔界":应试教育、当代文坛、社会政治。韩寒的伟大愤怒与他征服"魔界"的成功业绩紧紧结合在一起,其人格的种种矛盾,以及性别魅力,都是很难以凡人逻辑来揣度的。

维护韩寒神像,就是维护一股以韩寒为核心的年轻力量,维护部分"公共知识分子"的自由主义幻象。

一 韩寒:在你们的视线里,只能看到我羽翼的光芒

2011 年,韩营军师路金波是这样介绍韩寒的:"29 岁的上海郊区青

年韩寒迄今经历了两种身份:一是成绩不佳被迫退学的高一肄业生,二是众所瞩目的大明星。——关于明星这件事,在 21 世纪飞速变化的中国,似乎没有其他一个人,能够保持十年的当红,并且愈演愈烈,以至在 2010 年《时代》杂志评选'影响世界 100 人'的时候,韩寒得票全球第二,领先美国总统奥巴马。"①

用韩寒自己的话说,"在全现今世界的范围内"②,"如果他会说中国话,他就知道我是谁"③。据说只要他在博客上敲一个"喂"字,就会有 70 多万人前来关注。"韩寒的书,就算里面是白纸,我们把它塑封了也能卖 10 万——很多人就是冲着韩寒这个名字去买的。"④

作为"80 后的杰出代表",韩寒身上闪耀着无数的光环,他不仅是中国最成功的赛车手、最具商业价值的作家、最具人气的青春偶像,而且是伟大的人民英雄:"韩寒能恰到好处地把大家想要表达但是不知道怎么表达或者不敢表达的表达出来,四个'表达'充分说明大家的确很需要排解,而这个社会往往又让人便秘,所以大家憋得慌,韩寒响应'人民'号召,顺应民意,成了'人民'的排气孔,所以他是人民的英雄。"⑤

《南方都市报》社论指出:韩寒之重要,源于当今社会的压迫感和社会焦虑,"对那些被死死摁住,呼吸和表达都困难的人,犀利的韩寒就是希望。人们将自己的无力感汇集到一起,推向韩寒,指望他承担起不能承受之重";韩寒之伟大,源于社会太黑暗,我们太猥琐,"因为黑暗太浓太重,韩寒这一点的光就被当作全部的亮"⑥。

人们常常把伟大的英雄比作天上的太阳。当韩寒如日中天的时候,

---

① 路金波:《韩寒:与世界保持距离》,新浪博客"路金波",http://blog.sina.com.cn/lujinbo,2011 年 4 月 11 日。

② 2012 年 2 月 5 日韩寒发给石述思私信中的句子,该私信常常被借以说明韩寒的真实文法水平。土豆独家专访:《石述思独家爆料韩寒私信:"方韩大战"无真正赢家》,土豆网,http://www.tudou.com,2012 年 2 月 7 日。

③ 崔木杨、周亦楣:《"寒门"父子兵》,《新京报》2012 年 2 月 9 日。

④ 吉颖新:《路金波:作家是我的摇钱树》,《中国企业家》2008 年第 21 期。

⑤ 彭一笑:《标题党:韩寒的门下走狗》,妙不可言编著《我们想和韩寒谈谈》,21 出版社 2011 年版,第 122 页。

⑥ 南都社论:《热闹的韩寒,寂寞的韩寒》,《南方都市报》2010 年 4 月 11 日。

有韩粉以"当代韩寒"的名义创作了一首《我就是太阳》:"我就是太阳,我的心里充满了阳光;我就是太阳,我的全身充满了力量……"① 当韩寒受到质疑的时候,有韩粉旗帜鲜明表忠心:"希望韩寒能活的更好,他正是我们的太阳,还在升起的太阳。韩寒,我相信有一个人想害你,就有一万人想要保护你。"②

太阳象征着光明和力量,太阳是一种刚性需求,正如著名网文《韩太阳(韩寒)的升起》所说:"中国有太阳的升起,这也是不以人的意志为转移的,是迟早要升的。不升韩太阳,也会升起冷太阳、热太阳。"③韩寒知道自己就是太阳神金乌鸟转世,所以他对那些质疑他的人说:"感谢所有恨我的人,你们让我充满了动力,我会飞出你们的射程。你们朝天泼粪,只会掉到你们自己脸上。在你们的视线里,只能看到我羽翼的光芒。"④

面对光芒万丈的韩寒,有人郑重宣称:"如果我还有选择,我希望做一条韩寒的门下走狗。"⑤ 人民对寒太阳寄予了无尽的厚望,《新发现》主编严锋甚至认为:"我真的觉得韩寒具有一人决定中国未来的能力。比如,他如果什么时候也写一本《中国真的可以说不》,或者《中国还是站起来吧》,那么天下大势基本上就定下来了。"⑥ 网友为严锋总结的"严九条"中,还有"韩寒当总统都有希望""我们还有最后一个希望,最大一张王牌:韩寒""韩寒极其罕见,先天具有强烈道德感"等著名论断。

2012年1月始,由知名 IT 从业者麦田启动,著名"打假斗士"方舟子领导的网络倒韩运动,试图将韩寒拉下神坛。骄傲的韩粉对此不屑一

---

① 李洪恩:《我就是太阳》,新浪博客"李洪恩",http://blog. sina. com. cn/lihongenblog,2010 年 6 月 20 日。

② 520134xxq:《韩寒,我们不会让你受伤的》,百度贴吧—韩寒吧,http://tieba. baidu. com/p/1524315662,2012 年 4 月 2 日。

③ 石介中:《韩太阳(韩寒)的升起》,天涯社区—天涯杂谈,http://www. tianya. cn,2012 年 2 月 3 日。

④ 韩寒:《〈光明和磊落〉:我的手稿集》,新浪博客"韩寒",http://blog. sina. com. cn/twocold,2012 年 1 月 25 日。

⑤ 彭一笑:《标题党:韩寒的门下走狗》,第 118 页。

⑥ 新浪微博"严锋",http://weibo. com/yanlaoge,2011 年 7 月 18 日。

顾："老方试图毁掉或者动摇我以韩寒为偶像十多年建立的人生价值观，他在做白日梦。大家团结起来，非得整姓方的满地找牙不可。"① 在韩粉心中，太阳温暖大地，这是不可质疑，不会动摇的。

图12—1　2010 年前后，韩寒是作为中国新青年的代表出现在各大中文媒体的，以韩寒头像做封面的报刊不计其数。施爱东截图，2018 年。

二　神异的出生，孤独的少年

《韩寒 H 档案》是这样描写韩寒出生的："从太空俯瞰中国……王国维、鲁迅便出自这里，从王国维的故乡海宁市沿着杭州湾的北岸东行，就来到了上海市金山区，韩寒就出生在这里。"② 看见没？鲁迅韩寒王国维，一脉相承，三位一体，英雄的神性和命运都是上天早已安排好的。韩寒和鲁迅最大的同质处，在于他们都是黑暗社会的一线光明："韩寒不是山寨版的鲁迅，鲁迅不是中年版的韩寒，他们不过是同一座阴暗庙宇中的灵童转世轮回。"③

按照史诗惯例，灵童转世，总是需要一位平庸的父亲作为其下凡的

---

① 新浪微博"流芳的哥"，http://weibo.com/u/1723927583，2012 年 1 月 28 日。
② 王帆：《韩寒 H 档案》，万卷出版公司 2010 年版，第 2 页。
③ 谢轶群：《韩寒何时会 out？》，新浪博客"谢轶群的 BLOG"，http://blog.sina.com.cn/anhuixyq，2010 年 5 月 13 日。

依托。这位平庸的父亲就是韩仁均。作为英雄的"作家韩寒"是先于"肉体韩寒"而存在的——韩寒，本来是韩仁均自己"很得意的笔名"①。也就是说，早在韩寒出生之前，韩仁均就用笔名韩寒发表了许多文学作品，甚至有些作品还获得全国性的征文大奖②，借用韩仁均的一句话说："在文学这条道路上，韩寒抄了一条很近很近的奇迹般的近路。"③ 这大概也算是英雄的神异出生吧。

韩仁均是上海《故事会》的作者，而韩寒又是韩仁均的笔名，所以韩寒与《故事会》就有了天然的联系："小学的时候，韩寒经常'创作'一些笑话，并在《故事会》和《故事大王》上发表过几则小幽默和笑话。"④ 这大概是韩寒文学天赋的最早显现。

史诗英雄必须是特异生长的，为了让英雄能独立自主地创建一番丰功伟绩，最好的办法就是让父亲退隐，如果必须依托一位俗世的父亲，这位父亲也一定是平庸、贫贱、无助的。史诗不允许英雄被父辈的光环所笼罩，英雄是特立独行的，正如《江格尔》所唱："在他上面，没有抬举他的父兄，/在他下面，没有辅佐他的亲人。/在家族中他是独生子，/在阳光灿烂的大地上他是孤儿。"⑤ 在韩寒成长史中，各种叙事都刻意塑造了韩寒"是一个没有任何门路，没有任何社会关系的学生"⑥；塑造了韩父的种种无奈、无助，正如韩仁均自述："我认识的朋友中，职位最高的也只是处级干部吧，我帮不上韩寒什么，以后只有靠他自己。""我可以这么说，一切能够靠钱靠关系靠舞弊能获得的好处，都不会轮到我们先得到，我们甚至连号都排不上。"⑦

缺少有效庇护的英雄一般都有艰苦的童年。韩寒初中的时候，一家

---

① 韩仁均：《儿子韩寒》，万卷出版公司 2008 年版，第 1 页。
② 有网友专门做过此类统计工作，可参考杨宏伟《韩仁均打酱油记》，新浪微博"司马 3 忌"，http：//weibo. com/138057119，2012 年 6 月 4 日。
③ 韩仁均：《儿子韩寒》，第 56 页。
④ 韩仁均：《儿子韩寒》，第 2 页。
⑤ 仁钦道尔吉：《〈江格尔〉论》，内蒙古大学出版社 1994 年版，第 247 页。
⑥ 韩寒：《我写下的这些都可以成为呈堂证供》，新浪博客"韩寒"，2012 年 1 月 29 日。
⑦ 韩仁均：《说说我自己》，新浪微博"韩仁均叔叔"，http：//weibo. com/u/1443511045，2012 年 1 月 27 日。

人"借住在亲戚家一间空房间里，条件很艰苦"①，晚上不敢开电视，房间没有卫生间，天天得去弄口排队上公厕。"几十年来，韩仁均始终是一位谨言慎行的父亲，每当儿子与外人发生争执，他都会先从儿子身上找问题。认识韩仁均的人会说，这是一位外厉内慈的父亲，他既会因为儿子不吃奶粉煮鸡蛋发火，也会为邻居状告儿子偷草莓大打出手，尽管他知道儿子是被冤枉的。'我们没有任何背景，他必须老老实实做人。'但这并不影响他在深夜里起来陪儿子去室外上厕所。"②

韩寒的少年时代充满坎坷。"一名村民说，韩寒小时候学习成绩不好出了名，经常考试不及格，挨打也是家常便饭。'他在前面跑，他爸在后面追，村上的人则跟着在后面拉。'""总之就是一个问题青年。"③ 韩寒刚进松江二中时，在同学面前自许是个写文章的人，可是在同学眼里，韩寒就像一个又黑又瘦的难民："他入学是以体育特招生的身份，这意味着在这所知名重点中学，韩寒的地位相当地不高；这也意味着一整个夏天，他做的唯一一件事就是跟着田径队在炎炎烈日下一圈一圈地跑。"④

英雄从来都是孤独的。"他的初中三年实际上过得并不愉快，更多时候他的少年生涯是作为差生被其他人见证着——上课走神，不守纪律，不交作业，生活邋遢，有时候甚至连作业本都能不翼而飞。如今老师们自然不再说他'坏话'，但是实际上有一段时间，作为一种惩罚，少年韩寒被老师单独拎出来，一个人坐在讲台边上，背后是整个班众目睽睽的目光。""差生韩寒在当时给家人带来的更多是无尽的压力，在朋友和邻居那里抬不起头来，家里有个上课不听讲、考试不做题的'小流氓'从来不是件风光的事。"⑤

这种寒门、差生、屌丝、孤独的苦难叙事一直追随着韩寒。他的《写给每一个自己》说："我出生（身）是纯正的上海郊区农村屌丝，无权无势，白手起家……朋友们，愿你带走我身上你们中意的那一部分，

---

① 韩仁均：《儿子韩寒》，第 33 页。
② 崔木杨、周亦楣：《"寒门"父子兵》。
③ 崔木杨、周亦楣：《"寒门"父子兵》。
④ 陈鸣：《差生韩寒》，《南方周末》2012 年 3 月 28 日。
⑤ 陈鸣：《差生韩寒》。

踩两脚讨厌的那部分。当你站在城墙上，拥抱着你所喜爱的那部分，回头看到人群里背身远去那个叫韩寒的家伙，不妨说一句，那个人样子好怪，他好像一条狗诶。"① 这些忧伤的文字极富感染力，许多韩粉都在评论中表达了"想哭"的冲动。

在网络话语中，贫寒、屌丝都是一种象征资本、权力标签。因为你是屌丝，所以你代表了弱势群体，你愤怒有理、骂人有理，你掌握着话语霸权，你无所畏惧。盛名之后的韩寒，虽然实际生活奢靡无度②，却常常自称屌丝，时不时还得诉说钱不够花的痛苦："我租办公室的时候在看《上海楼市》，发现上海的房子大部分我都买不起。我在写东西的人里面，收入算比较高的了。在一个这么大的国家里，居然连一个城市的普通公寓楼买起来都很吃力。我觉得不应该这样。"③

韩寒政治资本的最大欠缺，是从未受过政治迫害，平时和朋友在一起，也就是"打打麻将、踢踢足球、捏捏脚"④。可是，媒体需要一个"受迫害"的英雄，怎么办呢？无奈之下，只好合力将韩寒塑造成一个"虽未受到迫害，定会受到迫害"的孤胆英雄。"南都社论"是这么说的："像陈丹青所言，他孤立又孤单。当所有人都把自己托付给韩寒时，一定是他最孤立无援的时候。"他们撰述一些无从稽考的故事，以此证明"韩寒是落寞的，他始终是一个人在战斗"⑤，媒体人石扉客说："一次在北方某地碰到'有关方面'的人，对方说他们也一直在研究韩寒，结论是暂时不会碰他，但要警惕，因为韩寒和艾胖子之间，'已经只差这么一丁点距离了'。到了2011年的4月17日，胖子已经进去了，网络上流传一篇署名韩寒的博文《再见，艾#未#未》。我发短信给韩寒核实，韩回复不是他写的，是仿的，理由是'虽然和我左小都很关心未未，但发表他的名

---

① 韩寒：《写给每一个自己》，新浪博客"韩寒"，2012年4月5日。

② 路金波曾经这样解释韩寒四年花掉1700多万元的高超本领："他买套房，给他爸妈买套房；他妈妈买张床也要17万；五六个女友一人一张信用卡；今天买辆跑车，半个月后不喜欢了，折价卖掉。"（困困原作，戴维缩写：《路金波：是他"炮制"了韩寒》，《都市快报》2011年10月5日）

③ 马一木、张诗尧：《韩寒："他们的时代过去了"》，《时尚先生》2009年第5期。

④ 吉颖新：《路金波：作家是我的摇钱树》。

⑤ 南都社论：《热闹的韩寒，寂寞的韩寒》。

字要经过审核的，一般发不出去。'"①

　　韩寒周围簇拥着千百万的粉丝，为了说明这也是一种"孤独"，只好将正面的支持力量说成负面的逼迫力量："比韩寒大很多的前辈们，许多带着假惺惺的关怀，跟在韩寒的背后，美其名曰坚实的拥趸。只是大多数人没发现的是，这些背后的拥趸所形成的力量恰好是一堵结实无比的墙，在韩寒的背后是没有退路的。他必须硬着头皮一直往前走，哪怕是头破血流也罢。"② 由此可见，韩寒的孤独确实是凡人无法理解的伟大孤独，用媒体人的话说："普天之下尽是傻逼，率土之滨莫非文盲，满朝文武脑中皆是屎浆。韩少君临天下的孤独，岂是尔等鼠辈能知？"③

图12—2　将韩寒与鲁迅进行比较，是2010年前后的一个非常时尚的网络话题。施爱东截图，2012年。

---

　　① 石扉客：《韩寒十四条》，新浪微博"石扉客"，http：//weibo. com/shifeike，2012年2月6日。

　　② 郑朋：《启蒙时代，80后的成长》，妙不可言编著《我们想和韩寒谈谈》，第22页。

　　③ 易理刚：《韩寒B面：用飞速的轮胎书写》，妙不可言编著《我们想和韩寒谈谈》，第42页。

三 天赋神性，自古英雄出少年

史诗英雄往往具有惊人的成长速度。与奥运会的举重运动员不一样，英雄与生俱来的神奇本领是无须艰苦训练，无须后天习得的，英雄都是天赋神力。格萨尔 11 岁赛马称王；玛纳斯 9 岁策马征战；江格尔更是 3 岁攻克 3 个城堡，4 岁攻克 4 个城堡，5 岁活捉 5 个恶魔，7 岁建立宝木巴国。

早在中学时期，韩寒就已经意识到了自己异乎常人的伟大，他对同学声称："全世界用汉语写字的人里头，钱钟书是第一，我是第三。"韩寒的语文老师彭令凤也认为，她在教学生涯里从来没见过这么早熟的学生："初中开始写作文风就很老练、诙谐，而且他看问题的角度跟同龄人完全不同。"据说其他学生花半小时才能写好的作文，韩寒通常十分钟就写好了，而且接题就做，倚马千言，落笔成文①。

虽然韩寒拥有超人的写作天赋和运动天赋、用之不竭的无穷精力，但这些天赋多是在毫无征兆的情况下突然迸发出来的。据韩仁均介绍，"韩寒写文章的潜能，其实也是在初二时发现的"。韩寒自从在县图书馆读了一些少儿报刊之后，突然就像"博仲"（神授史诗艺人）一样，脑袋中灵光一闪，觉得自己可以比别人写得更好，创作欲望喷薄而出，从1997 年 3 月开始，"放学以后，晚上做好作业，韩寒都着了魔似的开始写作。一篇几千字的小说，常常只一个晚上就写好了。而且他还写得一手很好的钢笔字，写的文章初稿就如别人改定誊清的稿件一样，基本上是一次成型的"。第一个月，韩寒就完成了十几篇小说和散文，接着，这些课余作文就接二连三地在《少年文艺》《少男少女》等杂志上发表了。据说杂志社编辑见之大为惊叹，对韩寒作品的赞扬"几乎用尽了能够找得到的形容词"②。

---

① 陈鸣：《差生韩寒》。
② 韩仁均：《儿子韩寒》，第 40—41 页。

为了说明"韩寒实际上已经拥有这方面的潜能，只是以前没有发现"①，韩氏父子一直在断断续续地生产一些关于韩寒天赋神性的"潜能故事"。

学步的故事："这很有点像他小时候学走路，老是不肯挪步。一次他母亲抱累了，就将他往地上一放，叫他自己走。他不肯走，他母亲就朝前走了一段路，谁知韩寒竟奇迹般地走了过来，居然会走路了。"②

长跑的故事："那天学校开运动会。韩寒班级里面原来报800米长跑的同学，突然身体不好跑不了了。这时班主任老师找到韩寒，要他临时顶上去跑800米。之前，韩寒长跑一直是不及格的，而且他根本不知道自己还有长跑方面的潜能。从来没有训练过长跑的韩寒被逼上梁山。上场后，韩寒拖着前一天被罚站四节课而几乎麻木的双腿，一路领先，跑了个全校第一名。"③ 这则故事到了《韩寒H档案》，变得更加神光万丈。据说韩寒一路领先跑完两圈之后，以为比赛结束，冲到同学面前相拥而庆，不料该校是250米跑道，两圈之后还剩300米，经同学提醒，韩寒只好重回跑道追赶对手，当所有人以为他必败时，奇迹出现了，韩寒如百米冲刺，奋力赶超，不仅拿了第一，"最终的成绩还打破了800米的校纪录，没有人敢相信自己眼睛看到的这一切"④。

书法的故事："对于聪明这一点，韩寒从来不回避。当朋友看见他写的毛笔字很漂亮以后会大喊'这太不公平了，也看不见你练字为什么你的字会写得这样好'。听见朋友的表扬，韩寒并不回答，只是'呵呵'地笑。对于领悟力，韩寒坦言，这或许是老天给予的恩赐。"⑤

外语能力的故事："我的英语水平是很奇怪，只要和赛车或者车辆调教有关系，基本上都能听明白，但是一去餐厅就只认识鸡肉和鸡蛋。"⑥"在汽车运动的专业领域，我比大部分的英语教授都要强……不过出了专

---

① 韩仁均：《儿子韩寒》，第42页。
② 韩仁均：《儿子韩寒》，第43页。
③ 韩仁均：《儿子韩寒》，第38页。
④ 王帆：《韩寒H档案》，第7页。
⑤ 崔木杨、周亦楣：《"寒门"父子兵》。
⑥ 韩寒：《就这么漂来漂去》，接力出版社2005年版，第48页。

业领域，可能点菜都会困难。"①

读书的故事："2005 年我一本书都没有看过。事实上，四五年前我就不看书了。我认为对于一个写作者，他自己想的，经历的最重要，我不明白为什么总有作家说读别人的书会受益匪浅。我就是这样想的，也是这样做的。"②

游泳的故事："为答谢广大车迷，韩寒授权让我发布，他终于攻克了一个困扰了他二十九年的人生难题，学会了游泳。呵呵，这似乎是他在某一个晚上突然悟出来的，那天去泳池，教练以为约好的来学了，结果一看傻眼，啥都会了。"③

这类神性故事不仅由韩氏父子生产，也由一些"公共知识分子"和媒体人生产。学者刘瑜就曾称赞说："韩寒关于好的民主制度依赖于一定的文化的看法，其实与政治文化研究大牛 Ronald 的研究结论相似，只不过韩寒通过直觉到达这个结论，而 Inglehart 通过几十年的调查数据追踪得出结论。"④ 面对一再声称"我从 2000 年开始就一本书都不看了"的韩寒，媒体人周筱赟仰天叹道："同样是人，我必须通过阅读他人的著作才能获得启蒙，而韩寒却能通过自己的领悟获得比我更高的境界，这就是普通人和天才的区别。正是由于韩寒的思想达到了如此的高度，我简直想说——韩寒就是当代鲁迅。"⑤

当麦田质疑韩寒为何能在紧张比赛的间隙发表那么多博文时，韩寒不屑地说："这位朋友还质疑我为什么第二天有比赛，当天晚上一点多还在写文章，我只能告诉这位朋友，你只证明了你不具备这个能力和精力。也许你抬手摁电梯都喘，但有些人就是跑一万米也轻松。"⑥ 正因为韩寒天赋神性，他才能在第一个高一不到一年的时间内，一边吃喝玩乐，沉

---

① 韩寒：《我写下的这些都可以成为呈堂证供》。
② 新京报书评周刊编辑部：《韩寒：2005 年我一本书都没看过》，《新京报》2006 年 1 月 6 日。
③ 新浪微博"韩仁均叔叔"，2011 年 8 月 28 日。
④ 新浪微博"刘瑜"，http://weibo.com/u/2158779561，2012 年 1 月 21 日。该微博现已删除。
⑤ 周筱赟：《"当代鲁迅"韩寒：我是个乡下人》，《燕赵都市报》2009 年 11 月 18 日。
⑥ 韩寒：《小破文章一篇》，新浪博客"韩寒"，2012 年 1 月 16 日。

溺于"信生活"，一面博览群书，彻夜通读钱钟书和"《二十四史》"①，还玩儿似地完成了一部"我敢说，论玩文字，基本上没有哪部小说会赶得上"②的长篇小说《三重门》。

图12—3　"倒韩事件"发生之后，80％以上的新媒体都站在韩寒一边，力挺韩寒。财经网微博转发了韩寒展示手稿的照片，配上了韩寒语录："感谢所有恨我的人，你们让我充满了动力，我会飞出你们的射程。你们朝天泼粪，只会掉到你们自己脸上。在你们的视线里，只能看到我羽翼的光芒。"施爱东截图，2012年。

① 大概韩寒以为"二十四史"是一本书，他在提及该书时，总是使用书名号：《二十四史》。

② 韩寒：《零下一度》，上海人民出版社2000年版，自序第2页。

四　英雄离乡,就这样漂来漂去

　　英雄一定要离开家乡,游历异域,坎贝尔称为"冒险的召唤"。这是有关英雄使命的征兆:"表明命运已经向英雄发出号召,并把他心灵的重心从社会的范围之内转移到一个未知的地区。这个决定命运的、既有着宝藏又充满危险的地区可能表现为一个遥远的国土,一座森林,一个地下、海底或天上的王国,一座秘密海岛,高山之巅或深邃的梦境。"①

　　韩寒说:"我向来很欣赏那些背起背包去远方的人。""我认为远方应该是距离上的。这个认为很废话。距离很能吸引人。别以为只有诗人歌手才会去远方流浪,其实每个人都向往远方。"对于从小生长在南方的韩寒来说,这个遥远的地方必须是北方:"我什么地方都没去过,只会闭门造车,而且是假的闭门造车。如果我真能造出一辆车来,我立即会去北京。"② 当然,如果韩寒的英语能学好一点的话,遥远的他乡本可以是大洋彼岸的世界。

　　2000 年,七门功课不及格的韩寒结束了学业。"4 月 23 日,韩寒背上行囊第一次一个人出远门,独自踏上了去北京的 14 次特快列车。"③ 这次北上的时间很短,经历却很丰富,韩寒敞开胸怀向社会袒露了他善良、仁慈、不爱钱财的诸多美德。据韩仁均转述,韩寒在张家口火车站买票时,"先是被一位民工模样的人骗走了几十元的 IC 卡,接着又被一对 30 多岁的'外地教师'骗走了几十元,再接着又被一个学生模样的人骗走了几十元,善良的韩寒在听到骗子学生的'悲惨'遭遇后还带其吃了顿麦当劳"④。接下来,他像盛唐诗人一样,"去了一些一直都想去的地方:西双版纳、厦门、西安、徽州等等",买了车,考了驾照,做好了"漂来漂去"的准备。

---

　　① 约瑟夫·坎贝尔著:《千面英雄》,张承谟译,上海文艺出版社 2000 年版,第 53—54 页。

　　② 韩寒:《零下一度》,第 92、164 页。

　　③ 韩仁均:《儿子韩寒》,第 73 页。

　　④ 王帆:《韩寒 H 档案》,第 24—25 页。

2001 年，韩寒终于正式"北漂"，在北京望京小区租了房子，开始了他写作和泡妞之外的另一种生活状态——赛车。接下来的日子，就像《就这样漂来漂去》中所描述的一样，"韩寒用充满激情的文字，描述自己三年来漂来漂去的日子，特立独行的生活岁月，充满艰难与快乐的赛车经历，以及他对人生的感悟和对青春的诠释"。这段北漂的赛车生涯，给韩寒的生命注入了无穷的动感和活力，"这是一种速度，一种动力，一种想象，一种 Y 时代'I AM WHAT I AM'的梦想"①。

归来的英雄，经过了异域时空的洗礼，"原是最幼小的或让人看不起的孩子，变成了具有非凡力量的强者"②。南归的韩寒，已经不再是那个七门功课门门红灯的留级生，而是一个具有超凡能量的速度王子。

归来的英雄，还收获了他的神奇助手，这也是英雄史诗必备的母题。在韩寒的众多神奇助手中排名第一的，当数"智多星"路金波。路金波曾有一句广为流传的名言："如果说我是韩寒的经纪人，那是看低我；说我是他的人生导师，那是看高我。"路金波甚至对韩寒公开喊话："韩寒，我的兄弟。如果您改掉迟到的毛病，我就成立一个助选办公室，力推您成为下一任中国作协主席，以实现您亲自下令关闭这个组织的人生理想。"③

路金波和韩寒的第一次见面是在 2002 年。"当时韩寒已辍学在家两年，出版过《三重门》等，时常被出版社隐瞒版税与印数困扰，可他又狡猾地表现出坚毅的样子，一个年轻人，最关心的怎么会是钱？应该是速度、女人，或者就是狗嘛。他抱着狗从宠物店出来，瘦小腼腆。"④

作为书商的路金波，第二次见面就许诺了韩寒 200 万元，当即签下《一座城池》，首印 80 万册，首付 100 万元。"随后几年，讨论理财成为他们之间常有的话题。因为《光荣日》《他的国》等 12 本书，路金波四年内共付给韩寒约 1700 万元人民币。"路金波从此改变了韩寒的命运，

---

①　韩寒：《就这么漂来漂去》，封二"本书介绍"。

②　约瑟夫·坎贝尔：《千面英雄》著，张承谟译，第 29 页。

③　吉颖新：《路金波：作家是我的摇钱树》。

④　困困原作，戴维缩写：《路金波：是他"炮制"了韩寒》，《都市快报》2011 年 10 月 5 日。

韩寒从此成了路金波的摇钱树,他们从此过上了幸福的生活。

五　征服魔界一:挑战应试教育

英雄是在建功立业的过程中赢得其荣誉、奠定其地位的,英雄征服魔界是史诗不可或缺的母题。在有关韩寒的叙事中,前后有三个越来越强大的魔界,一是应试教育,二是当代文坛,三是社会政治。征服魔界是韩寒赖以成名的最伟大的战绩。

韩寒作为挑战应试教育的典型,首先是被媒体塑造出来的。1999 年,《文汇报》为宣传"新概念作文"而推出的系列文章之一《语文 60 分的孩子写出长篇小说》,开始着力塑造韩寒"差生—天才"的品牌形象。

文章开篇即是定调:"韩寒是首届新概念作文大赛的一等奖获得者。然而,就是这样一位作文的佼佼者,他在学校的语文成绩却仅得 60 分,学校的学生文学社团,他甚至连过问的资格都没有。"接着,文章夸张地铺陈了韩寒的文学才华:"作者采用的是讽刺、比喻、幽默的笔法,其老练程度,使编辑们不信是出于一个 16 岁的中学生之手。编辑部产生了分歧,有人认为文章很可能是请人操刀的,有人则认为,即使操刀怕也很难找到这样的高手。"接着再来一个大反转:"在平时的学习中,他的数理化成绩总在个位数和十位数之间徘徊。有人说,他的文章写得那么好,语言成绩应该是好的吧!然而,他的语言成绩却很差,有的零分,也有及格的。语文老师对他的文章不敢苟同,并断定也不会有人欣赏。"①

按照这篇文章的叙事策略,标题本该是《语文零分的孩子写出长篇小说》,也许考虑到这样没法与"白卷英雄张铁生"划清界线,所以策略性地回避了用零分做标题。事实上韩寒一直认为自己的语文成绩是不错的,也从未考过零分;学校不仅没有打压他的文学才华,甚至在许多方面对他有格外照顾,"乔校长甚至说,可以把韩寒作为一个班级来对待,派五六个任课教师专教韩寒"②。媒体不惜以歪曲事实来极化"应试教育

---

① 佚名:《语文 60 分的孩子写出长篇小说》,《文汇报》1999 年 10 月 27 日。
② 韩仁均:《儿子韩寒》,第 63 页。

对韩寒的否定",显然是为了反衬"新概念作文大赛对韩寒的肯定",其目的还在于借助韩寒,宣传"新概念作文"之"新概念"。

从韩寒一方来说,一旦被媒体定调为反应试教育的英雄,他就得顺应其英雄使命,尽可能地配合媒体,对应试教育大加挞伐:"中国愚民教育体制下的作文题目,会想尽办法把人弄得很蠢,出来就是合格的社会主义接班人。我以前参加作文大赛时大唱颂歌,感觉很假。谁知道有人比我唱得还要厉害,所以我每次都只能拿第二名。"①"我觉得我是全世界最聪明绝顶的人。因为有些博士其实见识没有多少长进,只是学会了怎么把一句人都听得懂的话写得鬼都看不懂。"②"我将继续不遗余力地说高考和大学的坏话。我很早前就说过,现如今的大学像妓女一样,只要有钱,全国所有大学都乖乖排成一排随便你点,想上哪个上哪个,愿意多花点钱甚至可以几个一起上。"③韩仁均《儿子韩寒》也将主题定调为反应试教育,努力地将韩寒塑造成一个"只是自由地成长,顺其自然地发展成了这样"的天才。

韩寒《通稿2003》收录了17篇杂文,篇篇围绕"中国的教育是失败的教育"做文章,处处流露出强词夺理的刻薄,如他在《教师的问题》中说:中国教育之所以差是因为教师的水平差,教师本来就是一个由低能力学校培训出来的人,"只有成绩实在不行,而且完全没有什么特长,又不想去当兵,但考大专又嫌难听的人才选择了师范。在师范里又只有成绩实在不行,而且完全没有特长,又不想去当兵,嫌失业太难听的人选择了做教师"④。

时任中国当代文学研究会常务副会长的白烨读之大惊,他在其著名的评论文章《"80后"的现状与未来》中指出,韩寒的文章"很极端,把整个教育制度、学校现状描述得一团漆黑,把所有的老师都写成是误人子弟的蠢材和十恶不赦的坏蛋。这种反叛姿态做得过分了,就带有一

---

①　徐媛媛:《韩寒炮轰高考作文太蠢 称中国在施行愚民教育》,《扬子晚报》2007年6月10日。

②　韩寒:《零下一度》,第136页。

③　韩寒:《杂的文》,万卷出版公司2008年版,第25页。

④　韩寒:《通稿2003》,作家出版社2003年版,第7页。

种为反叛而反叛的表演性了"①。不过，那些刻薄、反智、浮浅的文字却大大迎合了青春叛逆期的中学生，天涯社区、新浪博客充斥着这样标题的文章：《韩寒说出了我们这一代人想说又不敢说的话》《韩寒不是象征，不是偶像，他只是我们内心的声音》《韩寒说出我一直想说的话，怎一个爽字了得!》。

2000 年年底，中央电视台播过一档《对话韩寒》，作为韩寒的对照，节目组特意找了一位头上顶着多重光环的女孩黄思路，"她也出了两本书，也只有 17 岁，是个品学兼优的好孩子，她曾是全国十佳少年，现在是福州市学联副主席"。到了 2010 年 1 月，几乎同一时间，各大论坛突然冒出成千上万个帖子《时间给了这个社会一个大大的耳光》："十年前用来歌颂中国教育制度的黄思路，被主持人得意洋洋地请来反衬韩寒。十年后，黄思路跑路去了美国，而韩寒却在用文章改变中国人的价值观。"② 视频《对话韩寒》也如天女散花般重现江湖，并且附带着这样的按语："黄思路现在嫁了美国人，而韩寒这个被抨击的人却依然在中国，努力为这个国家做些什么。中国有太多黄思路这样所谓品学兼优出国留学最后嫁给白人的人，所谓的好学生其实都是伪君子，而中国却永远只有一个表里如一的韩寒。"③

2011 年，一篇题为《十年前，三位高材生恶批韩寒，如今他们的去向是》的匿名短文突然大为流行，文章声称三位与韩寒同时代且曾抨击过韩寒的几位高材女学生，现在都已经"嫁作美国白人妇"，只有韩寒这个"被国际社会认为是年青一代最有良心的公共知识分子"④ 还留在中国。韩寒支持者借助当下流行的民族主义话语，到处散发这种虚假小故

---

① 白烨：《"80 后"的现状与未来》，《长城》2005 年第 6 期。2006 年 2 月 24 日，白烨又将此文发表于新浪博客。

② 这篇文章大约始现于 2010 年 1 月中旬，流传近两年，网络转载数以万计，但均未注作者，疑为水军操作。事实上，网络上不断有人辟谣，声明黄思路虽然移美国，但嫁的是华人，并将结婚照贴在网上，但丝毫无法阻止谣言的流播。

③ 中央电视台《对话韩寒》，新浪视频，http://video.sina.com.cn/v/b/29926728 - 1562907894.html，2010 年 3 月 7 日。

④ 老衲狠蛋疼：《十年前，三位高材生恶批韩寒，如今他们的去向是》，天涯易读网，http://www.tianyayidu.com，2011 年 8 月 23 日。

事，引起了部分爱国主义者的强烈反响。韩寒作为一个"真正的爱国者"，受到公众的热情拥戴，印证了应试教育的完败。

韩氏父子在无数场合一再表示，大学对于韩寒来说是没有意义的，"在他的同龄人上完高中和大学刚踏上社会的时候，韩寒已经完成了他的许多同龄人也许一辈子都完不成的事情"[1]。在许多中学生的眼中，韩寒就是现实版的丑小鸭、典型的励志哥。"韩寒的成功就像是拳王阿里那样打了应试教育一记漂亮的组合拳——先是在新概念上获得了一等奖，随后又因多门功课不及格而休学，紧接着以《三重门》一炮打倒了应试教育，还把一只脚踏在应试教育身上，大叫：'我是金子，我要发光。'"[2]"韩寒成为了一种象征。他是一个真正意义上的偶像，更何况他又长得那么好看。"[3]

六 征服魔界二：炮打当代文坛

2006 年的"韩白之战"，是韩寒征战史上最成功的一次战役，战火正是缘起于白烨的《"80 后"的现状与未来》。虽然白烨从总体上肯定了"80 后"的写作，但是白烨用了"学生写手"而不是"作家"来称呼这一作者群，并且认为"80 后"写作没有经过按部就班的文学演练，因而还算不上真正的文学写作，充其量算是文学的票友写作，他们虽然进入了市场，但尚未进入文坛。具体到个人，白烨认为最耀眼的新星是郭敬明，至于韩寒，其作品在《三重门》之后，就越来越和文学没有太大关系了[4]。

韩寒大怒，马上炮打文坛司令部，贴出了他最著名的一张大字报《文坛是个屁，谁都别装逼》。韩寒祭出杀手锏，一亮招就把白烨给噎住了："文坛算个屁，矛（茅）盾文学奖算个屁，纯文学期刊算个屁，也就

---

① 韩仁均：《儿子韩寒》，第 165 页。

② 李解：《读懂韩寒》，芦川编《与韩寒面对面》，文汇出版社 2001 年版，第 135 页。

③ 子尤：《看韩寒》，新浪博客"子尤的 BLOG"，http：//blog.sina.com.cn/ziyou，2007 年 1 月 22 日。

④ 白烨：《"80 后"的现状与未来》。

是一百人手淫，一百人看。人家这边早干的热火朝天了，姿势都换了不少了，您老还在那说，来，看我怎么手淫的，学着点，要和我的动作频率一样，你丫才算是进入了淫坛。"末尾抛出一句广为流传的名言："什么坛到最后也都是祭坛，什么圈到最后也都是花圈。我早说过，真正的武林高手都是一个人的，顶多带一武功差点的美女，只有小娄娄（喽啰）才扎堆。"①

英雄大手一挥，成千上万的韩粉立即蜂拥而上，白烨的博客迅速堆起了数以万计的语言垃圾，充斥着对白烨的各种人身攻击。白烨"非常震惊"，匆忙招架了一篇《我的声明——回应韩寒》。这篇声明不仅未能平息"人格侮辱和人身攻击"，反而遭致韩寒更加猛烈的炮打："我通篇文章里没骂您一个字。'屁'是骂文坛的，您别自作多情，以为您就是文坛。'逼'是生殖器，但'装逼'的意思不是假装自己是个生殖器，您别断章取义。我说的是装逼的逼而不是你妈 B 的 B。'我操'是我在操，和你没关系。"②

韩寒的每一次回应，都能引发数十万韩粉的狂欢，各种屁、逼、马桶、牛逼、淫坛、装丫挺之类的垃圾文字如雨点般地落至白烨的名下。三天暴雨，白烨浑身湿透，只好以一篇《我的告别辞》作别博客："面对诸如韩寒尤其是他的拥戴者那种非文雅又非理性的恶语，我即便能够容忍，但却不知怎么面对。这样一个一明一暗、一实一虚的交流平台，他们可以随便骂你，而你只能正面应对。这种先天的不平等性，无形中就使得恶毒占了上风。即使你不招惹人骂，靠这种方式去交流文学或学术，也往往是一厢情愿。"③

韩白之战，被称作两个时代的战争，一方贴着体制外、青春、自由、阳光、独立的标签，另一方被贴上了体制内、老朽、豢养、腐败、圈子的标签。网络不同于现实，网络是年轻人主宰的世界，到处弥漫着反权

---

① 韩寒：《文坛是个屁　谁都别装逼》，新浪博客"韩寒"，2006 年 3 月 2 日。此文现已删除。

② 韩寒：《有些人，话糙理不糙；有些人，话不糙人糙》，新浪博客"韩寒"，2006 年 3 月 2 日。此文现已删除。

③ 白烨：《我的告别辞》，新浪博客"白烨"，http：//blog. sina. com. cn/m/baiye，2006 年 3 月 5 日。该博客随后关闭。

威的革命风气，白烨这个"体制内的老朽文人"，在网络骂战中是注定失败的。长袖善舞的革命小将一出手，就成了草根网民的意见领袖。

白烨鸣金收兵，韩寒意犹未尽，继续发文乘胜追击。对那些胆敢站出来替白烨辩护的公众人物，如解玺璋、王晓玉、陆天明、陆川、高晓松等人，韩寒率领数十万粉丝同样给予了秋风扫落叶般的无情打击。此一战役以韩家军大获全胜而告终，从此奠定了韩家军在中国骂坛第一军团的至尊地位。战斗结束，韩寒也不忘拿白烨的姓氏来开涮："因为您姓白，B开头，在新浪右边的评论家的名人博客索引里排在最前面，被我第一个看见了。谁让你姓白，以你干的那些事，你应该姓黑才对，这样H开头，还能和我挨着。"① 而在记者面前，韩寒俨然一个"为文学"的革命英雄："我的确是要杀一儆百，我早就看这些文学评论家不顺眼，他们把握了部分话语权，徇私作假，严重阻碍了文学的发展，我没那么多精力，只好挑最傻的一个先来。"②

炮打文坛之后，韩寒马不停蹄，迅速转战诗坛。2006年9月26日，韩寒以一篇《现代诗和诗人怎么还存在》拉开序幕，单枪匹马挑战现代诗坛。博文引发了现代诗人的激烈反弹，诗人沈浩波、山上石、伊沙、尹丽川、扬黎等人先后上阵，骂战不断升级，直杀得血雨腥风日月无光，双方均朝着对方的下三路奋力拼杀。在韩寒强大粉丝团的鼓噪呐喊声中，韩寒再次大获全胜。

一年之后，当韩寒接受美女记者采访时，却向对手倒打一耙："事实上，我的确是没有骂过任何人，我不会用那种侮辱性的语言，我不会去跟你搞那种人身的攻击，我的文章里是没有这些东西的。相反，很多人在那里指责我的时候，他们的话是很脏的，他们才是真正的人身攻击。"③ 韩仁均随后跟上一把："他早就知道了在很多人喜欢他的时候，也有很多人不喜欢他，他几乎从来不回应那些对他的辱骂，甚至有些谣言也不回应。"④

① 韩寒：《杂的文》，第175页。
② 潘黎冰、陈黎、谢海涛：《韩寒：我的确是要杀一儆百》，《南都周刊》2006年3月22日。
③ 腾讯读书：《韩寒独家专访（7）：我从没有骂过任何一个人》，http://book.qq.com/a/20070722/000004.htm，2007年7月22日。
④ 韩仁均：《说说我自己》，新浪微博"韩仁均叔叔"，2012年1月27日。

英雄总是拥有强大的心理素质，能屈能伸，可以翻手为云，覆手为雨。一方面，韩寒嘲笑中国作协是个"将一批批野狗驯化成走狗"的可笑存在，并且声称如果他当作协主席，"我下一秒就把作协给解散了，这是中国文学的出路之一"①。另一方面，韩寒私下却对《收获》杂志（上海市作家协会主办）频抛媚眼，据作家叶开透露："韩寒一方面可以撰文大骂文坛是个屁，纯文学期刊是个屁的同时，另一方面，也可以通过《萌芽》的执行副主编桂未明要到李小林的电话，然后打电话给李小林，恳求在《收获》增刊上发一下自己的小说。"②

图12—4 2009年，《新民周刊》策划的封面文章《"杀手"韩寒：10年走来越玩越大》，文中说："韩寒无疑已一举蹿升为国内为数不多的有影响力的公共话题发言者。于是乎，当社会上出现什么新闻时，总有人习惯性地会去看看韩寒怎么说。"施爱东截图，2012年。

---

① 韩寒：《关于年轻人和作家协会的回答》，新浪博客"韩寒"，2007年7月25日。此文现已删除。

② 张英：《傲慢与偏见——清点"韩白之争"》，《南方周末》2006年4月6日。

七 征服他族，骂遍天下无敌手

与他族的战争，是英雄征战史上不可或缺的一环。同为"80后"最具代表性的写作者，韩寒和郭敬明天生就是一对同行冤家，关于两人的各类比较也从未消停过。虽然郭韩之间从未正面交锋，但是韩寒不时会通过媒体对郭敬明加以揶揄和嘲讽，韩粉和四粉（郭敬明网名"第四维"）之间，更是打得不可开交。

对于郭韩之间的差距，借用韩寒的话说："我从来没有把他当作和我一类的人，我们完全不一样，没有办法比较。最关键的是我觉得我和他男女有别，没有什么可比性。"男女有别，出自男权主义者韩寒的口中，明显是对郭敬明阴柔特征的虚拟性别的攻击。韩寒对于郭敬明的作品也不屑一顾："他灌输的价值观是很贱的价值观。"① 对于郭敬明位列作家富豪榜榜首，韩寒一方面风趣地评论说："郭敬明真的很努力，他要写那么多字的小说，写得都两眼发黑了，还要办杂志等很多事情。他是我们这个行业里，做得最成功的一位。可以说，他非常好地印证了一个成语，那就是'勤能补拙'！"一方面毫不讳言"郭的书只有十岁左右的认知能力"②。

韩寒可以口无遮拦地抨击任何人任何事，可一旦受到别人的批评，韩粉就会像野猪一样迅速扑上，咬碎对手。有网友说韩寒是"站在一个'愤青'的舞台，领导着'愤青'的人群"，但也有网友爆料说，韩寒只是韩粉的精神领袖，韩粉的实际领导者是马锐拉。韩马关系扑朔迷离，网传马锐拉是韩寒的御用摄影师，也是韩寒作品的枪手之一、韩寒利益集团的高参。网络消息真假难辨，但在 2012 年的倒韩风潮中，马锐拉一直充当韩寒马前卒，为韩寒冲锋陷阵，以致被人骂作"韩寒猪一样的队友"是确凿无疑的。

---

① 罗小敷、李颖娟、方舟：《公民韩寒》，《南都周刊》2009 年 11 月 2 日。
② 杨帆、胡宇辰等：《同上作家富豪榜韩寒恭喜郭敬明：他是"状元"，我太高兴了 希望他挣得更多!》，《华西都市报》2011 年 11 月 25 日。

　　传说马锐拉领导着一支名为"韩寒防暴队"的庞大而松散的团队，这个团队起于何时，何人发起，成员多少，外人不得而知。但在2006年8月，新浪资深博主海星星曾公开发布《新防暴队正式成立》宣言："凤凰总要经历涅槃。防暴队重获新生。在八一建军节这个日子里，又一支光荣而伟大的队伍诞生。防暴队经历了辉煌的过去，也经历了惨痛的倒戈。现在，它将以一种更加强大的状态来完成它的使命。"宣言公开号召韩粉："为了我们爱的小寒而战！大家加油！"①

　　韩寒防暴队工作非常辛苦，但是韩粉们心甘情愿。某资深网友老王，天天晚上守候在韩寒的博客上，第二天只要一醒来，第一件事就是边刷牙边看韩寒博客，只要发现有人捣乱，常常饭不吃、脸不洗、发不理，马上就和他们吵成一团。"粉丝们的生活有时候会比较极端地和偶像的某些生活环节捆绑在一起。粉丝们在博客上忘情地享受着抢沙发带来的乐趣，他们虽然在现实中大部分并不相识，但是却在网络上结成了紧密的小圈子。同时，也将博客视为了和偶像共有的净土，他们会在这里和偶像一同战斗。"②

　　韩粉与四粉的公开"圣战"大约始于2006年。战争似乎没有明确的导火线，无非就是谁喜欢谁不喜欢谁，然后谁看不惯那谁，谁把谁痛骂一顿，谁又回骂那谁之类。战斗刚刚爆发时，双方势均力敌，后来据说韩寒防暴队通过卧底四粉，摸清了四粉首领小红姐姐的真实身份，然后通过反间计，把四粉杀得溃不成军。战斗的结果充分证明了防暴队的骁勇善战。四粉惨遭屠戮，大批四粉被有组织的防暴队员不间断地刷屏谩骂，只好被迫关闭博客。据说此后四粉也曾组织多次反扑，但全都被防暴队逐一化解。2008年之后，韩粉空前壮大，四粉再也不能望其项背。2012年方韩之战刚刚打响的时候，路金波对泛韩阵营的骂战力充满信心："方教主的信徒碰到韩粉集团军，相当于一把沙子洒进了洞庭湖。"③

---

　　①　海星星：《新防暴队正式成立》，新浪博客"小寒 & 海星星 & 江江"，http：//blog. sina. com. cn/seastarstar，2006年8月1日。

　　②　剑心的疤痕：《防暴队的故事》，新浪博客"韩寒非官方网站"，http：//blog. sina. com. cn/twocoldfeiguanfangwang，2007年2月24日。

　　③　新浪微博"路金波"，http：//weibo. com/lujinbo，2012年1月20日。

当今骂坛，韩寒可谓骂遍天下无敌手，"与其说韩寒是一路蹿红，倒不如说韩寒是一路骂红。与文化名人对骂、与影视明星对骂，骂作协、骂现象、骂各种事件"①。历数被韩寒骂过的公众人物，是韩粉们最津津乐道的娱乐项目之一。刨除那些早已作古的文人，先后遭到韩寒炮轰的新闻人物，还包括陈凯歌、余秋雨、王蒙、赵丽华、谈歌、郑彦英、郑钧、郎朗、刘谦等一长串名单，甚至连一个爱看《人民日报》的小学生都未能逃过韩劫。一位"光荣的韩粉"说："凡是骂过韩寒的人，凡是被韩寒骂过的人，都是该死的，已经死掉的就算了，诸如巴金、冰心、茅盾之流。还没有死的麻烦抓紧时间，韩寒很忙的。"②

八 英雄征服女性，猎尽三千美色

英雄身上总是寄托着无数男人的趣味和理想，英雄征服美女是所有英雄史诗中不可或缺的母题。韩寒长相英俊，才华出众，他是理想的男神化身。他可以化身小王子："他正直。他善良。他大方。他洒脱。他有趣……韩寒就是那个你幻想中的小王子，哪怕他脸上长着粉刺。"③ 他可以化身状元郎："韩寒的故事就像中国古代戏曲里的那种英俊的穷书生，后来终于考上了状元，而且是文武状元。"④ 他可以化身小皇帝："他在后宫逍遥，猎尽三千美色。美酒佳肴，走狗斗鸡，这虚无的岁月，他恨不得一日掷尽。"⑤

有网友总结"韩粉多半是女人，未成年的居多"⑥，一位女记者用迷离的文字描绘了公子哥儿的韩寒："他就像是一个老派的公子哥儿一样，

---

① 马可佳：《"韩寒"两个字值多少钱》，《第一财经日报》2010 年 5 月 12 日。

② 苏竟：《骂过韩寒和被韩寒骂过的人，全部活该》，天涯社区—天涯杂谈，http://www.tianya.cn，2008 年 6 月 20 日。

③ 路金波：《当"小王子"遭遇"魔法师"——方韩之战技术回顾》，新浪博客"路金波"，2012 年 2 月 3 日。

④ 葛玲薇：《韩寒的角色扮演》，《ELLE - 世界时装之苑》2010 年 9 月刊。

⑤ 易理刚：《韩寒 B 面：用飞速的轮胎书写》。

⑥ 骑鼓隆冬墙墙墙：《方韩大战：一个骑墙派的吐槽》，天涯社区—天涯杂谈，http://www.tianya.cn，2012 年 2 月 1 日。这篇文章风趣幽默，被网友称做天涯社区的一篇"神作"。

热爱女性，歌颂女性，渴望女性，并因为这股随天性而喷薄的赤诚的热情而变得霸道和贪心。他的才华和他的荷尔蒙混在一起，就像是小时候玩的搅糖稀，越用力就越浓稠越难以自拔。你能想象他和你 24 小时腻歪在一起甜得像两个抱着糖罐子的小孩，也能想象从第 25 个小时开始他又去了另一个人身边并且命令你在原地等他回来。"①

韩寒的男权意识是公开的，他明确地对女记者表示"他的女朋友不可以工作；他的女朋友不可以有任何亲密的男性朋友；他没有打算结婚，结了婚也不能让别人知道"，但是，如此露骨的男权言论却并没有妨碍女记者艳羡地感叹："你的生活里有没有出现过这样一个人？你感激他为你保留了一个机会，让你相信，让你迷恋，让你记得。"在新浪微博，流传着一个题为"向韩爷学习"的帖子，韩寒的这段话甚至成为许多男性网民的男权宣言："如果有一天我跟我女朋友说，走，我们一起去看电影。她告诉我，不行，我要陪老板去见个客户。这是我不能忍受的。我哪怕卖血也不会让我的女人去给别人打工。"韩寒毫不讳言自己是一个"随意"的男人，泡妞就是一种机缘巧合："当出现这么一个妞的时候，我就一定要泡。对，我是这种人。"② 韩寒甚至认为，对于他身边的女性，"我一个字就能解决所有的问题，就是'办'"③。

韩寒公然声称自己"可能是个吃喝嫖赌的人"，他直白地对女主持人说："我自己永远有一个认识，我觉得一个女的如果答应跟一个男的单独吃饭、单独看电影，就是答应跟这个男的上床了。这是我心中一向的一个推理，对那个男的意味着你就可以做任何事情，可以牵手就是可以做一切。"搜狐网在其视频简介中以赞扬的语调声称："当了爹的韩寒，其实是一个带劲儿的年轻人：公开妻子的同时，也不讳言自己是泡妞高手。"④ 当女主持人询问韩寒喜欢什么类型的女子时，韩寒随口就说："只

① 葛玲薇：《韩寒的角色扮演》。
② 廖方舟、王晶：《韩寒：对人生，我没有绝望过》，《南方都市报》2010 年 7 月 19 日。
③ 葛玲薇：《韩寒的角色扮演》。
④ 搜狐视频：《韩寒完整版：公知炒作开启民智 回护郭敬明》，http://tv.sohu.com，2012年 1 月 31 日。

要发挥得好，活好都可以。"① 当时就把女主持人给惊住了。

学者陈国恩说："韩寒现在讲起赛车、女人来，真正是非常投入，比起他谈自己的创作总是闪烁其词、前后矛盾，他的这些方面的才能是绝对韩寒式的。"陈国恩举例说，自己认真看了韩寒 2011 年在香港的一场演讲，发现近 50 分钟中韩寒多次毫无顾忌地谈论"上女人""做活"②。

英雄看女人，横看竖看都是一个色字，对女人的其他方面是没有兴趣的。在谈到 70 后女作家的时候，韩寒就说："对她们写的东西倒没有什么想法，就是长得实在是不行——不是还号称美女作家吗？你作家就作家吧，她们写的东西我觉得——反正就是这样。她们的人放在上下五千年哪个地方都不是美女。"③

韩寒身上浓烈的男权味道，从未阻碍他成为新时代最受女性欢迎的"性感偶像"。韩寒出道十三年，自称泡过无数美女。《我们想和韩寒谈谈》曾为韩寒总结了所谓十大绯闻女友，据说名列第九的伍冰珊曾公开宣称："我要做韩寒的情妇，对梦中情人的渴望，即使这场爱需要付出沉痛的代价乃至不会有结果，我也不在乎，我会在他面前赤身裸体，只求与他一晚的幸福。"④ 不过，韩寒似乎更喜欢演艺明星，他说："演艺圈的姑娘，我常在电视里新闻里网站上杂志上看见，我自然会爱上我一眼看上的姑娘，一般来说，遇见以后，姑娘也爱我。"⑤ 撇开徐静蕾、范冰冰这些著名影星不说，有网友指出，韩寒小说《1988：我想和这个世界谈谈》中，生于 1988 年的女主人公娜娜，和他的一位绯闻女影星恰好同名、同生日。韩寒还在该书的序言中写道："更以此书献给你，我生命里的女孩们，无论你解不解我的风情，无论我解不解你的衣扣，在此刻，我是如此地想念你，不带们。"⑥

---

① 腾讯视频：《王朔韩寒铿锵对话》，http://v.qq.com，2007 年 8 月 3 日。

② 卢欢：《武大教授断言韩寒说谎作假》，《长江商报》2012 年 7 月 26 日。

③ 杜釜：《韩寒：〈零下一度〉纯粹是一本垃圾文学》，新浪阅读导刊，http://edu.sina.com.cn，2000 年 9 月 25 日。

④ 易理刚：《韩寒 B 面：用飞速的轮胎书写》。

⑤ 邱致理：《韩寒：感谢陪在我身边的姑娘，我爱她》，《南都娱乐周刊》2011 年第 9 期。

⑥ 韩寒：《1988：我想和这个世界谈谈》自序，国际文化出版公司 2010 年版。

英雄肩负着重要的男权使命，他必须代表众多平庸的男子，所向无敌地征服世间美女，"解开女星的衣扣"。同样，庸男们也乐于讲述英雄享用美人的故事，这正应了一句广为流传的韩式名言："我与粉丝的关系就像龟头与包皮，我坚挺的时候，粉丝们会坚定地在身后簇拥着我，我一旦疲软了，他们会马上跑到我前面罩着我。"①

九　征服魔界三：叫板社会政治

史诗英雄最伟大的使命，就是彻底推翻魔界，救万民于水深火热。炮打文坛之后，韩寒高处不胜寒，"他知道，再去和一个早已式微的坛子叫板，对于他来说，格局实在太小了，现在的他，要有更多的时间和精力，与更大的世界相处和战斗"②。

最容易诞生英雄的战斗舞台，自然是大社会大政治的舞台，书商路金波的规划是："我希望饶雪漫走商业化的路线，韩寒就去竖牌坊做知识分子。他们俩绝不是女生版、男生版的划分，而是一个经济，一个政治。"③ 于是，英雄韩寒恰逢其时地降临在当代中国社会的政治舞台上，正如一位外国友人所看到的："许多人说韩寒对政府的批评很锋利，惹政府的麻烦，在我看来恰恰相反，韩寒是中共最欢迎的人。正面临改革开放、走出去引进来的中国政府，特别需要来自外界的批评，以此证明自己是接受人民监督和批评的合格执政党。但现实是：有能力的人不想做，想做的人没能力。这样，责任便落在韩寒身上了。"④

2008年开始，韩寒将主要战场转向社会和政治领域，从文坛批判转向社会批判，从挑战圈子转向挑战政治，携匕首和投枪迈向了"当代鲁迅"的金光大道。韩寒杂文的变化主要表现在两个方面：一是针砭时政

①　老兵老枪老套：《韩寒》，天涯社区—天涯杂谈，http：//www. tianya. cn，2012 年 3 月 14 日。

②　李婷婷：《瞧，那些文坛坛子上的裂缝》，妙不可言编著《我们想和韩寒谈谈》，第 91 页。

③　困困原作，戴维缩写：《路金波：是他"炮制"了韩寒》。

④　新浪微博"加藤嘉一"，http：//weibo. com/u/1680902912，2010 年 7 月 23 日。

的内容大幅增加；二是文章风格和价值观念发生突变，用语变得文明，立场偏向底层，价值趋于普世。在时政这个大舞台上，"韩寒以他的博客为阵地，嬉笑怒骂皆成文章，在抵制法货、建议取消穿校服、冯顺桥颂、韩锋是个好干部、北川政府在说谎、世博会等诸多现象中，针砭时弊，冷嘲热讽，用幽默而犀利的笔调丰富地展现了这代人在现今社会中的人生价值观与看法"①。

当韩寒从叛逆小子转型为公民楷模，战线转移到大社会大政治领域的时候，"韩寒的话语策略大抵是'逆取顺守'，指他以颠覆秩序的方式赢得声誉，却以顺应主流价值的方式固守并推高这种名声。此前宋祖德、罗玉凤争当'公知'，也未尝不可以视为这种模式的翻版。不过韩寒当然是有史以来最成功的一人。韩寒适逢上一代许多人对未来一代的担忧与期盼，于是成了某种样板，浪子回头金不换，韩寒是叛逆与消费一代即将回归主流的最好象征"②。

转型后的韩寒，"在传播媒介上也有创新，逐渐形成了以博客为主要平台，辅以与自由派知识分子访谈唱和的传播模式。比如和王朔陈丹青易中天访谈或论坛。打个比喻，博客是韩寒品牌的航母，各种访谈就是飞出去的舰载机"③。此外，南方报业集团等主流媒体在这场造神运动中同样是功不可没的。"公民韩寒""公共知识分子""舆论领袖"这些贴在韩寒前额上的闪光标签，多是南方报业集团的精心杰作。为了顺应这类标签，韩寒开始了他的英雄成年礼。相比于那个无知无畏的张狂少年，作为公民代表的韩寒越来越显得文明、礼貌、低调、阳光，"长辈们似乎也原谅了他，觉得他成熟了进步了与时俱进了，跟郭敬明的拒绝长大形成鲜明对比。韩寒俨然成为王朔、王小波之后，又一位反体制的文化英雄"④。

---

① 郑朋：《启蒙时代，80 后的成长》。

② 杨早：《韩方之战的四个关键词》，新浪博客"高莽的野史记"，http：//blog. sina. com. cn/gaofu，2012 年 2 月 1 日。

③ 麦田：《人造韩寒：一场关于"公民"的闹剧》，新浪博客"麦田的读书生活"，http：//blog. sina. com. cn/maitian，2012 年 1 月 15 日。

④ 杨早：《韩方之战的四个关键词》。

2010 年，韩寒列入美国《时代》周刊"全球最具影响力人物"候选名单。能得到美国媒体的首肯，韩寒支持者欣喜若狂，纷纷在各网站奔走呼吁为韩寒拉票。《南方都市报》以一篇《热闹的韩寒，寂寞的韩寒》高调加入拉票队伍："让我们都来投韩寒一票。这一票不是投给公共知识分子韩寒，也不是投给舆论领袖韩寒，而是投给一名清晰界定体制距离的探测者，投给一名启发人们寻找真实自己的敏感青年。这时，韩寒的身份一点都不重要，因为给他投票不是投给别人，就像是投给我们自己，也就是给所有称得上是'人类'的人投票。"① 如果韩寒就是"我们自己"，就是"人类"的代名词，我们有什么理由不支持自己，不支持人类，不投韩寒一票呢？

将韩寒转换成"公民""人类"，转换成"我们自己"，是韩神话的典型书写模式，抬举韩寒时用的这一招，保卫韩寒时还用这一招："方舟子的战法让我也感觉危险，让每个作者都置身于'韩寒困境'：你怎么证明文章是你写的？我有证人。证人没用，可能跟你串通好了。我有手稿。手稿没用，可能是你抄的。我有……有什么都没用，我就是怀疑你。"② 易中天为韩寒写了一篇《兔子怎样证明自己不是骆驼》的辩护文章，也是套用这个模式："实话实说，我是为自己，也为同行。我也是写作者，还是公众人物。我不能不想，如果我被质疑代笔，该怎么自证清白？"③

2011 年 12 月底，韩寒抛出《谈革命》《说民主》《要自由》，高调介入敏感的政治前沿，讨论了现实社会各阶层的不同诉求与隔阂，表达了对国民素质的悲观情绪，对政治革命持消极态度。"韩三篇"以其巨大的影响力混淆了左中右派的政治分歧，给知识界的政治理念制造了混乱，引发激烈的争论，导致他被左右两派阵营同时抛弃。过去曾多次撰文呼吁"警惕韩寒"而不果的麦田，抓住时机乘虚再入，终于点燃了倒韩的战火。

政治是把双刃剑，玩政治玩高了韩寒的人气，但也葬送了韩寒辉煌

---

① 南都社论：《热闹的韩寒，寂寞的韩寒》。

② 新浪微博"慕容雪村"，http://weibo.com/hawking，2010 年 1 月 27 日。

③ 易中天：《兔子怎样证明自己不是骆驼》，新浪博客"易中天 1001 的 BLOG"，http://blog.sina.com.cn/yizhongtian，2012 年 2 月 24 日。

的商业前景。一个本该定位于写畅销书的作者转玩政治，一不留神，就被政治这个大魔法师摁倒在地，任由麦田方舟子拳打脚踢，诚可谓"出师未捷身先死，长使英雄泪满襟"。

图12—5　2009年，《新世界周刊》特别策划了封面文章《选韩寒当市长》，声称："一个真实的、活生生的个人在我们面前，他聪明、有勇气说真话，用赛车和写书养活自己，不寄生于某些协会组织，'我们'不用担心他和'他们'同流合污。我们需要韩寒这样的市长。"施爱东截图，2012年。

十　天才韩寒，公民楷模，光明之子

史诗英雄都具有超凡的能量。"古往今来，比韩寒还要小得多的文学神童，屡见不鲜。但是，像韩寒这样的既能获得作文大赛的一等奖，又能发表长篇小说，却仍然语文基础课考不及格恐怕还真是空前绝后的。所以，从这一点上看，韩寒绝对是超过历史上任何一个文学神童的奇才。"①

对英雄韩寒的包装可以分为两种话语策略。一种是直接称之为"天才"，路金波就曾公开宣称："我是'韩寒天才论'的一贯鼓吹者。我赞赏他的文字天赋，更在许多事情上发现他的人格魅力：正直、善良、悲天悯人、有趣、坦荡——我称之为'新一代中国人的最好基因'。"② 天才的理由非常简单，以媒体人李海鹏的话为代表："他言人所不能言，为人所不能为，他鼓舞了年轻人，鼓舞了梦想，鼓舞了无数的'自我'，甚至给这个古老的国家以身体力行的教益。"③ 基于同样的理由，媒体人斜江明认为韩寒"他一直走在通向真理的道路上"④。

但在当今社会，要把一个人直接指认为天才，容易引起公众反感。"天赋韩寒，他不仅让人嫉妒，也会让很多人自感惭愧。"⑤ 聪明一点的做法是，把韩寒塑造成一个"反天才"，也即"非正常社会的正常人"。这一点以学者孙海峰的观点为代表："韩寒只是一个正常的青年，在这个变态时代里反而显得稀缺罢了。他的精神气质是平民式的，与满脸崇高的圣人英雄背道而驰。韩寒激活了人们对常识、常理、常情的回忆。"⑥ "正常"，往往与公民、平民、普通人捆绑在一起，是人们用来对抗"反常"的一种话语标签："韩寒其实就是一个不怎么正常社会里的正常人，或者

①　张博庭：《韩寒的人造之嫌为何难以消除？》，科学网博客"水博"，http：//blog。sciencenet。cn/u/zbt92，2012 年 2 月 5 日。

②　路金波：《为什么蝴蝶和屎壳郎不能成为朋友》，新浪博客"路金波"，2012 年 1 月 26 日。

③　李海鹏：《2009 年度人物：韩寒者，冒犯也》，《南方周末》2010 年 1 月 2 日。

④　新浪微博"斜江明"，http：//weibo。com/doujiangming，2012 年 4 月 1 日。

⑤　南都社论：《热闹的韩寒，寂寞的韩寒》。

⑥　新浪微博"孙海峰"，http：//weibo。com/imsunhaifeng，2012 年 1 月 28 日。

比较接近正常的人。通常的那种名利欲望和野心，那种生存压力，那种不得不然的曲意奉承，他那里都没有。"①

一个没有欲望没有缺点只有优点的"正常人"恰恰就是"非常人"，这样的话语策略其实就是披着"正常"外衣的"非常"。作家慕容雪村总结说："韩寒从不卖弄，只讲常识，到现在为止还没出过错，有些人天生离真理很近，韩寒就是这样的人，不吝赞美地夸一句：一个没受过所谓高等教育的人，能明白如此多的道理，他就是天才。"② 第一个将韩寒比作鲁迅的媒体人梁文道则说："韩寒的杂文写得非常聪明，他对这个时代所引起的效应，让所有的年轻人愿意去看，愿意去理解，甚至愿意去相信他所写的那种东西的魅力，这个东西再写下去，再过几年，也许韩寒就会变得像过去的鲁迅一样。"③

沿袭这种话语方式，网络名人王功权认为："韩寒思想独立，精神自由，不随波逐流，敢于担当，以自己犀利的笔不停地写出勇敢正直的文字，有高贵的人格追求。他不酸腐，不市侩，不麻木和无为。他是一个觉醒的公民，是微笑着站立起来的公民，是青年公民的楷模。他和热爱他的数万计的青年是中国的未来和希望。"④ 《南都周刊》的封面文章《公民韩寒》正是借助这种叙事策略，为韩寒特制了一张"公民"标签："他始终不吝于站在别人的对立面，被触怒的人恨不得打死他。但是大多数人对这位高中没毕业的年轻公共知识分子有很高的评价，网民称其为'一个中国文人的杰出代表，一个时代的象征'。对公共知识分子这个角色，韩寒并不显得很有兴趣，他说自己只是在由着性子去做，是作为一个公民对社会问题发表自己的观点和意见。"⑤

"公民韩寒"的叙事策略是：先把天才包装成公民，再把公民概念转换成我们每一个人，于是，韩寒就成了我们自己："韩寒太普通了，普通得跟我们每个人几乎一模一样。但这才是韩寒最有力量的地方，他越是

---

①　L. A. W：《谁制造了韩寒？关于韩寒的对话》，中国法制出版社 2010 年版，第 35 页。

②　新浪微博"慕容雪村"，2010 年 5 月 4 日。

③　凤凰卫视：《开卷八分钟》，2010 年 8 月 19 日。

④　新浪微博"王功权"，http://weibo.com/wanggqvc007，2010 年 7 月 4 日。

⑤　罗小敷、李颖娟、方舟：《公民韩寒》。

普通，他就越有普遍性，就越是可以推广。他具备的很多元素，的确都平常，的确我们都具备。"① 同样，我们也成了另一个版本的韩寒："我们的社会除了光鲜的赢家之外，还有一群沉默而愤怒的人，他们是另一个版本的韩寒，曾经更有活力，更有主见，却历经挫折。我乐见韩寒成功，是因为乐见每一个当年的叛逆孩子都能拥有宽广的人生路。"② 孙猴子一根汗毛，可以变成一个猴子；韩寒一根寒毛，也可以化成一个公民。所以，保护韩寒，也就是保护公民权力，保护我们自己。

　　韩寒是有大智慧、大能量的，学者熊培云坚信韩寒"有朝一日能当大任"，力主将"公民韩寒"进一步升华为"光明之子"："韩寒不傲慢，他的智慧大于知识；他带着悲悯抗争，他在做一个有底线、有谋略又不失宽容的光明之子。他尽一切可能不让自己滑向黑暗，而且他做到了，至少到目前是这样。他把安迪的锤子放进了《独唱团》，让我相信他一时的委曲求全皆为自由而来。他理解了这个时代，也试图以自己的方式开创一个时代。"③ 当方舟子们要把韩寒拉下神坛的时候，韩粉一再申辩："韩寒不在神坛，他不是旗手、不是代言，他是凡客，他就是在我们身边的小镇青年，他了解这群同龄人和这个世界，他接地气。"④

　　媒体人李亚曾总结韩寒价值的四个方面，即公民精神、悲悯情怀、智慧启蒙、理想追求。2012 年初韩寒败走麦城，李亚特地给方舟子发过一条求情短信："从大局出发，我觉得中国需要韩寒这面青年领袖的大旗，您得包容点。"⑤ 是啊，正如一些媒体人所宣称的，韩寒是中国"最后一个希望，最大一张王牌"，"造就一个韩寒，需要五千年的等待"⑥，这容易么？

---

　　① 笑蜀：《像韩寒那样珍惜痛感》，《南方周末》2010 年 4 月 15 日。

　　② 李海鹏：《支持一个非我族类》，《南方都市报》2012 年 2 月 24 日。

　　③ 新浪微博"熊培云"，http：//weibo.com/xiongpeiyun，2011 年 12 月 27 日。

　　④ 敏娟：《为什么我们轻易能读懂的韩寒，他们却不懂》，新浪微博"敏娟"，http：//weibo.com/minjuan0221，2012 年 4 月 2 日。

　　⑤ 李亚：《保卫方舟子，捍卫韩寒》，新浪微博"李亚"，http：//weibo.com/li3ya4，2012 年 1 月 28 日。

　　⑥ 谢轶群：《韩寒何时会 out?》，新浪博客"谢轶群的 BLOG"，http：//blog.sina.com.cn/anhuixyq，2010 年 5 月 13 日。

十一　神的矛盾属性是不可调和的

在结构主义看来，一切神话素最基本的组合方式就是二元对立，神话总是借助矛盾来展开叙事①。"在世界各地都能找到的神话人物的特性，即，同一个神具有互相矛盾的属性，例如，他可能是善的，但同时又是恶的。"② 韩寒就是这样一个箭垛式的英雄，可以集各种矛盾于一身："他可以在 15 岁的年纪博览群书，数量多到常人毕生读不完，质量好到无数典故可以熟练运用；他的思想和行为可以随意穿越，可以一边疯玩一边大量写书，可以熟练运用外语而不必记住单词，可以在年少时分掌握中年心境，可以作为赛车国手的同时如诸葛孔明般洞悉天下。"③

韩仁均一直在努力塑造韩寒"学习成绩不好，道德品质优良"的奇才形象，他笔下的韩寒，从小聪明伶俐，只是无法适应僵化的应试教育模式，虽然学习成绩不大好，但是，"儿子很正直诚实，能设身处地地替人着想，品德不错"，"单就他那实事求是不说假话这一点，我就认为韩寒很诚实"④。同样，在韩寒的支持者眼中，韩寒是一个近乎完美的公民典范："韩寒很有力量的地方，在于韩寒很干净，中国知识分子普遍具有的那种小肚鸡肠，那种乡愿，那种野心和虚伪，在韩寒这里都很稀薄，基本上接近于没有。相对于知识分子的城府和模糊面目，韩寒倒显得清清楚楚，一清二白。"⑤

不过，邻居们眼中的韩寒却不是一个诚实的孩子："韩寒是独子，从小很调皮，甚至还有些痞气。比如，他会在练习足球时瞄准村里人的玻璃，踢碎了就跑。还有些时候会用大富翁棋盘游戏中的假美元糊弄小贩买东西，尽管这并没有成功。偷西瓜、草莓更是常事。"邻居韩春平就

---

① 陈连山：《结构神话学——列维－斯特劳斯与神话学问题》，外文出版社 1999 年版，第 110 页。

② 克劳德·列维－斯特劳斯著，陆晓禾、黄锡光等译：《结构人类学——巫术·宗教·艺术·神话》，文化艺术出版社 1989 年版，第 66 页。

③ Iris：《我看韩寒神像的倒掉》，缃绮弄春风网—时闻毒评，http://www.irisable.com，2012 年 1 月 30 日。

④ 韩仁均：《儿子韩寒》，第 21—22、118 页。

⑤ L. A. W：《谁制造了韩寒？关于韩寒的对话》，第 53 页。

说："我小时候，妈妈不喜欢我和韩寒一起玩。韩寒能言善辩，我说不过他，每次惹了祸都会推到我身上。"① 甚至连韩寒的好朋友也不认为韩寒是个爱说实话的人："本想让不知情的人认清一下韩寒的胡说八道，后来一想，算了，看他口无遮拦到几时吧。"②

对于韩寒舌战群儒的超凡口才，也许还是亲密战友路金波的评论最靠谱。据说路金波旗下的作家经常在一起玩"杀人"游戏，"杀人水平最高的还是韩寒，因为他很会撒谎。这除了跟他会编故事有关，跟他需要摆平1、2、3、4、5号不同女生也有关——总要说不同的话和理由来应对吧，不能穿帮"③。会编故事，这也是韩仁均对韩寒的评价："二三年级的时候，韩寒写作文就开始'虚构'情节。他似乎从未为许多小朋友都感到头痛的写作文头痛过。"④

在媒体人眼中，韩寒贪玩好色，是个真性情的天之骄子。当记者询问韩寒每天都做些什么的时候，韩寒回答说："也不做什么，睡睡觉，玩玩，看看碟，然后出去玩玩，看看书。"⑤ 在路金波等人的叙述中，韩寒的日常生活一般就是踢踢球、打打牌、泡泡妞。不过，这个答案是可以随着语境的变化而变化的。面对倒韩大军，远见卓识的韩仁均清楚地意识到了"神话思想总是从认识对立关系逐步发展到解除这些对立"⑥ 的重要性，因此对同一问题作出了截然不同的解释："韩寒不是一个特别喜欢应酬和交际的人，别人可能在玩的时间，他在想东西，写作，阅读，练字，练车。虽然他口头上不承认，一直说他在玩，但这个就好像一个考试很好的学生喜欢说他在家里从来不复习一样。没有想到，他的努力反而成为了他的过错。"⑦

---

① 崔木杨、周亦楣：《"寒门"父子兵》。

② 谭旭东：《曾经有过的……》，《中文自修》2000 年第 12 期。

③ 吉颖新：《路金波：作家是我的摇钱树》。

④ 韩仁均：《儿子韩寒》，第 5 页。

⑤ 杜釜：《韩寒：〈零下一度〉纯粹是一本垃圾文学》，新浪阅读导刊，http://edu.sina.com.cn，2000 年 9 月 25 日。

⑥ 克劳德·列维－斯特劳斯著，陆晓禾、黄锡光等译：《结构人类学——巫术·宗教·艺术·神话》，第 62 页。

⑦ 韩仁均：《说说我自己》。

　　韩寒自从退学之后，每年都有新书出版，十三年间，计有近20部专著①，更为传奇的是，他还是中国最好的赛车手之一，此外还要编杂志，出唱片，接拍广告等。写作和赛车，这两个风马牛不相及的领域，就像举重和刺绣一样，其工作状态和生活状态是完全异质、难以兼容的，所以麦田质疑说："赛车是一项非常需要时间、精力、注意力和体力的运动，需要大量的训练和频繁的比赛，如果一个人能在赛车领域做到全国冠军这么专业的水平，他怎么还能有精力去做别的事情，比如持续、大量的写作?"② 麦田不能理解，是因为麦田不懂神话。

　　面对麦田、方舟子等人的"代笔"质疑，路金波辩护说："你可以说韩寒写得不好，你可以说韩寒懒，说韩寒不学无术，这些我觉得我都同意，但是他不可能是小偷。"③ 可就是这个被路金波称作"懒"且"不学无术"的年青人，在当代中国创造了一个又一个文化奇迹，被数以百万的追随者们奉若"天才"，被许多知识分子称作"当代鲁迅"，甚至有学者认为："现在的中国大学教授加起来对公众的影响力，赶不上一个韩寒。"④

　　作为中国当代最著名的"变脸"表演艺术家，韩寒枪挑现代诗坛的时候，曾居高临下地教训诗人："你们的可怜就在于，只要我哪天兴趣过了，不玩你们了，你们就再次退出人们的视线……你们有多么踊跃想跳上舞台唱两句，舞台稍微高了点，你们诗人就自己人踩着自己人往上蹬。我笑你们跳，我吹口哨你们叫。但是当我走了，聚光灯和观众就都没了。你们爬上来后，就用手机的光照着自己互相表演吧。"⑤ 可是，换个场合，韩寒迅速就能把自己妆扮成一个屌丝代言人："我们只是站在这个舞台上被灯光照着的小人物。但是这个剧场归他们所有，他们可以随时让这个

---

　　① 据不完全统计，计有《三重门》《零下一度》《像少年啦飞驰》《毒1》《毒2》《少年》《通稿2003》《长安乱》《杂的文》《韩寒五年文集》《就这么漂来漂去》《一座城池》《光荣日》《可爱的洪水猛兽》《他的国》《草》《1988：我想和这个世界谈谈》《青春》等。

　　② 麦田：《人造韩寒：一场关于"公民"的闹剧》。

　　③ 湖南卫视—新闻当事人：《方韩论战》，2012年2月4日。

　　④ 王莹：《人大教授：中国教授加起来影响力赶不上韩寒》，人民网—教育频道，http://edu. people. com. cn，2010年3月22日。

　　⑤ 韩寒：《我笑你们跳，我吹口哨你们叫》，新浪博客"韩寒"，2006年10月4日。此文现已删除。

舞台落下帷幕，熄灭灯光，切断电闸，关门放狗，最后狗过天晴，一切都无迹可寻。"①

　　同为韩阵营的媒体人，李海鹏认为韩寒是个骄狂的勇士："你几乎不可能让他尊敬某个作家或者学者，甚至于你怀疑他根本不钦佩任何人，除了他自己。他的骄狂几乎是刺目的。你只是不能低估他的自由自在和不落窠臼的能量。"② 何东却认为韩寒是个低调的性情中人："韩寒，他如此的低调，却还时时处于浪尖，被人说成哗众取宠。他如此真性情，却总是被人故意曲解，说成小人得志。他如此热爱生活，却被说成是生活放荡不羁。他捍卫自己的利益和尊严，却被说成是刻薄、口无遮拦；唉！在我们的社会文化里隐藏了太多太多的偏见。"③

　　面对《三重门》代笔的质疑，韩寒理直气壮地说："创作过程中，坐在我前后左右东南西北中发白的同学们都知道是什么情况，我几乎是写一页给要好的同学们传看一页的，尤其是我的同桌陆乐，他是从第一页看着我写到最后一页的。"④ 有网友依据韩寒在《那些事那些人》一文中提及的"乐子"，以及谭旭东《曾经有过的……》提及的"小陆"，推断陆乐是韩寒留级后的同学，1999 年 9 月之后才认识的，相处总共不超过半年⑤。此外，韩仁均也在《儿子韩寒》中不止一次地提到此书早在 1999 年 4 月之前就已经完成了，而且有具体的事件和人物做时间坐标："参赛回来，韩寒将全部书稿订正一遍后，四月份把书稿送到了胡玮莳那里。"⑥ 上海文艺出版社总编辑颜宗培的回忆也证实了他们早在 1999 年初就收到《三重门》的书稿。也就是说，《三重门》完成的时候，韩寒和陆乐可能还不认识。不过，《南方周末》的访谈却又暗示陆乐确实是韩寒第一次高一期间

---

① 韩寒：《散文一篇》，新浪博客"韩寒"，2010 年 4 月 7 日。

② 李海鹏：《2009 年度人物：韩寒者，冒犯也》。

③ 何东：《韩寒真寒》，新浪博客"何东"，http：//blog. sina. com. cn/hedong，2008 年 6 月 5 日。

④ 韩寒：《正常文章一篇》，新浪博客"韩寒"，2012 年 1 月 18 日。

⑤ 分别参见红水西三《〈人造韩寒〉事件之一剑封喉》（新浪微博"红水西三"，http：//weibo. com/fh1077，2012 年 1 月 29 日），鬼上当乙《给"韩寒父子造假的铁证"再加一个铁证》（天涯社区—天涯杂谈，http：//www. tianya. cn，2012 年 2 月 1 日）。

⑥ 韩仁均：《儿子韩寒》，第 52 页。此外，在第 58 页还特别提到是因为写作《三重门》才导致韩寒留级，并强调时间下限是 1999 年 7 月。

的同学①。种种扑朔迷离，如同高唐神女的神秘面纱。

关于《三重门》的写作时间，韩家父子有无数矛盾的叙述。为了解释《零下一度》的文字为什么比《三重门》幼稚，韩寒说："《三重门》出版的早，但写的晚，《零下一度》出版的晚，但写的早。"② 但他又忘了自己在《零下一度》的自序中曾经说过："我曾想用和《三重门》一样的文字来写《零下一度》，不幸发现自己暂时失去了那种翻来覆去玩文字的能力。"此一时、彼一时，答案只与当时的语境有关，需要说早就早，需要说晚就晚，正如一位网友指出："韩寒以前说从来不看名著，现在却不停地在证明自己看各种名著。他的周末不是在踢球就是在写作，至于到底是踢球还是写作，那要看他接受采访时候的心情。"③

韩寒为了回复代笔质疑，曾多次强调自己写作分不清"的地得"，而这正是属于他个人的独特风格。可是，他的高一同学金丹华却说，两人初识时，韩寒曾客气地帮他改正了文章中几个"de"字错误④。如此说来，高一的韩寒是掌握了"的地得"用法的，所谓的独特风格其实是一种刻意包装。

关于韩寒是否读书，到底是读少儿书刊还是读钱钟书，韩阵营一直有不同的说法。面对何东，韩寒说："我跟你说真话吧，我是连《红楼梦》都没看过，你跟我说的那些名字我根本就不知道谁是谁，你让我怎么发表看法？我是真没看过《红楼梦》，我也是真的不知道中国以前那些学说里面的所谓的儒学，所谓的什么学什么家的，他们具体是个什么内容，我真的是不知道。"⑤ 不过，面对倒韩派的质疑，韩寒迅速调整姿态，摇身变为博览群书的读书人："我从小喜欢阅读，几乎每两个晚上都要看掉一本书。到了初中高中，我拼命的读各种书，这点我的同桌和老师都

---

① 陈鸣：《差生韩寒》。

② 韩寒：《我写下的这些都可以成为呈堂证供》。

③ 免费写手：《存在即有其合理性，猪一样的队友呢？》，新浪微博"免费写手"，http：//weibo.com/writers，2012年1月30日。

④ 金丹华：《为了无言的期待》，《中文自修》2000年第12期。

⑤ 凤凰非常道：《韩寒做客凤凰非常道》，土豆网，http：//www.tudou.com，2007年6月19日。

可以证明，到了高中更加病态，彻夜阅读《管锥编》《二十四史》《论法的精神》《悲剧的诞生》。"① 一个语文考试只能考 60 分的中学生，却能玩儿似的把《管锥编》当琼瑶小说，两个晚上读一本，钱钟书若是泉下有知，大概也只能哭晕在厕所了。

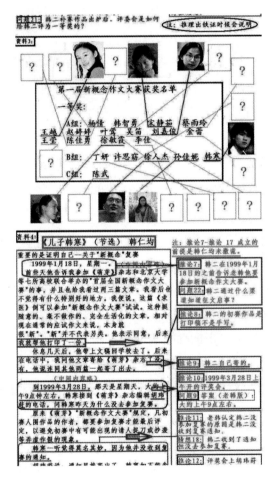

图12—6　自从 2012 年 1 月 15 日麦田《人造韩寒：一场关于"公民"的闹剧》发表以来，墙将倒，众人推。关于韩寒是否"被代笔"的各种网络分析成为 2012 年春节前后的一场网络狂欢。图为网友对于韩寒参加"新概念作文大赛"是否作弊的分析示意图。施爱东截图，2012 年。

① 韩寒：《正常文章一篇》。

　　韩寒曾说："中国的作家都没有骨气，变态了，变种了，他们不是作家，不要用他们的标准来衡量我。你们搜索我所有的新闻，在所有的采访里，我都从来没有管自己叫过'作家'，这是我的规矩，因为我觉得自己暂时还没资格。我都管自己叫'作者'。"① 甚至还说："你能够从哪个地方说我自称自己是个作家，我给你一万块钱，我肯定是从来就没有过的事情，所以很多人都是自己意淫出来一个话，然后自己去骂自己意淫出来的那句话。"② 事实上，他早在 2005 年就曾对记者声称"我是中国作家中对文字最讲究的"③。2008 年之后，韩寒不仅言必称自己为作家，而且是最顶尖的作家："我是全国作家、赛车两大领域中最顶尖几个人之一，我在两大行业做到金字塔顶端。"④

　　2010 年，当记者指出其"公共知识分子"的身份时，韩寒马上做出了防守反击的姿态："公共知识分子？我肯定不是，我觉得公共知识分子就是公共厕所，是用来泄愤的。"⑤ 两年之后，韩寒说："我觉得，'知识分子'以及'公知'这两个词，无论在任何年代，都应该是一个褒义词，都该去珍惜……我是个'公知'，我就是在消费政治，我就是在消费时事，我就是在消费热点。我是消费这些公权力的既得利益者。"⑥

　　少年得志，口无遮拦，接受采访多了，难免出尔反尔，自相矛盾，可是韩寒偏偏喜欢自诩"堂堂正正，光明磊落"。他曾在《小破文章一篇》中悬赏说："任何人可以证明自己为我代笔写文章，或者曾经为我代笔，哪怕只代笔过一行字……均奖励人民币两千万元"⑦，随后还多次强调"悬赏的两千万依然有效"。大额悬赏激起了网友找代笔的巨大热情，他们很快发现韩寒自己在《卡门的自我修正主义》中提到，曾让朋友帮忙修改过《卡门》，而且特别声明自己并不清楚修改内容。网民按图索

① 黄健：《韩寒：让我比窦娥还冤，我会比窦唯还狠》，《青年周末》2007 年 1 月 18 日。
② 凤凰非常道：《韩寒做客凤凰非常道》。
③ 杨雅莲：《韩寒：80 后作家太幼稚》，《华夏时报》2005 年 11 月 24 日。
④ 罗小敷、李颖娟、方舟：《公民韩寒》。
⑤ 王琼：《韩寒：不能〈最小说〉都不如》，《重庆晚报》2010 年 1 月 7 日。
⑥ 韩寒：《就是要做个臭公知》，新浪博客"韩寒"，2012 年 4 月 20 日。
⑦ 韩寒：《小破文章一篇》。

骥，很快计算出该朋友增改多达200余字。有网民还发现在网易的一个采访视频中，韩寒曾指责主持人的一段朗诵"很肉麻"："因为这完全不是我写的。这不是我的话。"① 可是韩寒又忘了，这段话恰恰是摘自《就这么漂来漂去》，被出版社用作宣传的韩式美文。

类似证据越来越多，面对汹涌的索赏呼声，韩寒先是将悬赏推到对手头上："他们说我有团队，并重金鼓励网友举证，结果千万网友中没有人能举证出身边的亲朋好友属于我的写作团队。"② 后来看这一招不大好使，干脆一句"开玩笑"将游戏终结了："我又没有办法证明我没有团队，所以才开玩笑的，拿出了这个悬赏。"③ 网民不得不惊呼大丈夫果然能屈能伸，天才真是"四两拔干片"④，化解危险能力了得。

其实以韩寒之"绝顶聪明"，就算不开玩笑，也能立于不败之地，因为《小破文章一篇》暗藏了一招"佛山无影脚"。悬赏修订稿中的兑赏前提是"任何人可以证明自己为我代笔"，也就是说，只有代笔者"自己"出马，才能索取赏金，外人是无法插手其内部事务的。遗憾的是，韩寒自己并没有发现"自己"这句话的"妙处"，因此使不出这招"无影脚"。

2012年1月，韩寒过去五年间的各种访谈视频全被网民翻了出来，韩寒访谈中的各种矛盾叙述再次引起公众极大兴趣。有网民说："我承认之前从没看过关于他的这类影像资料。仅仅看了一段就惊了，再看几个，下巴都要掉桌子上了。我一直以为韩寒至少是个文学爱好者，虽然小说杂文是他爸爸等人代写的，但无论如何其本人这方面应该有些见解，访谈的状态，跟作品里的精神头一致才对。看了视频，我知道想错了，满不是那么回事。他的表现与谈吐，我以我几十年的人生经验向大家保证，韩寒他根本就是个文盲，丝毫不具备写作的能力，更谈不上天赋。"⑤

---

① 天凉好个秋：《韩寒网易的一个视频》，土豆网，http：//www.tudou.com，2007年1月1日。

② 韩寒：《我的父亲韩仁均以及他的作品》，新浪博客"韩寒"，2012年1月27日。

③ 湖南卫视一新闻当事人：《方韩论战》，2012年2月4日。

④ 韩寒公开展示的《三重门》手稿中，"四两拔千斤"被写成了"四两拔干片"，五个字写错三个字，因而被方舟子列为手稿乃为"抄稿"的证据之一。

⑤ 仙人指路010：《信不信由你：韩寒是个文盲》，http：//blog.sina.com.cn/a5sicheng，2012年2月2日。

韩仁均一再解释韩寒谈不了文学是因为老实，口才不好，但这一说法并未得到网民的认同："他讲起赛车和女人充满激情，讲到写作则寡言无语，即使阅人无数的我也会犯下以貌取人的错误，绝对想不到这样的颓废少年，竟然是思想深刻、光辉熠熠的公共知识分子、意见领袖、青年偶像。"① 作家冯唐甚至在写给韩寒的公开信中说："因为你的神话，这个现世认为不读书、不用功写作、下笔就能有如神助，不调查、不研究、大拇指夹着笔就能轻松论革命、论民主、论自由、出书无数，千万双手就在面前欢呼，捷径就在眼前，轻松出门，大道如青天。更可怕的是，这个现世认为《三重门》就是当代文学杰作，你就是当代鲁迅，你轻松论出来的革命、民主和自由就接近真理。"②

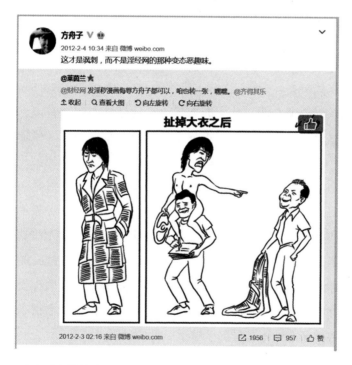

图12—7　方舟子微博转发的网友关于"方韩大战"的讽刺漫画。施爱东截图，2012年。

---

① Iris：《我看韩寒神像的倒掉》。

② 冯唐：《大是》，新浪微博"冯唐"，http：//weibo.com/fengtang，2012年3月30日。

十二　乱世英雄的伟大愤怒

乱世出英雄，反过来说，英雄总是出于乱世。面对乱世群魔，英雄总会表现其伟大的愤怒、特立独行的高贵品质，以彰显其卓尔不群的光辉形象。韩寒在帝王威士忌广告片中曾经庄严宣告："人，就活那么一次，世界是这样的现实，我们却有权利拒绝妥协。我只为没做的而后悔，不会为做过的而遗憾。人生不计得失，值得的，就去做，帝王！"① 帝王威士忌回赞说："韩寒，他追寻梦想，他开创了自己的事业，他独立而又机智，他是帝王最新代言人，他认为值得的就去做。"②

韩寒的愤怒，先是为己，推而广之，渐及家国。千禧年以来，"韩寒带着粉丝横扫网络，骂遍天下，可以被封为吵架王。这种热闹极大地促进了互联网本来就不弱的戾气"③。

当韩寒被贴上"公民"标签的时候，为了迎合"普世价值"的要求，他可以收敛成一个低调、羞涩的大男孩，凭借巨大的号召力，向全社会倡导言论自由，他那句"这个世界上如果没有批评的话，那赞美就没有任何意义"④ 的名言在中文互联网广为传颂。可是，这位骂架王出身的公民代表，稍遇批评，就会立马变回一个愤怒的斗士，招招戳向对手下半身。面对麦田的质疑，韩寒发飙说："如果你结婚生子了，按照逻辑，你不能理解我第二天有工作夜里一点还在写文章，证明你无法这样做，证明你精力不行，证明你无法满足你老婆，证明你老婆在过去的两年里必然偷人。你长期做 IT 工作，证明你一直坐在电脑前，证明你受到很多辐射，证明你精子活力比较差，综合了你老婆必然偷人和你精子活力必然差，证明你孩子必然不是你的。这就是你的逻辑吗。"⑤

---

① 百加得洋酒贸易有限公司帝王威士忌广告视频，2011 年 1 月 17 日全国首发。

② 新浪微博"帝王威士忌微酒庄"，2011 年 1 月 13 日。

③ 杨早：《韩方之战的四个关键词》。

④ 南方周末文化论坛：《所谓文化大国》韩寒视频，土豆网—教育，http：//edu. tudou. com/，2010 年 2 月 1 日。

⑤ 韩寒：《正常文章一篇》。此处引文现已删除。

这种语法曾经引爆韩粉的狂热模仿,一位韩粉这样咒骂方舟子:"您以为您十几岁做不到的事情全人类十几岁的时候都不能做到,否则就是造假,难道您以为您是创世纪的神吗? 照这么说,按照您的看法说句题外话,这要是万一您当年年少的时候身体条件不好,刚刚手淫出来的精液都是纯液体,那你是不是在面对其他少年正常的精液都得质疑说,精液这么粘稠,不可能是一个十几岁的孩子手淫出来的,肯定是拿面粉掺和进去的。"①

韩寒的暴戾还可以借用媒体人石扉客的话来说明:"2009 年 9 月 11 日,韩寒的新浪博客率先转载了上海黑车钩子事件里受害者张军的自述。我在爱卡上海社区看到博文链接,没注意是转载,发短信问韩寒是否其本人经历。韩回过来的短信我记得很清楚,他说:'不是我,是我早就炸楼抢车了!'"石扉客用崇敬的语气赞道:"这条寥寥几字的短信,充满刚烈勇悍之气,给我留下了相当深刻的印象。"②

石扉客的转述并非夸张,韩寒自己就说:"我只想告诉大家,以后遇上执法人员的非法执法,在保证自身安全的前提下以暴制暴是唯一的方法,比如说,查车不出示证件就往车里伸手的,可以考虑用窗夹住手以后割下来,当然,割下来以后还是要还给人家的,否则你就是偷窃了,如果有不愿意表明身份的人对你的车进行了堵截和对车主企图进行伤害的,则应撞死一个算一个,坚决不下车……只有以暴制暴,对非法执法的人员动用一切法律允许的工具进行自卫和反抗,这个国家才有文明执法的希望。"③ 在韩寒的"法律"中,把别人的手割下来,撞死一个算一个,大概都在"允许"的范围之内。

① 李人杰:《给方舟子先生的一封信》,新浪博客"李人杰",http://blog.sina.com.cn/lrj19950508,2012 年 2 月 5 日。

② 石扉客:《韩寒十四条》。

③ 韩寒:《这个国家将迎来国庆,这个城市将迎来世博》,新浪博客"韩寒",2009 年 9 月 16 日。

十三　英雄遭遇死亡通牒

英雄不能没有磨难，所有的史诗英雄都曾经面临死亡威胁，甚至要经历死而复生的涅槃事件，借助新生脱胎换骨，获得更多的"正能量"。

伟大的韩寒征战史，如果没有死亡威胁来添光加彩，英雄形象是要打折扣的。2012 年 4 月 15 日，方韩之战正酣，保韩大本营"亭林镇独唱团"突然贴出一张截图，网民"司马不迁"终于向韩寒发出一份死亡通牒："本人着重声明：公权力如果不介入调查人造韩寒事件，韩寒父子在半年内如不从实招认造假行为，不向全国人民公开道歉，我将采取史无前例的激进方式，亲自或雇凶诛杀韩寒以谢天下。"同时发布《捅伤或捅死韩寒父子是追求公平正义的必由之路》的暗杀檄文。亭林镇独唱团就此向全体网民发出呼吁："倒韩派的主力黄麟向韩寒和韩寒的父亲发出死亡通牒，并向网友征集韩寒的行踪。这场运动已经从造谣构陷的网络批斗发展到了焚烧图书破坏公物，最终走向了人身伤害。韩寒没有方舟子 59 万一年的保镖，出席公众活动甚至连个陪在旁边的助手都没有，情况令人堪忧，请大家广为转发。"①

死亡通牒经过亭林镇独唱团的披露之后，迅速成为网民热议的焦点，该帖的转发数和评论数迅速过万。保韩和倒韩双方，同时呼吁韩寒报警。韩寒支持者更是激进地表达着对于韩寒安全的担忧："妈的，韩寒有什么不测，我们绝不放过他。"［杨伟杰 o］"你要敢捅韩寒父子，我们全部粉丝一人捅你一刀。"［天才般疯子的疯子金］"支持韩寒！黄麟去死吧！希望明天你就出车祸！或者吃饭噎死！"［RMFUN9］"你们为什么那么害怕韩寒，就因为他敢说真话吗?"［一苏界］

按照亭林镇独唱团的说法，死亡通牒并不是偶然事件："我们以前的独唱团投稿邮箱里也会收到，还有韩寒留的读者交流邮箱，他的车队，他的合作方，甚至外方老板都收到了威胁邮件。我们了解韩寒，他绝对不会请保安保镖之类的，外人都说他有团队，其实出门参加活动都是自

---

① 新浪微博"亭林镇独唱团"，http://weibo.com/u/2577139143，2012 年 4 月 15 日。

己拎包。真不知道这些'倒韩派'会做出什么样的事情来。"①

正当网民们愤怒抒发忧情的时候，韩寒却表现出了过人的镇定和宽容："（你们）不该将此人单独拎出来示众，这样挑动了互相之间的仇恨，相信此人是一时冲动，同时此人也只是代表个人，不代表所有批评韩寒的团体。希望大家更加理智，有一分证据讲一分话。最近类似的邮件和短信不少，相信都是仇恨所致，未必会落实行动。"② 韩寒的态度获得了网民的普遍赞美："支持韩寒!! 有春天，无所畏!!!"［爱生活爱蓝猫］"强烈要求成立韩寒安保基金!"［羅_灏］在这成千上万的跟帖中，最有代表性的一句话是："韩寒太善良了。不过我还是建议报警，那帮人都疯了，保不齐会干出什么丧心病狂的事来。"［鱼鱼111］

死亡通牒让舆论迅速倒向韩寒，第二天就有多家媒体作了跟踪报道。经记者查证，司马不迁真名黄麟，是一名自由撰稿人，广西作家协会会员。倒韩阵营棋差一着，陷入不利境地，他们一方面督促韩寒报警，试图与黄麟划清界线；一方面通过网络搜索，既意外又惊喜地发现在黄麟的早期博客中，居然发表过数十篇盛赞韩寒的马屁文章，诸如《韩寒有望成为世界第一博》《韩寒批央视记者讲的是老百姓的心里话》之类。倒韩阵营据此认为，所谓的死亡通牒是韩阵营精心策划的苦肉计，黄麟其实是"潜伏"在倒韩队伍中的韩营卧底。更有网民清理出事件进展的时间表：4月15日18点14分黄麟发出死亡通牒；19点37分亭林镇独唱团微博曝光并迅速回应；21点47分韩寒表达了要世界和平的愿望；22点49分黄麟在博客中声明向韩寒道歉，前后不过4个多小时③。时间很紧凑，影响很巨大，跌宕起伏如同一出闹剧。

十四 英雄落难，美人相救

英雄救美是英雄史诗中最常见的母题之一，"英雄落难，美人相救"

① 新浪微博"亭林镇独唱团"2012年4月15日。
② 新浪微博"亭林镇独唱团"2012年4月15日。
③ 吴瑕：《"我将诛杀韩寒以谢天下"》，《信息时报》2012年4月17日。

的出现频率虽然更低一些，但也是英雄史诗中常见的母题。

韩寒自打初中以来就一直被疑"代笔"，2012年的方韩之战无疑是他出道以来面临的最严峻的一次考验。面对倒韩阵营的质疑，韩寒曾经发出一道公开悬赏令："所有我的文章如有一字他人代笔，我诅咒我自己不能活着看到我女儿成年。如有人能证实我有一字是他人代写，我愿意砸锅卖铁认罚二千万元人民币，终身封笔，赠送所有已出版图书版权给该人。"① 由于文中以女儿名义发出毒誓，遭到倒韩阵营猛烈攻击，韩寒在十几个小时之内曾一再更改这段措辞。

正当韩寒左遮右挡的时候，著名女星范冰冰挺身而出，发表题为"范爷驾到"的微博："看到韩寒悬赏二千万征集代笔证据的新闻，我愿加磅二千万，共襄盛举！这钱一定是使不出去的，但一定不能因这说我是不仗义的。"② 此举迅速引发娱乐效应，网友惊呼："范大美人也加入了混战啦！好啊～～有美人加棒，这戏才好看。光是男的在那儿掐，没劲。"［向啥啥红］也有网民意淫道："夹人才子啊，猩猩相戏啊。"［取三千弱水］

拥有百万粉丝的美艳女星果然号召力非凡，二千万一出手，迅速引发了百千影迷的加磅效应："范爷威武！因鄙人能力有限，也愿意悬赏10块，多少也是钱啊，是吧？"［你好Archu桑］"我愿意加磅20万，力挺韩寒到底！"［范冰冰影迷会］"我再加两千万，当然我没有，不过反正也绝对用不上，力挺韩寒，直到永远。"［徐子菲］"那我加两亿吧。"［My太晚以前］

才子配佳人，英雄落难美人相救，素来是中国戏曲的传统套路。看到美人向英雄伸出援手，部分影迷不禁惊叹："原来范爷和韩少互相欣赏！"［H雅_］"范爷真仗义啊，可惜韩少结婚早了。"［美凌格洋葱］更多的影迷则是兴高采烈地欢呼道："范爷和韩少终于联手啦～某些气质上真的很像吖你们～"［暖羊羊小魔女］"范爷无敌!! 韩少无敌!!"［远年琥珀1988］"韩少范爷联手，所向披靡!!"［Z–21］"两个当代青年的豪

---

① 韩寒：《小破文章一篇》。
② 新浪微博"范冰冰工作室"，http：//e. weibo. com/fbbstudios，2012年1月16日。

气，让无耻的人闭上臭嘴。"［深秋06］"范爷出场，妖魔鬼怪都躲起来了。"［艾益达］

有网民略带疑问地感叹："范爷仗义！我十分不厚道地设想：假如韩寒里应外合找人指正并承认不是自己写的，岂不是立刻赚到范爷的2000万？"［王喆同学］范冰冰影迷会马上回应："你有这种想法是因为你不够了解韩寒。"① 了了数字，迅速将范冰冰的仗义与韩寒的高尚人品进行了完美勾连。在范冰冰这则微博的近8000条评论中，明确表示支持范冰冰的，接近100%，同时还明确表示了支持韩寒的，接近80%。

坐拥千万粉丝，被誉为"微博女王"的女星姚晨，开始只是饶有兴味地转发一些挺韩的言论，眼看着韩寒节节败退，终于忍不住挺身而出："服了，从年前吵到年尾，吵得乐此不疲。换做是我，真没这耐心，早走法律程序，自正清白。法律上叫啥来着？好像是'诽谤罪'。"② 可惜女王赶的不是时候，随着方舟子的上场，战局已经开始朝着不利于韩寒的方向快速逆转，与范爷微博上一边倒的支持声不同，女王微博上最常见的跟帖却是："哈哈。""别理他们。""大嘴，你可别卷进去了。"甚至有人戏谑地调侃："错了，姚姐姐。1，是从2011年尾炒到2012年头；2，是自'证'清白。一句话还错几处，姐姐真厉害！"［方块8］"就喜欢姚晨大大咧咧的二，呵呵，因为我自己也有些二！傻的一般喜欢傻的！"［优品设计网站工作室］在姚晨这则微博的4000多条评论中，明确表示支持韩寒的，已经不足20%。

方韩之战中先后站出来为韩寒鸣冤的女性"公共知识分子"也不少，最著名的莫过于拥有70多万粉丝，被许多网民称作"民主女神"的女学者刘瑜。

新浪名博"土摩托"曾有一条广为流传的微博："韩寒是个挺好的赛车手，但他通过博客发表的那些文章多烂啊！一个劲抖机灵，发感慨，却鲜有真材实料。不过'韩寒现象'倒确实值得关注，它反映了这个时

---

① 新浪微博"范冰冰影迷会"，http://weibo.com/fanbingbingfansgroup，2012年1月17日。

② 新浪微博"姚晨"，http://weibo.com/yaochen，2012年1月27日。

代的荒谬。每次我看到那么多中老年知识分子狂热地表达对韩寒的喜爱
就觉得可怜，这些人没有独立思考，只有教徒式的盲目崇拜，以及自我
标榜。"① 刘瑜从众多倒韩言论中单挑出这一段，她先是压低姿态，守住
韩寒的价值底线："我理解科学男不喜欢韩寒的文字，但断定别人喜欢就
是'教徒式盲目崇拜'，这是'科学精神'吗？好文章要么拓展知识，要
么启发观念，韩寒不善前者（他不是学者），但在观念一团浆糊的社会
里，他对于启发观念讨论功不可没。很多人喜欢他并非因为崇拜，无非
在这方面的价值而已。"待把这一步扎稳了，接着再反戈一击："我倒觉
得一群本该致力于生产'真材实料'的中老年知识分子，气势汹汹地质
问一个写畅销小说的赛车手，为什么他不平则鸣时的随感没有学者式的
真材实料和周密严谨，才反映了我们这个时代的荒谬。"②

　　女学者的危机处理能力显然要比女影星高出一大截。范冰冰也好，
姚晨也好，都只是摇旗呐喊帮个人气，而刘瑜清楚地知道韩寒危机的主要
矛盾是代笔问题，因而不惜在价值战线上大幅后撤："中国洗脑式教育环境
里，韩寒对体制的批判式关注本身即启示，尤其对年轻人。当然仅有反体
制情绪不够，还需据理分析，但这是知识界的长期共同责任，非一人一时
能肩挑。韩的文字其实我也不那么喜欢，只觉得不应用火车承载力来要求
马车而已。"③ 这条以退为进的微博暗含着好几步杀招：（1）韩寒的积极
意义是针对年轻人而言的，你们这些中老年人别掺和；（2）韩寒确实有
情绪化的地方，这种情绪虽然理性不足，但有它的合理性；（3）韩寒的
文字并不高明，这么简单的文字用不着找人代笔；（4）我和韩寒不是一
路的，我是站在中立的立场上来表态的；（5）你们不能对韩寒要求太高。

　　非常可惜的是，双方阵营此时已经进入情绪化对立的阶段，刘瑜的
精巧设计并不为激动的论战双方所理解。韩阵营来来去去只能喊些干巴
巴的口号："挺韩寒！""支持刘瑜！""方舟子就是一条咬人的疯狗。"由
于当时韩寒还没开通微博，情绪激动的倒韩大军无处排泄，蜂拥至刘瑜

①　新浪微博"土摩托"，http：//weibo. com/immusoul，2012 年 1 月 24 日。
②　新浪微博"刘瑜"，2012 年 1 月 29 日。该微博现已删除。
③　新浪微博"刘瑜"，2012 年 1 月 29 日。该微博现已删除。

的微博破口大骂，甚至将韩寒和刘瑜比作"一对狗男女"，要把他们双双打落神坛。刘瑜纵有回春妙手，此时也只是螳臂挡车，最终没能经受住倒韩大军的如潮攻击，如同当年的白烨，被骂离了新浪微博。风水轮流转，当年被骂走的是韩寒的敌人，如今被骂走的是韩寒的护法女神。

图 12—8　《名汇 FAMOUS》杂志特别策划的《看微博如何干掉公知》，文章并不火，插图火了。该图模仿法国名画《萨宾妇女的干预》，将众多"挺韩女将"画进了图中。方舟子转发并点评说："画上女主角能认出姚晨、不加 V 和彭晓芸。"施爱东截图，2012 年。

　　刘瑜之后，挺韩阵营陷入全面凋零。危难之中，突然又有一位网名"墨荏苒"的美女将军横空出世。此女一反此前诸女以守为攻的姿态，咄咄逼人地向倒韩阵营发起了一波又一波的猛烈反攻。

　　早在麦田发表倒韩檄文《人造韩寒：一场关于"公民"的闹剧》第二天，墨荏苒就以一段深情独白开始了她的护韩之旅："韩哥，你真是躺着也能中枪……没办法，人家想借你的名气炒作，不过群众的眼睛都是雪亮的，你的文笔你的风格只属于你韩寒一个人，复制不得。咱不把它当回事儿，这些小人，理他都是给他脸了！"① 墨荏苒持续不断地发布"韩寒语录"，为韩寒鼓劲打气，可是，墨氏并非名媛，犹如沧海一粟淹没在百万韩营之中，别说无法引起韩寒关注，其微博甚至连一条转发或评论都没有。

墨荏苒并不气馁，半个月后，转向使用极端方式，一面转发挺韩微博，一面卖力咒骂方舟子："一刀捅死方肘子！""打倒方舟子，打到底，打到方肘子现原形！""这厮不会傻到让自己感染疯牛病吧？何况他今年的狂犬疫苗还没打呢。"如此喊了半个月，依然没有引起关注，于是改演苦情戏，声称："我的微博被方舟子病毒入侵……暂时无法恢复正常，各位见谅。"② 结果还是没人理。

寂寞呐喊了一个月之后，墨荏苒终于想出一步妙招，她把微博头像换成青春美少女，张罗了一个"倒方俱乐部"微群，以及 Q 群 214520837，自任群主。墨荏苒的惊人美貌迅速引起关注，吸引了一大批韩寒支持者。通过微群网络，队伍不断发展壮大，终于把她推到了抗方援韩第一线。

相比于前述女将，墨荏苒既无先天的人脉资源，又无后天的信息资源，更无法提供抗方援韩的智力支持。除了青春美貌以及对韩寒的衷心爱戴，墨荏苒似乎再无其他法宝。她唯一能做的就是四处跟帖和转发信息，组织俱乐部成员与方舟子进行不懈的革命斗争。为了吸引关注，墨荏苒总是不定期地将一些可爱生活照晒向微博。炫耀美丽给墨荏苒带来了巨大的满足，她开始恃美行凶，凭借相貌优势，极力丑化和嘲笑麦田、方舟子的长相，引来韩阵营一次又一次的喝彩。

墨荏苒并没有生产出什么广为流传的段子，她的微博只有暴力的语言："瞧瞧麦田你那副痞子流氓的嘴脸，你比方舟子还恶心，躲在别人背后的小人，时不时伸出头张望一下，一群草寇。""天下都快成方舟子的了？如此丧心病狂，麦田这个跳梁小丑会死得比谁都惨。""他就是这样，网络里的老大，现实里的孙子，没了新浪微博他会死。"这种毫无内容的

---

① 新浪微博"墨荏苒"，http：//weibo. com/u/1947105647，2012 年 1 月 16 日。
② 新浪微博"墨荏苒"，2012 年 2 月 15 日。

帖子占据了墨茌苒微博的 80% 以上。墨茌苒以量取胜，自从升任韩营主力以来，工作愈发卖力，每天转发信息都在 30 条以上。

墨茌苒是韩粉中少有的为了保卫韩寒敢于走极端路线的女孩，她不仅曝光了方舟子的私人电话号码，甚至在微博上炫耀自己给方舟子打过骚扰电话。面对麦田的指责，墨茌苒说："只许方粉点灯，不许我们放火啊？你最好通知肘子来找我，我非常渴望舍身取义，磨好多年的刀在等着他呢。至于你这陀屎，我懒得理。"①

不过，墨茌苒的人气法宝还是那些动人的照片。她的一颦一笑，总是那么恰到好处的可爱，草地上、蓝天下、沙漠中、水池边，处处留下她的倩影，嘟嘴的、瞪眼的、擎花的、听歌的，每一个姿势都让人浮想联翩。她被誉为"韩粉第一美女""护韩仙子""韩粉之花"，韩粉"相信墨茌苒的美就像相信韩寒一样，不存在疑虑"〔越狱兔921〕。有人将她的生活照拼合成一些小影集，加上"据说韩粉都是美女"之类的按语广为散播。一位韩粉在得到墨茌苒关注之后，用了"抓狂"来表示他的激动："今早发现我多了一位粉丝，墨茌苒，你知道我等这天等多久吗？"〔老夫子与大番薯〕有些韩粉则直称其为女神："我的女神感恩起了母亲的爱。这真是一个美妙的夜晚。好人，好梦～墨茌苒"〔越狱兔921〕

事情的恶化出现在 2012 年 7 月 18 日。网友三思小圆微博称："韩粉美女墨茌苒小姐，我偶然在网络上发现了一位跟你长得一模一样的网友，请问这是怎么一回事？能解释一下吗？"墨茌苒还没来得及回应，马上就有支持者跳出来大骂："这明明人家盗她的图，没长眼睛？"〔武神1987〕19 日，网友莱茵兰制作了一幅图文并茂的长微博《打假：揭开"韩粉之花"墨茌苒不为人知的一面》，揭露墨茌苒的图片全系盗用，"用虚假的美丽骗取粉丝"②。这条微博引来了激烈的反击，有人坚称墨茌苒不会造假，甚至发毒誓要捍卫墨茌苒。

双方扭成一团的时候，墨茌苒却在微博中宣称自己"依然很淡定地躺在床上"，这个态度给了墨粉极大的心理支持。可惜好景不长，两天之

① 新浪微博"墨茌苒"，2012 年 2 月 28 日。
② 新浪微博"莱茵兰"，2012 年 7 月 19 日。

后，照片主人，一位南京艺术学院的女学生现身了："这几天有位好心的朋友来告诉我，我的大量照片被盗用。我在新浪只有这一个 id－－许梦圆 MY，我的朋友都能帮我证明。希望这位网友墨荏苒能公开向我道歉，并删除所有盗用的照片，我相信你没有恶意，但请尊重我的权利。"①

失望的墨粉迅速分为两派，一派希望墨荏苒道歉，另一派则认为："人家帮你宣传了你的美，做了这么大的广告，本应该收你广告费，还道什么歉？"墨荏苒本人虽然未作任何声明及道歉，但以变换 id、更改头像、删除照片等一系列行为宣告了投降。不过，很快她就来了个金蝉脱壳，将原 id 改成了"墨荏冉"，新注册一个"墨荏苒"。如此一来，网民很难再搜到那个红极一时的"护韩仙子"了。

"力拔山兮气盖世，时不利兮骓不逝。骓不逝兮可奈何，虞兮虞兮奈若何！"墨荏苒的溃败，极大地打击了韩阵营的战斗积极性，自此以后，要想再组建一支能征善战的保韩大军，已经回天乏术。

图 12—9   方舟子将新浪微博当成了"方韩之战"的主战场，对韩寒的各种言行极尽挖苦之能事。施爱东截图，2012 年。

---

① 新浪微博"许梦圆 MY"，http：//weibo.com/xumengyuan，2012 年 7 月 21 日。

十五　尾声：神像坍塌，基座犹存

看到这里，也许有人说，根本就没有所谓韩寒英雄史诗，一切都是你拼凑出来的。是的，都是笔者拼出来的。荷马史诗的研究表明，前荷马史诗也只是一些杂乱的、与特洛伊英雄相关的系列故事，它们大多是片断的英雄颂歌，每一位歌手都在讲述自己心目中的英雄故事，不同歌手的英雄故事是各自独立的，直到荷马时代（前8世纪中叶至前6世纪中叶），才有杰出的史诗歌手将那些分散的片断组合起来，串唱成伟大的荷马史诗①。其他民族的英雄史诗，也都遵循这一规律。从这个角度说，笔者就是一个串唱韩寒史诗的歌手。

也许还有人说，韩寒早就说过："我一直不在任何的神坛，我常说，时无英雄，使竖子成名，我只是被灯光照着的一个小人物而已。我也说过，什么坛到最后都是祭坛。我从来不觉得自己是偶像，也过着非常平淡的生活。"② 是的，伟大领袖也从未说过自己是神，但这并不妨碍祖国处处立神像。

虽然笔者基本同意学者肖鹰对于反智舆论的批评："学习不好，不是反智；反对学习是反智；差生不是反智，把差生打扮成天才就是反智；批评教育弊端和教师劣行不是反智，恶意诋毁教育、侮辱教师就是反智。韩寒，一个反对学习、放肆诋毁教育、侮辱教师的辍学差生，假造为'文学天才'，装扮成'反叛英雄'，就是反智。"③ 但对于多数读者来说，也许明星学者易中天的这段话更合胃口："文学作品和学术著作，要紧的是内容和质量，不是作家的署名。《老子》何人所写？不知。《红楼梦》是曹雪芹的作品吗？疑似。《金瓶梅》作者是谁？天知道。怎么样呢？还不是照看照读？"④ 韩寒及其作品有没有价值，并不是本文所关心的问题；

---

① 详见格雷戈里·纳吉著《荷马诸问题》，巴莫曲布嫫译，广西师范大学出版社2008年版。

② 韩寒：《二月零三日》，新浪博客"韩寒"，2012年2月3日。

③ 肖鹰：《韩寒骗局破灭剧谢幕辞》，新浪博客"肖鹰的博客"，http://blog.sina.com.cn/xying1962，2012年4月6日。

④ 易中天：《兔子怎样证明自己不是骆驼》。

本文讨论的是关于韩寒的叙事，以及叙事的策略。

　　肯定还有读者要问：那韩寒到底有没有代笔？我们只能说：截至2012 年的"韩寒文学史"可以明显分为三个阶段，1999 年以前、1999—2008 年、2008 年以后，三个阶段的文字风格差别非常大，中间阶段的文字水平明显差了两头一大截，属于语文不及格的阶段。但是也有三个阶段文风一致的地方，比如韩寒特别喜欢玩一种换字游戏，诸如"不懂为何在上海这个'文明'的都市里有那么多'明文'的规定"，"人世间对牛弹琴的事不算恐怖，恐怖的是牛对琴弹"，"有些人就是坏坏学习也会天天向上，就属他好好学习，就是天天向下"，"如果让我比窦娥还冤，我就会比窦唯还狠"，"闭上眼睛以为是在牛津，睁开眼一看是在天津"之类。窦娥和窦唯、牛津和天津简直就是"关公战秦琼"，可韩寒要的就是这点"窦""津"的味道。这是韩氏父子都很爱玩的同一款游戏，但是，我们不能据此判定韩仁均就是韩寒的代笔者，子承父业，儿子会老子几招绝活，这是很正常的。可是，天才之才本该先天自备，岂能来自凡间俗父？天才一旦被发现与凡父共通，便会面临失去天赋神性的危险。

　　人，或者神，对于韩阵营的"公共知识分子"来说，是一个二难选择。汇聚在韩寒身上的神圣矛盾，是很难借助人类的逻辑来化解的，除非我们承认神的存在，而韩寒就是神的化身。维护韩寒神像，就是维护一股以韩寒为核心的庞大的年轻力量，维护一种自由主义理想。"韩寒这个旗帜不能倒，韩寒要是彻底倒了，那些聚拢在他身边的年轻人会迅速散去，而这些'公知'谁也不具备韩寒这样数量巨大的粉丝和影响力。在他们看来，是否代笔，是否包装都没有什么探究价值，重要的是一个有影响力巨大且价值观先进的韩寒对当前的中国来说，意义非凡。"①

　　支持者们希望韩寒继续屹立神坛，可是，韩寒选择了做回凡人。为了化解《三重门》的代笔质疑，韩寒自拆了天才写作的神圣包装："我根本不认识那些单词。只是我想模仿钱钟书。那就不光文风像，也要像他那样有学问。我四处摘抄各种知识。我写文章，写《三重门》，其实不讲

---

① 戴假发的南瓜：《体制内视点：判断方寒之争的胜负很难吗?》，天涯社区—天涯杂谈，http：//www.tianya.cn，2012 年 4 月 4 日。

究故事完整，我所有的情节设定，都只是为了把那些抄来的知识显摆出去。"① 韩寒甚至公开承认："我的文笔故作老成、非常做作……那篇文章里为了装逼，我好像还引用了拉丁文。"② 这样的解释无疑是对《文坛算个屁，谁也别装逼》的自我回应，向世人宣告了自己"装逼"。

可是，韩寒自认"装逼"却砸碎了媒体人和"公共知识分子"多年来为他精心锻造的"真实、自然、坦荡、天生离真理很近"的神圣形象。韩寒的撤退，对于韩阵营是个巨大的打击。任何神像都经不住剖开细看，人们很容易就会发现那只不过是一些黄铜、石料或者石膏、泥巴。《三重门》手稿的出版，等于把天才神作摆在公众眼皮底下公开解剖，不仅未能消除质疑，反而为倒韩阵营提供了戏谑狂欢的道具。尽管韩寒将书名定为"光明磊落"，可读者却从中看出了三块石头和水、草。手稿中的大量书写错误，诸如破着头发（硬着头皮）、不歪于（不至于）、火望（失望）、篇锥篇（管锥编）、曹聚但（曹聚仁）等，各种别字、串行、脱漏、误补，均被倒韩阵营当成了"抄写错误"的证据。围观群众你方唱罢我登场，各种版本校勘、笔迹鉴定，乃至刑侦分析的手法，都被应用于手稿分析，招招指向"代笔"。

此外，韩寒写给易中天、石述思等人的私信，也先后曝光在公众视野中，人们惊讶地发现，这些被认为代表了韩寒"真实水平"的文字，是如此稚嫩、笨拙，与"天才作家"的文学作品有如天壤之别。倒韩阵营一浪高过一浪地叫嚷着要韩寒"出来走两步"，到电视机前和大家谈谈他自己的作品，和方舟子公开辩论，在受监督的环境中亲自写篇文章。令人惋惜的是，韩寒选择了回避，而韩寒的回避又成了倒韩狂欢的新理由。

这一切的叠加，引发了倒韩的共振。倒韩阵营用狂欢的姿态消费着来自韩寒的几乎所有信息，当年韩寒叱咤风云南征北战所掷出的投枪，如同飞去来器，这时全都扎回到韩寒自己的身上。韩寒的支持者被贴上"脑残""脑残韩粉""捧臭脚的脑残韩粉"的标签，为韩寒辩护则被称

---

① 路金波：《"被告"韩寒"自证"后，诉方舟子名誉侵权》，新浪博客"路金波"，2012年1月29日。

② 韩寒：《我写下的这些都可以成为呈堂证供》。

做"洗地""捧臭脚",以至于多数支持者在试图为韩寒辩护之前,都得先打出一面小白旗:"首先声明,我不是韩粉。"

　　韩寒代笔门或许永无答案,韩寒作为一尊神像,已经在这场戏谑的狂欢中坍塌了。但是,由韩寒所推高的网络戾气,以及韩式语言暴力,却并没有因为天才的降落而减弱。方韩之战的双方,都有一群庞大的网民在使用相同的语言暴力,一面叫嚣着从精神到肉体彻底消灭对方阵营,一面极力推高自己的偶像。韩寒的史诗或许结束了,唱颂史诗的土壤还在,矗立神像的基座犹存,新的史诗还会塑造新的神像。

图 12—10　"方韩大战"中,腾讯网曾经策划了一个《打假韩寒,方舟子这次打错了》的专题报道,声称:"我们认为,韩寒作品确实并非代笔,这个专题将展示互联网论战常胜将军方舟子是怎么弄错的,为什么弄错了。"后来看看形势不对,腾讯网编辑悄悄地将专题改成了《方舟子打假韩寒方式错了》,声称也改为:"我们认为,不管韩寒作品是否存在代笔的可能,互联网论战常胜将军方舟子这次的打假方式都是有问题的。"施爱东截图、合成,2012 年。

　　(本章原题《韩寒神话的史诗母题》,原载《清华大学学报》2013 年第 1 期,收入本书有修订。)

附录一　我就是韩寒史诗的串唱歌手

【邱小石（资深广告人，读易洞书店店主）】看完我松了一口气，施爱东毕竟没走向方舟子的绝对认定："韩寒代笔"。在这个问题上，网络上有很多精彩的评论，关于公权与私域的关系，正好就不费力赘述了。

而另外一个问题同样很尖锐。

施爱东文中一开始就在文化研究的基础上建立了一个英雄成长的模式，然后把韩寒"英雄般的"成长历程处处进行影射，很有说服力。我无力辩驳也不想辩驳，因为其实文章写到最后，施爱东的结论和我出奇的一致——正如施爱东所说："韩寒的史诗或许结束了，唱颂史诗的土壤还在，矗立神像的基座犹存，新的史诗还会塑造新的神像。"这说明这件事情的起因和延续，跟韩寒关系真的不大，有没有韩寒，史诗与唱诵也在不断的发生。

因此文章偏向明显的素材收集，犹如棒喝韩寒为瘪三，显得特别没道理。这和把韩寒塑造得完美无缺捧为太阳，本质上没有什么不同。我更关心的是，究竟是谁歌功颂德放大了一个人的虚饰，然后又是谁用罪恶的定性绑架了一个人的虚荣？为什么会有这样不断矗立和推翻神像的土壤？为什么会产生这样如此紧张的对立？公众的参与与喧哗出于什么动机？谁在里面获得了娱乐和发泄？谁又在旁边偷着乐？是土壤吗？谁是这对立两极真正的朋友和敌人？是韩寒吗？我觉得不是。韩寒只是他们的一个工具。

而最让人不安的是，因为只是把他当作一个工具，大家完全不管不顾地摧毁了一个作为个体的"人"的存在。

【李桃（中国社会科学院文学研究所）】不得不说，即使是用方舟子教主挑剔的理工科眼光来衡量，这也算是一篇优秀的论文：论题明确、论据丰富、同类相比、异类相较，更重要的是，对于这样一个网络上已经打得口水、破鞋满天飞的话题，文章的语词很是含蓄——虽然笔锋是蘸着辣椒水的。

但是，文章的结论是不是太前置了一些？

真正的推理或者实验应该是靠全面的数据或者例证得出结论的，有时科学家的工作就是要解释为什么实验的结果和当初设想的不一样，而不是为了得出预设的结论来搜集材料、编造数据。作者很巧妙地把看起来具有微弱倾向性的言论布置在行文中，高明地把读者的眼光聚集在很多爆料上，而忽略这些材料选取上的煽动性，这更像是一种表态和宣传，不是客观的分析。比如，文中提到韩寒的支持者借助当下流行的民族主义话语，抨击三位与韩寒同时代的女高材生现在都已经嫁到美国，反衬韩寒是一个表里如一的良心"公知"。而事实上，韩寒在2012年6月28日专门写过一篇博客来辟除这个传言的虚伪。作为对韩寒现象如此关注的作者，怎么就把这样一则材料给漏看了呢？或者，这正是一种把自己的价值导向通过片面举证传输给读者的方法。在信息如此纷繁复杂的今天，我们也许无法苛求具有舆论影响力的人达到怎样的责任高度，因为人都是有主观性的，但是我们能做到的是训练自己的判别能力，而不是眼睁睁地看着太阳升起，太阳落下。

曾经严肃地教育过韩寒"文学金线说"的冯唐同学曾经写道："数字是婊子，是叛徒，花花钱，上上大刑，数字能做你想让它做的任何事，能给你想要的任何证据。"以这篇文章看，事实论据竟然也沦落至此了。

【施爱东】两位的评点意见，我当然都接受。面对同一对象，横看成岭侧成峰，什么意见都是正常的。

稍稍辩解一下，李桃妹妹有一个字用得不太准确，"编造数据"，把"造"字改为"辑"字就好了。如李桃所说，全文虽然貌似中立，事实上掩饰不住作者对韩寒现象的批判立场。这个立场确实是预设的。有了这个立场，自然就会搜集与此相关的资料，忽略与此无关或立场相左的资料。所有立场鲜明、观点明确、论据充分的文章都是这么写的；我在文章最后一部分也提到了，世界上最伟大的史诗，也都是这么来的；甚至法庭上的诉讼和辩护，一样都是这么干的。只要材料是真的，选择哪个材料，不选择哪个材料，不可能照顾到每个人的口味，只能按照我的需要来。这篇文章初稿近5万字，每一条材料都有坚实的出处，没有"造"一个字。如果说韩寒神话过去只是一些散落的英雄篇章，那么，我就是韩寒史诗的串唱歌手。我把分散的英雄篇章集串在一起，唱出了一部当代的韩寒英雄史诗。

其实我写这篇文章并不是倒韩。我花了大量的时间阅读韩寒作品，还真不觉得韩寒的小说是别人代笔的（韩寒中学获奖作品另当别论，那完全不是后来韩寒小说文字的风格，而且疑点太多）。这些小说就算真有幕后人，我也相信幕后人只是打了个底稿，大部分文字是经韩寒修订或重述之后正式发表的，那种为文采而文采、为俏皮而俏皮的韩式文字风格还是比较明显的。这在商业化写作中，应该是允许的吧？

我最反感的是那些抱着各种目的无限拔高韩寒的媒体人和学者，那些把韩寒当作工具使用的所谓自由主义知识分子。正如小石所看到的，我在文中称之为"唱颂史诗的土壤"。

韩寒和媒体是一种互相利用的关系，这一点，韩寒早在中学时期就已经意识到了，而且乐在其中。当年享受了媒体的虚假吹捧，如今要为这些虚假吹捧而买单，韩寒也不完全是无辜的，所以，韩寒既值得适度同情，又不值得过于宽容。

许多网友都指出了，韩寒最坚定的粉丝是大致同龄的女粉丝。无论方舟子拿出多少证据，这些女粉丝都是不会听不会看，更不会信的，就算法庭判决了代笔，她们一样会支持韩寒。真正让部分女韩粉含泪抛弃韩寒的，恰恰不是方舟子，而是捧韩的《南都娱乐周刊》。

那篇《韩寒：她们都是我亲人，希望能和平共处》才真正伤到了部分女韩粉的心。韩寒对于婚外情的这段表白："我和我太太的感情非常坚固，但也许和其他姑娘也早已如同亲人。我甚至希望她们之间能够友好互助和平共处，就是这样。其他人会爱上我，我也许也会中意其他人，但没有人能改变我和我太太的感情。"明确要求自己的妻子与所谓的小三小四、赵娜徐蕾和平共处。这让无数欲被"亲人"而不成的女韩粉心理失衡，也让那些自许为普世价值拥护者的男韩粉瞠目结舌。虽然韩寒很快出来解释称采访内容被误解，但支持者们撕裂的伤口已经很难弥合。如果说韩寒不懂事，无法预见这番言论的后果，那么，精明的南都编辑也不能预见吗？当然不是，他们要的只是轰动效应、发行量，至于是否把韩寒推向深渊，根本不是他们所考虑的问题。捧韩寒是这些人，坑韩寒还是这些人，吃完了韩寒，他们还会接着吃下一个，中国的名人是吃不完的。

韩粉大多是年轻的、感性的，那些理性倒韩的声音根本就进入不了他们感性的世界。反倒是《南都娱乐周刊》这种落井下石、名捧实踹的软性倒韩，比麦田和方舟子的理性倒韩更具隐蔽性，也更具渗透性，因而也更具决堤的威力。这就是小石所看见的"土壤"。

【邱小石】爱东的回应让我松了第二口气。面对对他的文章的质疑，爱东理性而客观。

不过有个看法仍旧有偏差。爱东说我看到的"土壤"——那些把韩寒当作工具使用的所谓自由主义知识分子，那些抱着各种目的无限拔高韩寒的媒体人和学者，或者由这些人无意或故意营造的环境和情绪，这并不是我理解的"土壤"的意思。爱东指出的这些，不过都是土壤上生长的庄稼而已。

土壤或许包括了人性、社会、体制等复杂的层面，说到底甚至会感到文化基因宿命的无力。如果想简单地阐明我的观点，还是得回到我上篇谈到的对"人"的存在感的轻视：在我们的意识中，个体无足轻重，随时可以利用或者牺牲。更要命的是，这种意识，很多时候，自我毫无察觉。

附录二　《清华大学学报》刊发长文"韩寒神话"惹争议

（中华读书报特约记者 仲夏）《清华大学学报》2013年第1期罕见地刊发中国社科院施爱东博士5万字的长文《韩寒神话的史诗母题》，将韩寒挑战应试教育、当代文坛、社会政治，以及与对手的网战、与女性的关系，都对应于英雄史诗的叙事套路：征服魔界、征服他族、征服美女。文章一经发表，迅速引发热议。

对于论文的解读，网友迅速分为两派，喜欢的表达着强烈的喜欢，厌恶的表达着强烈的厌恶。由于论文过长，许多网友难以卒读，因而产生明显误读，有网友甚至以"社科院发力倒韩，韩寒看来大势已去"，或

"清华大学称韩寒是天才少年"这样的标题来扩散介绍此文。

此文大意为：韩寒的成名史，就其内在结构来说就是一部当代英雄史诗。英雄史诗的结构和母题都是相对固定的，英雄形象主要从英雄成长、英雄人格、英雄业绩三个方面加以塑造。英雄成长一般遵循"特异诞生—孤独童年—迅速成长的少年时代"的生长轨迹。英雄人格中最大的优点是超凡的勇气和能量，最大的缺点是伟大的愤怒及其不可调和的内在矛盾。英雄业绩则固定地体现为英雄征战。在韩寒神话中，这个天才少年曾先后挑战三个越来越强大的"魔界"：教育、文坛、政治。韩寒的伟大愤怒与他征服"魔界"的成功业绩紧紧结合在一起，其人格的种种矛盾，以及性别魅力，都只能用神逻辑来解释。自由主义知识分子维护韩寒神像，本质上是为了维护一股以韩寒为核心的年轻力量，维护他们心中的自由主义幻象。

网友"洛之秋"质疑说："我其实对韩寒的话题已经毫无兴趣了，让我惊讶的是施爱东的文章怎么可以刊登在《清华大学学报》上？除了题目看上去有点学术派头，整篇文章从立论到结构，哪里能和正儿八经的学术论文沾边？以为带脚注就是论文？"论文责任编辑桑海解释说："从民俗学或神话学的角度看，这显然是学术论文，算是解构一个神话个案吧。此文方法比较素朴，但材料和分析扎实严谨，而且文采很好。我开始也担心不像学术论文，还曾试图建议作者增加点理论性什么的，但转念一想，只要是扎实的学理探讨，写得更好读一点也没什么不好。"

部分网友对一些人身攻击的评论表示担忧，施爱东则借用顾颉刚的话回复说："欢迎一切评论，人身攻击也可以是一种研究的材料。世上没有无用的材料，只有不懂材料的眼光。这些材料可以用来研究网民的情绪、行为，以及传染、分类等等。"在这篇论文中，作者即大量引用了网友的评论，并对评论类型进行了数据分析。

以韩寒支持者的精神领袖"破破的桥"为代表，许多网友指责施爱东选择性地使用了"被污染的材料"，有恶意丑化韩寒的倾向，对此，施爱东回应说："恰恰相反，我采用的基本都是韩寒父子及其支持者的言论，论文的唯一偏颇，是没有引用一句方舟子的话。"

不过，施爱东并未掩饰自己的立场，他说："本文对韩寒现象的批判立场确实是预设的。有了这个立场，自然就会搜集与此相关的资料，忽略与此无关或立场相左的资料。所有立场鲜明，观点明确，论据充分的文章都是这么写的。我在文章最后一部分也提到了，世界上最伟大的史诗，也都是这么唱出来的。甚至法庭上的诉讼和辩护，一样都是这么干的。只要材料是真的，选择哪个材料，不选择哪个材料，不可能照顾到每个人的口味，只能按照我的需要来。"

有网友对这种预设立场的学术态度表示愤怒，认为"这是对历史学赤裸裸的挑衅"。对此，浙江大学历史系陈新教授评论说："这篇论文可以划入后现代史学，即愿意表达自我倾向与理论预设，以示对学术的虔诚。事实上这也是对'客观'的一种追求与呈现，不矛盾，神话学与知识社会学很好地结合在了一起。作者对自我理论基点的展示，估计许多人接受不了，至少不习惯。以后习惯就成自然了。"桑海对此表示认同："也许不存在没有立场和预设的史学，只有努力掩饰和忽略立场的史学。所谓后现代史学，无非是看破了这一点，然后有意地把立场透露出来。正如后现代文学作品的元叙述，把作者的位置暴露出来。"

陈新进一步阐释说："学术立场有显性的，也有隐性的，有时候并不是我们意识到了的立场，而是日常生活中已经潜移默化让你形成了的相对稳定的立场。当表达自己具有主观性的时候，其实不也正在追求客观性么？这就是在实践层面做到了，因而可以继而思考'实践'与'现实'的关联，进而引入你对'未来'的预期如何左右实践。人们的认识过程总是包含经验与理性的方式，经验有往理性的通道，也有往比喻的通道；理性有往逻辑的通道，也有指向信仰的通道。神话、史诗、历史、文学之间的关系如何，原来的界限在何种程度上可分离和融合，的确是当代的问题，需要当代人阐释。"对于大批读者的误读误解，陈新感叹说："在接受史学的问题上，看来还得作者持续努力。"

在全国有影响的学术刊物首次介入争论，施文是不是能成最后定论，我们将拭目以待。

（原载《中华读书报》2013 年 1 月 23 日 01 版）

附录三　韩寒神话的史诗塑造模式

《话题 2012》讲座：英雄成长史——从格萨尔王到韩寒

时间：2013 年 01 月 19 日 14：30—16：30

地点：北京凤凰商街凤凰汇购物中心"字里行间"三元桥店

主讲人：施爱东

主持人：杨早

【杨早】"韩寒神话"这篇文章，施爱东足足写了 9 个月，他曾在微博上说："韩寒神话一文，5 万字，足足花了半年多时间。看材料看得真是想吐，周一写完后一直状态不好，昨天终于病倒了。俺这亲身经历进一步证明了，韩寒真的是神，不能得罪的。"文章写好后，全文发在 2013 年第 1 期的《清华大学学报》，这篇文章主要是借用史诗形态对韩寒成长史进行了勾勒。

【施爱东】首先声明，我批判的不是韩寒，而是韩寒现象，精确一点说，是热捧韩寒的非理性社会力量。甚至在韩寒走红、尚未发生倒韩运动的时期，我就对韩寒的反智言论，以及韩寒被热捧的现象非常反感。但是因为当时的韩寒如日中天，而我们没有话语权，发不出声音，整个媒体的话语权在他们手上。尤其是以广州南方报业集团为代表的"南方系"媒体，他们一直在为韩寒造神。这里插一句，我觉得"南方系"造神，就像贝利预测世界杯一样，捧谁就是倒谁，捧得越高，倒得越惨。现在韩寒神倒掉了，他们又开始为柴静造神，对此我有种很不好的预感，说实话，我还是比较喜欢柴静的文字，被"南方系"捧倒有点可惜。

大家知道的倒韩运动是麦田发表《人造韩寒》之后的事，有些人可能不知道，其实麦田过去几年一直在质疑韩寒，只是一直没什么反响。麦田为何选在 2012 年初再次发动新一轮进攻？是因为所谓的"韩三篇"，《谈革命》《说民主》《要自由》使一部分挺韩寒的知识分子放弃了韩寒，他们认为韩寒变节了，开始向政府靠拢了，原来支持他的那帮知识分子纷纷后撤，这才使麦田乘虚而入。当然，这其中也有很多韩寒阵营不策略的因素。比如，招惹方舟子就是最大的失策。惹谁不好，非要惹上方舟子，连韩营大将石康都说，韩寒不是方舟子的对手。和韩寒交过手的有很多人，包括白烨，韩寒只用了三五天时间，这位文学界的大腕、中国当代文学研究会的会长，就把自己的博客关闭了，韩寒很快就大获全胜。而方舟子是不怕骂的人，是骂不倒的人，用骂的方式来对付方舟子，那真是厕所里放屁——白费气力。方舟子本来只是作为旁观者，发了几句评论，不料招致韩方阵营如潮水般的漫骂。向方舟子发出挑战显然是韩寒阵营最大的失误。

在韩寒与方舟子论战期间，我虽然全程密切关注，有时也会在微博上发表一两条评论，但基本上没有掺和到论战之中，只是拉黑过几个对方舟子出言不逊的学生粉丝。毕竟我们是学者，和他们不太一样，所以只是冷眼旁观。但冷眼旁观一段时间之后，我对杨早说，其实我们可以从另外一些角度来写写文章，发表些看法。

但是，当我真正沉心阅读韩寒作品之后，我就打退堂鼓了，我发现自己实在是读不下去，我不想写这个话题了。大家知道，在学术领域里，学者始终没有把韩寒当回事儿，很少学者认真读他的东西，既没怎么捧他，也没怎么批他。韩寒一直是在大众媒体的吹捧之下发展壮大起来的，捧他的，一般都是易中天这类半学者半明星的"公共知识分子"。而当韩寒壮大成为一种不得不关注的社会现象时，他的神像已经树立起来了，学者们已经拿他无可奈何了。真正的学者都没什么话语权，如果不是方舟子，学者是拿韩寒没办法的。写完"韩寒神话"这篇文章之后我马上就病倒了，我当时发了一条微博说韩寒真是神，写了篇他的文章就病倒了。作为学者，我必须要看韩寒所有的资料，而有关他的各种资料浩如烟海，这项工作真不是人干的，非常辛苦。

关于韩寒的"代笔门"，我并不赞同方舟子所认为的韩寒作品完全是代笔。事实上，我也不相信方舟子真是这么认为的，我觉得方舟子之所以铁口咬断"代笔说"，也是出于大众传播的新闻效应。

我在读完韩寒及韩仁均的作品之后，我个人认为韩寒早期的获奖作品应该多是韩仁均所作。你要我拿什么铁证，我也拿不出来，但是凭着一个职业文字工作者的直觉，这种判断几乎是不需要什么智商就能做出的。很简单，一个天才少年可以写出天才的诗意，但他不可能超越自己的年龄写出中年人的阅历和体验。中年都曾少年过，但是少年未曾中年过，少年人他写不出中年人的那种闷骚的揶揄。

但是韩寒后来的小说，我并不认为都是韩仁均代笔，韩寒与韩仁均的文风有相似的地方，但还是有差别的，完全换一种文风来写作是非常困难的。但从韩寒在论战中的表现看，单凭他那点才华，他写不出这样的作品，有无第三第四者的参与我不敢瞎说，但最大的可能是合作的作品，通过双方反复的互改，集体创作，最终以韩寒的名义来发表。因为韩寒有影响力，韩寒的署名有市场号召力，合写者有权力自愿放弃署名权。

从目前的综合信息来看，韩寒语文确实没有学好，他的错别字、语病非常多，而韩仁均在这方面很不错，但是，韩仁均可能写不出很有韩寒风格的那些俏皮话和时尚用语。韩寒的聪明在于他的俏皮、他的风趣幽默。这一点，韩寒的视频访谈和他的作品有一致的地方。我个人认为，即使在韩寒小说的背后确实存在第二者、第三者的操作，这些作品也已经打上了韩寒的烙印，或许不能称为纯粹的"代笔"，它可能是一种单独署名的集体创作，这在商业运作中应该是允许的。因此，在这点上，我不太赞成方舟子。在韩寒与方舟子的斗争中间，我个人比较赞成麦田的一些观点，相对冷静一些。

在商业运作中，如果我们把韩寒当成一个符号、一个笔名，其作品由多人共同操作，共同参与，我认为是没有问题的。但是，网友追究的不是这个问题，而是"原罪"，是韩寒发家时所做的徇私舞弊的行为。韩寒是靠那几篇获奖作品发家的。网友追究的是这个问题，他们想把韩寒打回"原形"。

抛开这些。我要讲述的是韩寒如何从一个门门功课都考不及格的"问题少年"变成人们心目中的一个神？这个"神化"的过程是怎样的？通过大量的资料阅读，我发现韩寒成神的过程非常好地契合了史诗英雄的成长史。甚至可以说，媒体完全是按照民族英雄史诗所需要的各个母题要素来一步一步塑造韩寒神像的。每一个造神者也许都没有想到过所谓的史诗母题、史诗模式，但是，他们的合力却成就了一部实实在在的英雄史诗。当然，这部史诗需要发现的眼光，以及串唱的歌手。

接下来，我们首先要知道英雄史诗到底具有什么样的结构。

我过去专门写过金庸小说中的英雄形象与史诗人物关系方面的论文。那么，金庸本人是否读过英雄史诗呢？这个问题我和金庸先生交流过，金庸先生说他没有读过。但是只要大家回想一下，《天龙八部》中萧峰和康敏的关系，是不是《水浒传》"英雄杀嫂"故事的翻版？当然是。武松和潘金莲的关系、石秀和潘巧云的关系、燕青和卢俊义夫人王腊梅的关系、萧峰和马夫人康敏的关系，这些关系在结构上是完全相同的，即英雄替代哥哥杀死了不忠的嫂子。金庸曾经公开说："施先生指出了我的小说中有很多中国传统民间的因素，从民间的智慧中得到好处。有些问题我自己也没有想到过，他指出我就感到佩服。他说郭靖到桃花岛去求婚，他的未来岳父黄药师考他三个题目，好比呆女婿到岳父家里去拜寿，或者呆女婿去考试，这些故事在民间是很多的，我把它化进去了。他讲到潘金莲、潘巧云这些中国传统小说中杀嫂的故事。当然，萧峰没有杀掉马夫人的，我想我自己受到中国传统小说的不知不觉的影响，化了进去。"

金庸塑造的英雄人物与少数民族的英雄史诗也都使用了非常一致的结构。金庸也许没有读过英雄史诗，但这并不妨碍他以英雄史诗的故事模式来写作，要知道，故事思维是相通的，所有会讲故事的人，讲出来的故事结构都是相似的。就像每一个上学迟到的孩子所能编出来的理由，无非都是生病、意外、做好事那么几条，没有谁会说自己是因为睡懒觉或者途中跟人打架而迟到。

首先，英雄的父亲也一定是英雄。主人公一出生就带有优秀的基因，是天之骄子，但是，主人公又不能在英雄父亲的庇护下成长，英雄父亲必须在英雄出生时退隐，生离或者死别。大家或许不熟悉英雄史诗，但回顾一下金庸小说，有哪位英雄是在他真正的父亲的庇护下长大的？没有！一个都没有。史诗英雄的成长，只能是由平庸的、无能的"代父"抚养长大，只有这样，英雄才必须经受更多的磨难。对于韩寒少年时期的叙事就是这样的，他的父亲非常无能，自己的事情都搞不定，考上了大学也读不成，父亲带着一家子住在乡下，连为韩寒找一个好学校的本领都没有，所以，韩寒一直是个屌丝青年。大家知道，韩寒是个天才，当然是天之骄子，韩仁均显然只是充当了天才"代父"的角色。

第二，英雄必须少年得志。英雄的成长是极其迅速的，在中国传统的三大英雄史诗中，表现最明显的是格萨尔王，格萨尔在 11 岁时通过赛马得胜而夺得了王位。江格尔更是 3 岁攻克 3 个城堡，5 岁活捉 5 个恶魔，7 岁建立宝木巴国。韩寒正好符合了人们对于少年英雄的期待。不知道大家有没有留意过，大凡灾难发生时，我们经常听到这样的谣言，在某地方某个小孩刚出生就能说话，预言天降灾难，告诉人们应该如何避免灾难。正因为刚出生的孩子不具备思想的能力，婴儿却能说出成人的话，那他就一定是异常的、神圣的。同样意思的话，如果一个正常人来说，自然就没有那种神圣的力量。在金庸小说中，英雄或者是突然掉进一个神秘的山洞中，或者是偶然得到一本神秘的武功秘籍，这些英雄人物必须有奇遇，通过这样一个神秘的仪式，将自己脱胎换骨，如此才能区别于常人。那些通过正常途径在武馆习武的人是肯定无法成为绝顶高手的，因为他们是正常的，不是神授的。

韩寒恰恰具备了被视作神授的所有这些条件。韩仁均在《儿子韩寒》中塑造了很多韩寒的神奇故事。比如，他小时候不肯学走路、没有练过长跑、学不会游泳，却在一个偶然的情况下，突然就什么都会了，而且远过于常人。韩仁均在《儿子韩寒》中提到，韩寒长跑一直是不及格的，从来没有练过长跑，有一次运动会，老师临时抓了韩寒去跑 800 米，结果，韩寒意外地跑了个全校第一。当然，韩仁均不可能使用"神话"这个概念来解释这种神奇的现象，他把"神话"换成了"潜能"，他还说"每个孩子都具备这种潜能"，我不知道在座的朋友们有没有这种"潜能"，反正我是肯定没有。

在《韩寒 H 档案》中，这个故事就更加"神化"了。据说韩寒一路领先跑完两圈之后，以为比赛结束，冲下跑道，不料同学提醒他还剩 300 米，韩寒只好重回跑道，正在所有人都以为他必败时，结果奇迹出现了，韩寒不仅拿了第一，还打破了 800 米的校纪录。这里可以告诉大家，史诗英雄格萨尔王也是这样赛马的。格萨尔王与对手赛马时，本来遥遥领先，不料中途遇上了美女，格萨尔王下马向美女炫耀，被对手超过之后，重新上马追赶，结果还轻松获得了第一。类似的叙事还有很多，我不再举例。总而言之，这类带有神话色彩的叙述是为了塑造一个与众不同的韩寒。

第三，英雄要征服同类，征服"魔界"，还要征服美女。在英雄史诗中，英雄一定会拥有神奇的力量、非凡的功绩、矛盾的人格，他还要征服各类美女，这些要素都是塑造英雄所必备的。韩寒就有这种神奇的力量。比如，很多女记者在采访韩寒之后，就会无可救药地爱上韩寒，她们的文章也一定会对韩寒的人格魅力极尽赞美之词。男性韩粉最津津乐道的事情之一，就是韩寒有过多少位女友，这与史诗英雄人物的塑造环节也是一致的。比如，格萨尔王几乎每一次征战都会纳入一个新妃。英雄身边必须美女成群，这样才能迎合男性观众的口味。韩寒花心不仅不会折损他的人气，反而会拉高他的神性。

韩寒打败同类，主要是韩粉和四粉之间的战争。韩寒与郭敬明的粉丝据说早期曾经势均力敌，后来韩寒的粉丝团，又叫防暴队，他们使用了反间计，把郭敬明的粉丝团打得溃不成军，此后，韩寒就在同类中奠定了自己独一无二的位置。

在英雄史诗中，英雄除了要打败同类，还要进入地狱打败魔界。在韩寒史诗中，所谓的魔界是僵化的体制和腐败的政治。他反教育体制、反文坛，再到反社会政治。这就是他的"魔界"。韩寒首先是被塑造成应试教育的反叛者，但其实韩寒早期对老师是非常尊重的，他多次对老师表决心要好好学习。但当他成名后，报纸给他戴上了一顶反教育英雄的高帽子，这让他知道了媒体需要他的是什么，于是，他也有意地调整自己，按照媒体的需求重新塑造了一个反叛少年的英雄形象。其次是被塑造成当代文坛的反叛者。他打得最漂亮的一战就是对白烨的斗争。白烨的支持者都是体制内的人、是传统纸媒，而韩寒的支持者多是年轻的网民，这就注定了白烨网战的失败。韩寒作为反体制的英雄打败了体制内的当代文坛重量级人物，这是极其辉煌的一笔。至此，韩寒的英雄王国基本上已经建立起来了。

第四，英雄需要遭遇死亡威胁。虽然韩寒并没有受到体制内对他的迫害和打压，但作为英雄，需要受到一点适度的"迫害"，于是，南方媒体就为韩寒生产一系列叙事：韩寒虽然没有受到迫害，但已经被国安部门盯上了，他随时都处于危险之中，我们一定要保卫韩寒，像保护我们自己一样保护他。

第五，关于韩寒的天才包装。媒体其实一直在生产"天才韩寒"的叙事。媒体或者直接把他称作"天才"，或者用另外一种包装方式，把韩寒塑造成为凡客，把他说成一个和我们一样的普通人，只不过，韩寒是一个不会犯错误的平常人。可是，平常人怎么可能做得到不犯错呢？一个不会犯错的平常人，不就是"非常人"吗？那就是神嘛。

韩寒在商业领域很快就走到了顶峰。他的名气如日中天，他在商业领域已经没有更大的发展前景了，于是试图转向进入社会政治领域，到一个更大的天地中去施展自己的才华。2008 年之后，韩寒的文风发生了一个巨大的转变。这一点麦田早就指出来了，虽然麦田的主观判断有臆断的成分，但麦田还作出了客观统计。比如，在 2008 年前，韩寒的文章大部分是生活类的，而在 2008 年之后，逐年增多的是对社会政治的评论，这背后当然是整个团队的有意操作。

韩寒要进入政治领域，如果背后没有极其强大的背景，凭他一人之力是不可能做到的。但是，韩寒团队大概是被胜利冲昏了头脑，他们不应该忽视的一点是，玩政治是得低调的，而韩寒恰恰是高调之王，他本应该好好地在他的商业领域玩玩俊男靓女的那一套，好好赚钱，实在不应该贸然改玩政治。一不小心，一个"韩三篇"就使得很多原来支持韩寒的无形之手都反过来按住了他。支持的人往后一撤，讨厌他的人就攻上来了。

大家想想，一个原处于政治低位的人，高调玩政治，还能越玩越大，中国历史上有过成功的先例吗？没有，从来没有啊！这种情况只有在英雄史诗当中才能出现。只有在史诗中，那个最伟大、最突出、最高调的男人才能从辉煌走向辉煌。韩寒父子俩一定是被过去那些儿戏般的网战胜利冲昏了头脑，分不清史诗和生活的界限在哪里了，他们还真以为自己在谱写一部当代的英雄史诗呢。

韩寒也许不知道，即使是伟大的史诗英雄，最终也一定是香消玉殒的。比如，格萨尔王在他最鼎盛的时期，刚刚从地狱救回自己的妻子，就受到天父的召唤，魂归天国了。在玛纳斯史诗中，玛纳斯因高调而在事业鼎盛时期被他亲爱的兄弟用斧头劈死了，他的八代子孙大都死于高调、高傲。史诗英雄多数都会死得很难看，连萧峰都死得那么悲壮，由此可见，韩寒改玩政治，其结果也一定好不到哪里去。

今天我说的大致意思，是介绍文章的主要脉络，将韩寒的成名史、媒体对他的塑造与传统英雄史诗做一个勾连。最后，我再次强调一下，我说的这些，都是各种零碎资料的串联，英雄史诗的成型也都是这样的。比如《荷马史诗》早期就是一些片断的英雄故事，每一位艺人都只会唱自己的那部分，只有到公元前7世纪前后的荷马时代，才开始有荷马这样的艺人把这些英雄唱段串起来。史诗从片段到成型再到定型，至少经历了上千年吧，这才形成我们今天所看到的《荷马史诗》，荷马是对史诗演唱艺人们的一种通称。所以说，在韩寒英雄史诗中，那些把韩寒吹得神乎玄乎的人就相当于零散的民间艺人，而我则是荷马，我把前人讲唱的史诗串了起来，组成一个完整的韩寒英雄史诗。我就是韩寒史诗的串讲艺人，你们可以把我视作荷马。

【杨早】好，现在我才明白为什么爱东在微博上说"我是一个史诗艺人，而不是一个历史学家"。我们是不太懂史诗学，但这个思路我们可以从生活中得到证明。比如，小时候我们读武侠小说，金庸与梁羽生齐名，但为什么后来金庸越来越强，梁羽生越来越弱呢？因为梁羽生笔下的人物都是完美无瑕的，文采武功无一不强，他的描写是如此的干净。但到金庸笔下，英雄一定是残缺的，是亦正亦邪的，曾经有个调查问读者最喜欢哪位金庸英雄，得票最高的是杨过，其实杨过和很多的少女有过感情纠葛。但是，一个英雄怎么样才能获得最多数人的热爱？这个英雄一定是多少有些偏离主流价值规范的，他的性格一定要有邪的成分。古龙笔下的楚留香、陆小凤，那就更邪了。反英雄的设置中，如段誉，他出身好，富二代、官二代，并且有完整的父母亲，但段正淳仍然无法给予他有效的庇护，到后来，发现这个父亲也是冒牌货。所以，这些共同的特征，通过艺术与生活的互相映照，我们会发现，韩寒史诗的塑造并不止是他自己、他父亲、他的朋友，还包括大量的媒体、粉丝，是由上百万人共同塑造的史诗。所以从这个意义上说，这篇文章是成立的。但它也受到一些质疑。比如，何以说韩寒就是神？就因为有人追捧他，他就是神吗？这个问题刚才已经回答了，其实神的特点就是天生就会，还有什么？

【施爱东】其实史诗英雄还有一个特征，他们都有不可调和的矛盾和不可或缺的愤怒。这个问题我一说大家就能明白。韩寒常常信口开河，他在不同时期对同一个事情可以有着不同的说法。比如，之前他说知识分子就是公共厕所，过了两年，他说知识分子以及"公知"这两个词，无论在任何年代，都应该是一个褒义词。又比如，他说，我从未说自己是作家，只说是作者，如果谁发现我说自己是作家，我就给他一万块钱。结果过了一段时间，他又说"我作为中国最顶级的作家"如何如何，诸如此类的矛盾太多了。

韩寒没有逻辑的一贯性，这种矛盾是不可调和的。常人是不可以出现这些矛盾的，但是神可以。在少数民族的英雄史诗中，这样的矛盾遍地都是。当然，这种矛盾有两种可能性：一是因为史诗太长，《格萨尔王》有两千万字，是不同艺人的综合本，不同的艺人讲唱格萨尔王肯定是相互有矛盾的；二是因为神需要矛盾，需要有一些区别于凡人的神逻辑，如果神也遵守凡人的逻辑，他就不是神了。我们之所以说韩寒身上体现着这么多的矛盾，那是因为我们在用凡人的逻辑衡量神，如果我们把韩寒视作神，那么所有前面说过的矛盾和错误，全都是正常的。但是对我们常人而言，许多错误就很难被轻易原谅。比如，韩寒小时候老撒谎，老把错误推到别人身上，街坊邻居都叫小孩不要和韩寒做朋友，因为那时候的韩寒还没有被视作神。当韩寒成神之后，所有这些错误就不再是错误了，无论他如何的信口开河，犯下什么伦理错失，韩粉们都能找到神的逻辑来为他辩护。当然，无论神圣英雄和凡人的逻辑如何不一样，我们也不会因此而否定了史诗的价值。

神的愤怒是伟大的愤怒，伟大的《伊利亚特》就是以歌唱阿喀琉斯的愤怒作为开篇的。英雄愤怒的时候，往往是不计任何后果的，他们不平则鸣，非常容易被激怒。韩寒正是如此，他口无遮拦，他的愤怒和狂放不羁是众所周知的，他骂遍天下无敌手。他是神，神说错了话是不用为其错误言论负责任的，各种矛盾的苦恼对于神来说是不存在的。神的愤怒是正常的。

【杨早】嗯，这个正好也是一个质疑点。我们在这个话题的讨论中也邀请了一些持不同意见者，包括一些韩寒的支持者一起来做个对话。其中提到，韩寒后来对自己之前的言论是有所修正的。比如，有帖子说三位与韩寒同时代的女高才生现在都已经嫁到美国，韩寒却专门写过一篇博客来辟除这个传言的虚伪。还有，包括他和白烨之战，和诗人们的战争，在后来韩寒的写作中都有或隐或现的道歉。但这些对韩寒有利的材料都没有进入施爱东的文章中，所以，他们质疑说这会不会是你选择性的遮蔽这类材料？爱东怎么回应？

【施爱东】这些材料并不是没有进入我的论文，只不过我着重讲述的是他如何成神的故事。至于他成神之后，如何重新降落凡间，如何成为一个成熟的青年领袖，如何成为大多数人能够接受的公众人物，我引用了你的一句话"逆取顺守"，其实我觉得这句话已经说明一切问题了。这句话还是由你自己来解释吧。

【杨早】这是我对韩寒的基本概念，我觉得韩寒是"逆取顺守"。他取得名声的方式，是通过叛逆和反叛，因为社会需要一个反叛者，需要一个对这个僵化体制的反抗代言人。但是当这样一个少年英雄慢慢长大，同时进入一个主流社会之后，他又必须要通过顺守的方式，通过恢复主流体制所允许的行为方式，来成为一个主流社会的名人。和韩寒形成鲜明对比的是郭敬明，郭敬明是典型的拒绝长大的典范，他宁愿通过失去原有的粉丝，一直保持对初、高中生的吸引力。但韩寒却是和他的粉丝共同成长的，他会在后来修正之前的一些错误，更多的向主流文化靠拢。事实上，"南方系"为什么要把韩寒捧成一个符号化的偶像，也因为他是拥有大量粉丝资源，又愿意和普世价值合拍的年轻偶像，这是非常难得的。所以大家在争夺韩寒偶像解释权的过程中才会衍生出这么多的传奇化的倾向。那么，之所以很多人要推倒他，包括爱东，是因为他们认为韩寒是一尊邪神，这个邪神不除掉的话，以后的小孩就会认为人可以不需要学习，可以生而知之，随便玩都可以，一样可以成为一名英雄。所以，很多人在反韩、倒韩时，实际上内心是有别的目的的，他并不是对韩寒这个人有什么看法，而在于他自己需要一个什么东西。我觉得这个是有关系的。但我想说的是，当你把韩寒完全作为一个史诗人物来讨论的时候，会不会把他的一些特质固化了？因为，一旦把一个人变成一个模式，其实你是会根据你这个模式的需求来选择材料印证的。比如，他反英雄的一面，他异乎常规的一面，反而就没有得到更多的讨论。这样做是不是挺危险的？

【施爱东】韩寒当然不是固化的韩寒，而是变化的韩寒。刚才杨早说了，韩寒是"逆取顺守"。一取一守，一逆一顺，这不就是变化吗？

大家回顾一下郭德纲，我在《话题2006》中曾经写过一篇关于郭德纲的文章，当时还被郭德纲的粉丝骂得特别狠。那时郭德纲自称"非著名相声演员"，为了和"著名相声演员"划清界限，他声称自己不上电视，不上春晚，说别人进入相声界就是捞过界。记得我在文章末尾说到，等到郭德纲成名之后，他也会上电视，他也会进入别人的领域，他今天指责别人的一切，他将来都会重复，等等，大家看看，今天全都一一应验了。当你还没有成名，还没有获得这个资源的时候，你会用"愤青"的姿态来说话，可当你获得了资源，当你获得了名气之后，你就会重复你当年所反对的一切。现在听说郭德纲要去上春晚了，他这不是甩自己耳光吗？当然，我们能理解，坐在什么位置说什么话，屁股决定嘴巴。

同样道理，韩寒通过反叛来获得名声，但他获得名声之后，他一定要回归主流，主流才是这个社会对成功者的内在要求。在非主流的领域，他已经登峰造极，走到顶点了，随着年龄的增长，地位的改变，他必须要转身，才能适应新身份的要求。这不仅是说韩寒，任何人都是这个规律。包括那些先行的革命者，伟大的领袖，他们革命时所反对的，也都是他们革命成功之后所践行的，进攻时是一种姿态，守成时是另一种姿态。韩寒作为叛逆者，当他建立了自己的神话王国之后，他很自然地就会回归主流，取一种保守的姿态，这时，他作为一个革命者的作用其实已经结束了。这一点，"韩三篇"就是明证，这很明显。

当然，我的论文只讨论前半部分，也就是他作为革命者的部分。至于他如何"顺守"，也就是杨早说的"反英雄"的一面，我基本没有讨论，只是借用了杨早的这句话，一笔带过，因为这不是我讨论的主题。

【萨支山】我看爱东很细致地梳理了韩寒作为一个史诗英雄的成长

史，我想问，你为什么要做这种梳理，把它比喻成一部英雄史诗，你这么做的意义何在？或者说，有什么价值企图？

【施爱东】这一点我在论文的最后提到了，由韩寒所推高的网络戾气，以及韩式语言暴力，并没有因为神像的坍塌而有所减弱。你到网上看看方舟子的粉丝，看看他们说话的方式和抨击对象的手段，他们和当年韩寒的粉丝有什么差别？同样地充斥着各种各样的语言暴力。这些网络暴民，他们躲在键盘后面，肆意地挥舞着人性的各种丑陋。

我真正失望的，不是韩寒，韩寒只不过是一具偶像而已，我失望的是这座偶像下面抬神的人群，那些不断推高"寒气"的网民、"公知"、造神媒体，捧韩寒的是这些人，坑韩寒的还是这些人。他们是一群吃偶像的人，吃完了韩寒，他们还会接着吃下一个，中国的名人是吃不完的。柴静不就正在被他们吃着吗？接下来，方舟子一样也会被拉下神坛，被媒体和公众打倒在地。

【杨早】我补充一个，在另一篇解读韩寒的文章，"破破的桥"的《破壁人》一文中，我读到的最有价值的观点是，在中国社会，我们经常把三种角色完全混淆了。哪三种？时事评论员、意见领袖、"公共知识分子"。

我们平时说起这三者，似乎是相同的，但事实上，他们完全不一样。时事评论员的目的是用大众听得懂的语言来评论时事；意见领袖是代表不同的利益集团，发出自己的利益诉求；"公共知识分子"是秉着公心和自己的专业知识对社会事件发出自己的独立的、没有私利的言论来帮助社会进步。如果把这个定义分析清楚的话，那么韩寒只是一个比较好的时事评论员。韩寒也好，李承鹏也好，他们都没有专业可言，也看不出他们的利益群体是哪一方人。所以，他们只是时事评论员。像任志强、潘石屹他们是意见领袖，因为他们基本上可以代表地产商的利益。

这三个角色不分清楚的话，那么，很多讨论会进行不下去。如果我们仅把韩寒定义为时事评论员的话，他的作用主要在于他能够帮助穿破知识之墙。中国人面临很多墙壁，如说权力之墙，我们上不了国外的网站，我们的微博会被删掉，但另外还有知识之墙，很多的专业知识和表达无法穿透墙壁为公众所知，进入公众讨论领域。所以，在这个意义上说，不管"韩三篇"有多么粗疏，不管他有多么的没有见识，但它把革命、民主、自由这三个题目提出来并引发一个讨论，这本身就是推进中国社会的一个正能量，但是很可惜，因为"韩三篇"导致很多人对韩寒的放弃和反目，以至于出现一个间隙，麦田冲上来，接着方舟子，这个阿喀琉斯之踵露出来以后，就变成了一个质疑"代笔门"的事情，那么，"韩三篇"的讨论就偃旗息鼓了。我个人觉得这件事情走到这一步很可惜。因为本来大家在公共场域能够讨论自由、民主、革命，可能对中国的知识界是会有帮助的，而不是变成现在很大的一个口水战。就像《红楼梦》研究到最后却变成一个曹雪芹的家史研究，这对《红楼梦》研究也是一个损失。

我主要介绍一下"破破的桥"这篇文章主要的观点，大家有兴趣可以在《话题2012》里面看看两篇文章的对比。这两篇文章都没有正面提到"代笔门"的问题，但都对韩寒本身的社会架构和社会成型作了比较完整的分析，虽然两个人的立场都不太一样。但是我相信这两位的立场都是秉着一种公心，都值得大家看一看。

（文字整理：赖婷）

第十三章

学术与生活的不可通约性

——精英知识分子对民众的文化启蒙如何可能

导读

社会上每一次令人痛心的"社会事件"之后，媒体和知识分子都会有一轮"深刻反思"。可是，每次反思过后，类似的事件还会卷土重来。问题出在哪里？为什么我们的反思影响巨大，却羸弱无力？作为民俗学者，我们能做些什么？我们是否能通过"民俗学"与"民俗生活"之间的关系来进入考察？

为了分析方便，我们在不同民俗学研究范式的基础上，将"民俗学"与"民俗生活"的对话关系划分为五个层级，然后就会发现：任意一个层级的学术成果都只能在同一层级，或与之相邻的上下两个层级之间进行有效对话。"学术思想"的跨层流动不仅表现为时间上的延滞，还表现为数量不断减少、信息大幅递减的特征。

第一层级的民俗学思想若要下沉到生活实践当中，必须经由第二层级的民俗学者对这些思想的接受，并将之应用到常规科学的研究当中，再通过学术周圈的扩散，落实到地方文化圈，才有可能进入第四层级民俗精英的视野。学术与生活是很难相互通约的。这种不可通约性既包括跨层对话的不可通约，也包括学术介入生活的空洞无力。

学术与生活本来就是不可通约的两个世界，学术工作者既不要对学术干预生活寄予过高的美好期许，也不必为学术妨碍生活背负过重的伦理包袱。学者与民众的关系没有技巧可言，只有生活中坦诚友善，思想上求同存异。

一　"传说动力学"中的田野伦理与田野关系

在山西省洪洞县有一项著名的"国家级非物质文化遗产代表作"，汾河两岸方圆百里一年一度的"接姑姑迎娘娘"走亲活动。传说尧将自己的两个女儿娥皇和女英都嫁给了舜，尧是羊獬人，舜是历山人，于是羊獬和历山就成了亲家。每年农历三月三，时近清明，羊獬人就到历山将两位"姑姑"接回娘家省亲，到了四月二十八尧王生日，历山人来羊獬给尧王拜寿，顺便将两位"娘娘"迎回婆家。两村相隔约七十里，跨越洪洞县、尧都区两地五个乡镇二十多个村庄。基于共同的祖神信仰，沿途所有村庄都互称"亲戚"，形成了一个独特的尧舜信仰文化圈，产生了大量的民间传说。

图13—1　农历三月三，山西洪洞，信众们跪在娥皇、女英的驾楼前，恭送二位"姑姑"从历山舜庙启程回羊獬的娘家。王尧摄，2009年。

　　陈泳超带着北京大学民间文学专业前后十届研究生，连续八年行走在羊獬与历山之间数百平方公里的土地上，积累了难以计数的录音、录像和文字资料，写了一本《背过身去的大娘娘》①。陈泳超所要讨论的是，当地民众依据什么逻辑来建构关于尧舜以及两位娘娘的传说体系，这一传说体系在当代社会背景下正在发生哪些变化，又是什么力量在推动着这些变化。

　　走进陈泳超为我们描绘的尧舜信仰文化圈，我们首先看到的是共同信仰之下，不同村落的不同诉求，以及各个村落对于传说资本和话语权力的资源争夺。随着走亲活动成功入选"国家级非物质文化遗产代表作名录"，次级的村落诉求直接驱动了传说情节乃至传说主题的多维变异。接着，陈泳超继续追问：对于每一个具体的村落来说，又是谁在主导这种诉求、推动传说的生产和变异？许多民俗学者可能会毫不犹豫地回答：民众。这样的答案当然不会有错，概论式的思维往往止步于此，可是，陈泳超的研究恰恰以此作为起点，他要解决的问题是：民众是谁？谁在代表民众？他们又将如何进入具体操作？

　　通过八年的走亲活动，陈泳超发现：与我们从教科书上看到的"广大人民群众"不太一样的是，绝大多数村民并没有表现出对于传说这种象征资本的特别兴趣，他们既无意于改编，也无意于生产传说，没有明确的责任感和话语权意识，他们更喜欢"随大流"，真正主导着传说话语权力的其实只是其中的一小部分村民。意识到这个问题之后，陈泳超尝试对均质的"民众"进行分层研究，据此提出了传说动力学的层级理论。

　　当我们习惯性地将研究对象视作"民众"或者"族群""群众""村民"的时候，事实上我们预设了研究对象共同的思想和行为特征，即所谓"均质"的群体意志。但在实际生活当中，这种群体意志其实只是研究者对于研究对象的"普遍印象"，是由研究者抽象、勾勒出来的对于对象的概括认识。陈泳超当然不会满足于此，他根据文化持有人"身份——

————————

　　①　陈泳超：《背过身去的大娘娘：地方民间传说生息的动力学研究》，北京大学出版社2015年版。

资本"的不同特点，将研究对象分成了七个不同的动力层级：普通村民（传说的消极传播者）、秀异村民（见多识广的积极传播者）、巫性村民（马子，也即被认为能够传达神的旨意的"通灵"村民）、会社执事（信仰活动的民间组织者）、民间知识分子（知识水平高于普通村民，且能积极介入文化事务的当地知识分子）、政府官员（主要指乡村党政干部）、文化他者（外来的访问者）。然后，对不同层级的动力能量展开分头观察和讨论。

有了清晰的层级划分，原本面目模糊的"民众"，突然一个个变得有血有肉有情有感，清晰生动起来，传说的动力脉络也变得泾渭分明。陈泳超发现，不同层级的村民对于传说变异的推动作用落差极大，占比最大的普通村民的动力作用恰恰是最小的，而占比很小的民间知识分子的动力作用却是最大的。

民间知识分子是最重要的民俗精英。"所谓民俗精英，一个基本标志便是有能力掌控公众载体，发出其权威声音，并有形无形、略带强制地要求公众按照他们设定的方案举行群体活动。"民俗精英的特点在于非但具有相对较高的文化程度，而且对于地方习俗有强烈的介入意识；他们既熟稔当地流传的各种传说形态，同时又能有意识地加以选择和改造，积极影响着广大民众。对于传说中"含混不清的地方，他们都会想办法说清楚；在众口难调的异文中，他们会选择一种加以反复宣讲；在大家都只会片段地随口说说的时候，他们会使之体系化、书面化"①。

对于民俗精英的话语权策略，陈泳超也进行了大量的实证分析。他发现民俗精英都特别擅长利用知识优势来压制异说、发出权威声音，这些知识优势既包括书本知识、古老的口传知识，也包括异地考察得来的独门知识、鲜为人知的冷僻知识等；此外，他们还常常利用逻辑推理以及穿凿附会等方法来生产传说、刁难对手。而普通村民对于文字或书本的敬畏、崇拜，有时甚至到了盲从的地步，以至于那些由民间知识分子编订的传说册子也成了村落传说的范本，其力量远远强过同类的口

---

① 陈泳超：《背过身去的大娘娘——地方民间传说生息的动力学研究》，第179、159页。

头讲述。因此，一个村落的民间知识分子，也即传说"写手"的多寡与热情，也就跟该村落在这一传说圈中的话语权呈现为一种正相关的关系。

那么，在数量上占据绝大多数的普通民众对于传说的贡献又体现在哪里呢？体现在他们的约束作用！这一层级是不同民间知识分子着意争夺的终极目标。普通村民虽然没有改编传说的动机和能力，但他们的点滴评论以及实际的选择、接受和传播，却是相当于舆论"选票"，对于传说异文的生命力形成了根本考验。

陈泳超在长期走亲的田野基础之上，提出了自己的"传说动力学"理论，有效地解决了长期停滞不前的民间文学变异机制问题，推进了民间文学／民俗学的理论建设，从中国的田野中生出了最具中国特色的中国学问。这种具体实证的，来自本乡本土的理论和方法，及其所衍生的诸多富有启发意义的考察结论，不仅有助于我们清晰地勾勒中国乡土文化的发展轨迹，甚至对于更为宏观的乡土建设乃至乡土治理，都具有积极的参考作用。

《背过身去的大娘娘》出版之后，陈泳超"内心里时常还有一种期待，总想听到来自田野的回音"，但现实令他很失望，多数当事人的反馈都是：没读！即便读了，也主要是从书中找出自己的化名，然后看两页就完了。部分"民俗精英"的态度甚至让陈泳超略感意外，以何新木的回答为代表："你们的写法和我们不太一样，我们就是通俗。庙上计划搞一个小册子，通俗的话，是一个宣传力度。说得再深入一点，宣传得多了，钱就多，就可以盖庙，就是这样。"①

真正认真阅读《背过身去的大娘娘》的村民，目前看来只有被陈泳超视作民俗精英杰出代表的罗兴振。正是罗兴振的《〈背过身去的大娘娘〉读后感》，引发了一场涉及民俗学田野调查伦理关系问题的大讨论思考。

---

① 陈泳超：《理智、情感与信仰的田野对流——兼覆罗兴振来信》，《民族文学研究》2019年第 1 期。

图13—2 92 岁的罗兴振老人正在家中翻阅自己和陈泳超等人发表在《民族文学研究》上的讨论文章。王伟摄，2019 年。

二 学术层级的金字塔结构

最先拿出讨论文本的是吕微，洋洋洒洒十二万字，令我望洋兴叹。户晓辉回复说："你的论证以崭新的思路大大推进了我们对民间信仰与迷信的理论界限的思考，这个世界'民俗学的哥德巴赫猜想'终于让你的才能与勇气攻破了，这是中国民俗学的骄傲和幸事！当然，大作的难度也是愚弟非头脑清醒时不能读也。"我回复说："晓辉尚且'非头脑清醒时不能读'，我这没有经过哲学训练的眼睛，更是望洋兴叹。我想我还是等着看泳超删减后的通俗版，再看看有没有能插得上嘴的地方。"而陈泳超则自称其删减策略是："我对于吕微的各种标签其实都直接跳过不去多管的，爱咋说都行，我只看要得出什么结论。"①

上述四人的对话明显形成了一个学术对话的层级："吕微—户晓辉—陈泳超—施爱东"，或者"理论民俗学（吕微/户晓辉）—常规民俗学（陈泳超/施爱东）"。

我们再从田野对象的一端来看，尽管拿到《背过身去的大娘娘》一书的村民不少，可是，认真阅读的村民却微乎其微。民俗精英罗兴振是个例外，他在给陈泳超的信中明确说："一篇'序言'、一篇'绪论'，我费尽心机的读了七八遍，怎么也看不懂。"序言是吕微写的，绪论则是陈著中的理论阐释部分。

那么，能够引起罗兴振观点共鸣的是哪些学者的哪些著作呢？罗兴振在信中特别标示了这些著作以及作者的身份和头衔：三晋文化协会会长刘合心的《舜耕历山考辩》、山西大学文学院院长刘毓庆为《舜耕历山在洪洞》撰写的序言、《尧文化》杂志主办人蔺长旺的《舜耕历山考辩》、当代著名作家李存葆的《祖槐》、著名学者周文杰的《帝舜老家在何处》、山西大学地理系教授马志正的多篇宏论和专著《尧舜与古历山研究初集》等②。仔细一看，多是山西地方高校和研究机构的文化学者。

用陈泳超的话说，"主要只是一些有特殊文化情怀之人"，他们都是学术界或者准学术界的文化人士。其中山西大学刘毓庆教授的序言最值得玩味，他说："有人问我舜是否真的耕播于此，我说，我愿意相信这是事实。"这句话恰恰证明了陈泳超对其"特殊文化情怀"的判断。作为知名学者的刘毓庆，这句话是明显留有余地的，他只是从情感上愿意相信，他决不会说出"舜耕历山在洪洞无可非议"（陈立夫语）这样的断语。

此外，《背过身去的大娘娘》已经充分揭示了民俗精英"既熟稔当地流传的各种传说形态，同时又有意识地加以选择和改造，积极影响着广大民众"③的特点。可见民俗精英是上承具有特殊文化情怀的在地学者

---

① 以上引语均出自吕微、户晓辉、陈泳超、施爱东 2018 年 1—2 月往来电子邮件。
② 罗兴振：《来自田野的回音——〈背过身去的大娘娘〉读后感》，《民族文学研究》2019年第 1 期。
③ 陈泳超：《背过身去的大娘娘——地方民间传说生息的动力学研究》，第 148 页。

（应用民俗学者），下联走亲活动的广大村民（普通民众）的中介环节。

综上，从田野对象或者说地方文化一方的角度来看，地方性知识的对话层级是"应用民俗学者—民俗精英—普通民众"。

如果说不同领域的学术是以块块来划分的，如语言学、社会学、民俗学等，那么，同一学科内部，则既有块块的差别，也有条条上的层级。比如，户晓辉就从"人文价值"的角度进行了层级划分，认为"自由之学才是人作为人的最高的、最难的学问，也是最值得追求和践行的学问"，因此，判别学术价值的层级标准是："看能否促进我们觉识并维护自己的独立人格、权利、自由与尊严，离这个目标越近的，价值越高，反之则越低……能够给我们带来精神解放和拯救功效的实践知识，显然高于那些单纯扩大知识面的经验知识。"①

当然，区分层级的标准不是唯一的，我们还可以换一个角度，试着以"学术与生活的距离"来划分民俗学与民俗生活对话的层级关系。从这一角度出发，我们将上述两个对话层级相加，就可以得到如图的金字塔结构。

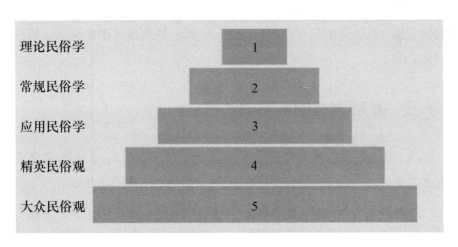

学术与生活的金字塔结构示意图

---

① 户晓辉：《一生存秀　魂在志学》，澎湃新闻，http://www.thepaper.cn, 2018 年 1 月 24 日。

如示意图所示，我们用金字塔结构将学术与生活的关系划分为五个层级。借助上述讨论，我们可以将本章出场人物一一归入这个金字塔结构中。第一层级理论民俗学以吕微、户晓辉为代表。第二层级常规民俗学（或者说经验民俗学、实证民俗学）以陈泳超为代表。第三层级应用民俗学（或者说实用民俗学、地域民俗学）以刘合心、蔺长旺、周文杰、马志正等一批地方文化学者为代表。第四层级精英民俗观以罗兴振、何新木等人为代表。第五层级大众民俗观指的是在普通村民中普遍流行的民俗观念，这里所说的普通村民，主要指的是那些自觉不自觉地受到民俗精英引导的，主动或被动地参与"接姑姑迎娘娘"走亲活动中的"亲戚"们。

当然，学术与生活的层级不等于学者个人的层级，有些学者可能会同时游移于多个层级之间。以刘毓庆为例，当他思考"打结理论"① 的时候，他处在第一层级，当他为《舜耕历山在洪洞》撰写序言的时候，他处在第三层级，而更多的时候，他处在第二层级。再以巴莫曲布嫫为例，当她写作《从语词层面理解非物质文化遗产》② 的时候，她处在第一层级，可是当她亲力亲为地站在"二十四节气传承保护能力建设培训班"讲台上为各地民俗精英开设培训讲座的时候，她把自己摆在第二、第三层级之间。

三　跨层对话的不可通约性

从上述金字塔层级中我们可以看出，同一层级，以及相邻的两个层级之间是可以对话的，但是，跨越层级的对话却是很难实现的。

我们先以常规民俗学者陈泳超为例。陈泳超连续在洪洞作了八年调查，与洪洞人民建立了深厚的友谊，不仅被当地民众视作"亲戚"且以此为荣，可同样无法否认的是，陈泳超在《田野对流》中坦率地承认：

---

① 刘毓庆、刘鳞龙：《陶寺遗址对接历史的可能性及其难题》，《晋阳学刊》2009 年第 4 期。

② 巴莫曲布嫫：《从语词层面理解非物质文化遗产——基于〈公约〉"两个中文本"的分析》，《民族艺术》2015 年第 6 期。

"我是写了他们，却不是为他们写的！"

图13—3　行走在泥泞田野中的陈泳超教授。王尧摄，2008年。

从村民一方的角度看，他们拿到了陈泳超的著作，却并不关心其学术思想和观点。他们首先关心的是自己有没有出现在书中，有没有借助陈泳超的书进入历史。大家热衷于从书中找自己的化名及相关书写，陈泳超第一次把学生的硕士论文带给他们看的时候，"他们一开始找自己名字，没找到就特别沮丧：给你们提供那么多资料，怎么都没看到自己名字？后来他们就慢慢对出这个是我、那个是他"①。其次，他们关心的是涉及本村的描写，有些人还对本村被提及太少而表示遗憾，至于那些跟自己生活没有直接关系的事件，则很少人关心。人们对于信息的关心度总是由我及人/由近及远逐渐减弱的，所以陈泳超感叹说："学术著作对

---

① 陈泳超等：《"传说动力学"批评》，《民间文化论坛》2014年第4期。

当地多数人的日常生活其实并没有什么实际意义！"因为学术离他们太远。

　　我在家乡的民俗学调查也有相似经验。我在家乡江西石城县听得最多的一句话就是"你要多写点家乡的东西，宣传一下家乡文化"，甚至还会加上一句"把我们都写进去"。在我的调查中，甚至在一些神圣仪式上，总是会有一些成年人或儿童凑到我身边，想看看我的相机里有没有拍到他们。我常常遇到调查对象问："你是记者吗？你会把我写到报纸上吗？"有一次我故意调侃一位中年男子："你就不怕我在报纸上把你说成一个坏人吗？"他非常兴奋地说："只要你提我的名字就行，我叫罗某某，金钱坑人，今年 51 岁，你把我说成恶霸都行。"他们至多关心自己是否出镜、如何出镜，而不会在意学者对事件的阐释，更不会关心学者的思想或观点。

　　正是基于对这种思维方式的理解，我向陈泳超建议说，可以跟罗兴振商量将他的来信收入著作修订版或公开发表。因为我相信罗老一定会乐于看到自己的文字被发表，使自己的思想在更大的平台上得到扩散。

　　即使作为民俗精英的杰出代表，作为《背过身去的大娘娘》最重要的书写对象，罗兴振依然无法理解陈著的核心思想，他只是要从书中找到自己最关心的问题：陈老师有没有把舜耕历山这一"历史事件"落实在洪洞。虽然陈著的副标题就赫然写着"地方民间传说生息的动力学研究"，虽然陈泳超一再向罗兴振解释："尧舜时代的真实性我无法证明（包括也不能证明其一定没有），但当地民众对于尧舜文化的认知及其创造和传承的民俗文化却是无比真实的历史事实，我要研究的正是这一民俗历史的存在和传承的动力机制。"① 可是罗兴振不关心这些，他完全无视陈著的核心问题与观点，不依不饶地一再追问："如果舜不是真的有，那么你们陈王（陈泳超和王尧）二姓的根祖又该是谁呢？总不能没有根祖吧？如果没有根祖，岂不成了无源之水、无本之木吗？这个提问乍一听是个笑谈，不是个问题，但仔细想来，却是个值得探讨的学术问题，

---

　　① 陈泳超：《理智、情感与信仰的田野对流——兼覆罗兴振来信》。

我建议把他作为一个议题，提到计划组织召开的学术研究会上。"①

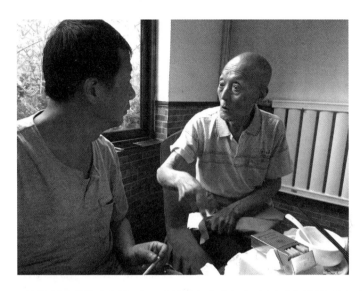

图13—4　陈泳超的著作出版之后，罗兴振老人专门打电话希望陈泳超去看望他，陈遂于暑假专程前往。两人虽然观点各异，但相谈甚欢。罗兴振很高兴陈泳超专程从北京赶到山西去看望他，两人正在酒桌上亲切交流、辩论。王尧摄，2018年。

　　陈泳超与罗兴振的一来一去之间，也许真的如罗兴振自己所感叹的："也许所答非所问，也许牛唇不对马嘴。"②

　　既然陈著不是为洪洞人写的，洪洞人也看不懂陈著，那么，陈著的接受者是谁呢？我们回到前面的示意图，首先当然是作为常规民俗学者的第二层级的同道，比如我自己就曾写过一篇书评，称赞陈著"提出了自己的'传说动力学'理论，有效地解决了长期停滞不前的民间文学变异机制问题。同时就书中所涉及的学术概念与相关问题，逐一与相应的西学理论展开对话，从具体的田野实践出发，创造性地提出了口传文化的层级理论"③。其次是相邻上下两个层级的学者。前面说到，第一层级

① 罗兴振致陈泳超第二封信，2017年8月24日。
② 罗兴振：《来自田野的回音——〈背过身去的大娘娘〉读后感》。
③ 施爱东：《重绘民间传说的动力》，《光明日报》2016年7月26日。

的代表人物吕微和户晓辉都是陈著的热心读者，其中吕微还是陈著的序言作者。至于第三层级的应用民俗学者（或者说地域文化研究者）是否关注陈著，我们可以从陈泳超的下面这段话中看出来："这两年我都没去采访该活动，但山西其他一些高校的师生前赴后继地去调查，他们大多带着拙作，有的还不止带一本，经常送给当地好奇的民众，我的消息报告者在历山上就亲眼看到过别人赠送的拙作。"也就是说，从事地方文化调研或参与地方文化建设的山西高校的师生也是陈著的热心读者。

综上所述，任意一个层级的学术成果，都只能在同一层级，或与相邻的上一层级，或与相邻的下一层级之间进行有效对话。越过相邻层级的跨层对话即便勉强发生，也多是无效对话，即罗兴振老人所说的"牛唇不对马嘴"。

对处在第一层级的理论民俗学者来说，因为相邻的只有第二层级，所以，他们可以进行有效对话的对象也就大幅缩减，第二层级中愿意花时间去啃读吕微著作的人尚且寥寥，第三层级中的有效读者几近于零。这就是吕微和户晓辉的理论/观点曲高和寡的主要原因，也是陈泳超常常用"冠盖满京华，斯人独憔悴"来比况吕微的主要原因。

虽然吕微是一个具有诗人气质与博大人文情怀的民俗学者，他跟陈泳超"我是写了他们，却不是为他们写的"不一样，吕微一直在深刻地思考着普通民众的喜怒哀乐，可是，别说第四层级的民俗精英不可能读懂吕微，就算第三层级的学者，也没听说谁对吕微的论著产生过兴趣，所以说吕微也陷入了另一种悖论——我是为他们而写，却不是写给他们看的。

陈泳超与罗兴振之间也隔着一道深深的鸿沟，尽管两人都非常看重彼此的忘年情谊，陈泳超第一次收到罗兴振来信的时候，甚至"灵魂出窍般地呆坐了半天，百感交集，无可名状"，但他不会为了这份情谊而放弃自己的学术理念，他说："被罗兴振视为生命的历山真实性论证，我站在学者的立场上，自然认为不能成立。"①

相反，作为第三层级的应用民俗学者，却很能跟地方精英打成一片。

---

① 陈泳超：《背过身去的大娘娘——地方民间传说生息的动力学研究》，第260页。

罗兴振的信中提到，山西师大的马志正教授，不仅写出了《舜耕历山在洪洞考辨》，而且不辞劳苦，通过实地考察"发现"了回心石、思过洞，"除此马老师还提出两件事物：一件是郭家庄有株大槐树，他定位爷爷树；一件是东圈头有株大杨树，他定位娘娘树"[1]。

四 观念与知识的层级流动

罗兴振在与陈泳超的往来书信辩论中，引证最多的是司马迁的《史记》，他说："《史记》《孟子》这是我国最具权威的两个正史，上面的记载我怎能不相信呢？所以我认为史书上这个记载，必然发生在洪洞历山。""在是非真伪面前，不能盲从书本，必须根据客观存在，唯物的分析，科学的推理，但是必须相信《史记》《尚书》的记载，这是真实的，因为这是我国史书中的正史，不能不信。"[2] 此外，罗兴振还在辩论中特别引证了袁珂的《中国神话故事》，以之作为信史依据。

按照前面的论述，我们总不能说《史记》《尚书》《孟子》和袁珂的著作是第三层级的著作吧？如果不是，那这些曾经处在较高层级的历史或神话学著作又是如何成为民俗精英的经典引证依据呢？或者说，观念与知识是如何跨越层级流动的？

答案是：（1）相邻下一层级的认同；（2）时间的考验。

第一层级的新理论/新概念想要跨层获得认可，首先必须得到第二层级学者的广泛认同，而且，比认同更重要的是，新理论/新概念必须具有实践价值，得有人愿意演练和传播它们。只有当第二层级的学者接受了第一层级的新理论/新概念，并且对其进行推介，或者把它应用到自己的成果中，第三层级的学者才有可能接受和理解这些新理论/新概念。所以说，一种新知识的出现，仅仅得到同一层级学者的认可是没有传播效应的，因为同一层级的有效读者是一样的，如果吕微的学术思想不能直接抵达第三层级的话，户晓辉的学术思想一样没法抵达第三层级，所以说，

---

[1] 罗兴振：《来自田野的回音——〈背过身去的大娘娘〉读后感》。

[2] 罗兴振：《来自田野的回音——〈背过身去的大娘娘〉读后感》。

户晓辉对吕微思想的阐释一样要经过第二层级的理解和再阐释才能抵达第三层级。依此类推，只有当第三层级的学者广泛接受并使用了这些理论之后（这个时候，该理论其实已经不新了），它才有可能抵达第四层级。

下一个问题是：一个产自第一层级的前沿学术理论，若要为第三层级所理解或接受，大概需要多长时间？

正常情况下（非典情况不在我们讨论之列），至少需要八到十年。这正是一代学者成长所需要的时间。

要理解这一点，首先要清楚第二层级中谁能接受，谁会使用这些前沿理论。一般来说，前沿理论的使用者主要是博士生以及学术方向和研究范式尚未定型的青年学者。"学者的思维定势在40岁之前已经形成，其理论框架已经基本固定，要想让他接受一种新的理论，尤其是学术地位跟自己半斤八两的同行的新理论，那是非常困难的。就算他接受了，愿意向更多的学者推介，也不等于他会应用你的理论来看待问题、分析问题、解决问题。"① 青年学者虽然愿意接受并使用这些前沿理论，可是他们自身的影响力比较微弱，只能做些添砖加瓦的工作，他们的推崇和引用并不能引起第三层级学者的关注。只有当这些青年学者评上教授副教授，拥有了一定的话语权，自己的学生也开始走向文化建设的工作岗位之后，他们的推崇才有实在的效果。经历了十年八年的反复传播，当一种新理论/新概念从第一层级流动到第三层级的时候，其实已经不新了。

前沿学术成果的层级流动不仅表现为时间上的延滞，还表现出数量不断减少、信息不断递减两个明显的特征。

先说数量减少。

第一层级的学者思想活跃，下笔快，他们总在不断地思想和创新，不断提出新理论/新概念，但是，层出不穷的新理论/新概念不可能全都得到第二层级学者的认同，如果没有第二层级学者的传播和引用，这些

---

① 施爱东：《"神话主义"的应用与"中国民俗学派"的建设》，《民间文化论坛》2017年第5期。

理论成就也就只能用来申报一下学术成果，然后束之高阁。与此同时，第二层级的学者也没闲着，他们也在思考和创新，也在各自的学术领域提出新理论/新概念，如陈泳超的传说动力学、巴莫曲布嫫的叙事传统格式化、叶舒宪的新神话主义、杨利慧的神话主义，这些新概念也在不断推向学术市场。而且，第二层级的学者所生产的新概念往往更具体、更实用、更通俗、更容易得到同一层级学者的理解和传播，因而更容易抵达第三层级。

　　学术层级越往下，学术派别也会越多、越分明，那些在上一层级已经得到普遍共识的问题，很可能在下一层级依然争辩不休。比如，对于尧舜的历史真实性问题，一二层级基本已经不再讨论了，可是，三四层级依然会为了舜耕历山的历山到底在哪里而各持己见。不同层级之间，如果学术取向基本一致，其中的差距只是"层差"；但如果连学术取向都不一致，那就不仅有"层差"，而且有"派别"了。"层差＋派别"的学者之间，即使面对面地坐在一起，彼此的学术交流也只是礼貌性的，他们至多关心一下对方在干些什么，有些什么成果，以便用作行走学术江湖的信息谈资，而不大可能将对方的成果应用到自己的研究当中。其学术思想的有效传递趋近于零，甚至还可能互相贬低对方的学术成果。

　　第二层级的新理论/新概念离生活的距离虽然近一些，但它一样要经受同级学者的选择和淘汰，因为同一层级中也有互不相容的学术"派别"。无论"层差"还是"派别"，学术竞争说到底就是对青年学者尤其是博士生的争夺。一个成熟的学者如果不能在青年学者中打开局面，吸纳一批理论拥趸，想通过单打独斗自征自引直接将自己的新理论/新概念渗透到下一层级是很难想象的。当然，第二层级的学者如果具备某种学术权力，有相当的知名度，能利用各种学术资源不断创造与第三/第四层级地方精英直接对话的机会，通过不遗余力的自我推销、巡回演讲，也会有一定的效果，但这种情况不具有普遍性和代表性。产自第一/第二层级，真正能够抵达第四层级的理论和概念是微乎其微的。大多数的新理论/新概念都在发表之后再无回响，剩下的有一部分牺牲在第二层级，又有一部分消失在第三层级。

再说信息递减。

第一层级的理论成果往往使用大量的专业术语、陌生概念，以及拗口的表述、弯弯绕绕的逻辑推演，最后得出的可能只是一个并不复杂的结论。阅读理论文章是一项费时费神的智力劳动，阅读感受既取决于写作者的表述方式，也取决于阅读者的知识结构和理解能力，我在收到吕微的论文时就曾很无奈地表示："你的论文越来越难读，这些年我已经不大跟得上你的脚步，拜读大作的频率也只能越来越低。"① 最终，我放弃了对吕著原文的阅读，选择阅读经过陈泳超删改后的"节本"。

吕微12万字的长篇论文，最后被陈泳超删成了1.4万字的节本。陈泳超直接跳过吕微的繁琐论证，"只看要得出什么结论"式的阅读体验在第二层级的常规民俗学者中无疑是具有代表性的。多数学者在阅读吕微著作时，都是跳过他的繁琐论证，直接看其文末结论。那些被吕微绞尽脑汁呕心沥血构筑的精细论证过程，却在读者的阅读中被忽略了。

如此严重的信息衰减，从理论生产者的角度来看，多少有些悲壮，但从知识层级流动的角度来看，却是很正常的现象。我常常在课堂上对初窥学术门径的研究生说，政治领袖的号召可能是一句顶一万句，学者的工作恰恰相反，成功的论文也许可以做到一万句顶一句，不成功的论文有可能说了一万句全是废话。学者为了论证一个问题、说明白一句话，需要搜集各种论据，大量征引前人论述，反复进行论证。洋洋洒洒数万言，最后就是为了坐实一个小小的结论，一个学者吭哧吭哧一辈子若有一两句话能够留下来，就算成功人士了。只有诸如《论语》《史记》这种经历了漫长时间的考验，成为经典中的经典，才有可能以相对完整的面貌展现在第一至第五层级的全体成员面前。

只有论证可信，结论"有用"的学术成果才有可能获得进一步传播的机会。陈泳超乐于为吕微制作一个删节版，意味着吕微的理论在第二层级获得了一次有效传播。据我所知，吕微在博士生和青年民俗学者中拥有大量粉丝，可是当他们引用吕微的著作、使用吕微的理论时，决不可能将吕微的论证过程做一全盘介绍，他们至多是从吕著中摘录几句能

① 施爱东回复吕微的电子邮件，2018年2月9日。

够"为我所用"的引文，或者借用一下吕微生产的新概念，简要复述一下吕微的观点或结论，所以，吕微的学术思想到了第三层级的应用民俗学者眼中，基本上只剩下一些言语的碎片和简略得只剩一两句话的观点。

　　一种新理论/新概念要想下沉到生活实践当中，必须经历从理论推介到接受，再到常规科学的应用，经由学术周圈的扩散，下沉到地方文化圈的艰难旅程，才有可能进入第四层级民俗精英的视野。因此，绝大多数新理论/新概念是到达不了第四层级的。即使有一些杰出的/通俗的理论/概念能够经历层级的淘汰和时间的考验到达第四层级，它也早已不是"前沿学术"，不仅不前沿，甚至可能连"学术"都够不上了。因为经历了从第一层级到第四层级的漫长旅程之后，日新月异的学术界早已驶出千里之外，这些明日黄花般的理论/概念已经被视作"知识""常识"或者"过时的知识"，而不是学术。

　　以袁珂的《中国神话故事》为例，在它刚出版的时候，谁也不敢说它不是学术成果，可是，时至今日当它抵达罗兴振老人的案头，被罗兴振视作经典引证文献的时候，却被陈泳超说成"早已不是学术界的主流"①。陈泳超甚至给了罗兴振致命的一击："您坚信《尚书》《孟子》《史记》是不容怀疑的'正史'，故其一切记载都是确凿的历史真实，这是我不敢苟同的；您所罗列的那些学者，可以视为您的同道，他们所述的观点，从学术的角度，我都不赞成（尽管我尊重他们的信念）。"② 的确，历史书写和历史研究在经历了漫长和难以计数的学术革命之后，今天的学者甚至不认为《史记》《尚书》可以归入学术著作。

　　所以说，第一/第二层级的学者是最不适合在电视上面对公众进行知识普及的，除非他能够放下学术本位的立场，愿意迎合听众的口味，在电视上讲些老套/过时的知识。那些公众视野中的"著名学者"，可能恰恰是学术研究上相对滞后的"学术说书人"，比如余秋雨、于丹、纪连海。

---

① 陈泳超致罗兴振的第二封回信，2017 年 9 月 28 日。
② 陈泳超：《理智、情感与信仰的田野对流——兼覆罗兴振来信》。

五 "学术干预生活"是我们想得太多

所谓"学术与生活的不可通约性",既包括跨层对话的不可通约,也包括学术介入生活的空洞无力。

我在 2005—2014 年曾经与杨早、萨支山一起策划和出版了 10 本"年度话题"。我们的态度和大多数民俗学者"不介入生活"的做法相反,我们有着强烈的干预生活的意识,我每年的话题文章都会揭露甚至鞭挞一些社会丑恶现象,而且大多数情况下我都是真名真姓地指实对象进行批评。令我们极其沮丧的是,虽然"话题"发行量和影响力都不小,有些甚至在网络上广为流传,可是,对社会的实际影响力几乎为零。

以我 2012 年写的《一个县城的春节故事》① 为例。我在文中着重批评了自己家乡信丰县城春节期间赌博成风、民间借贷屡禁不止等现象,文章被多家微信公众号篡改标题发表后,在信丰县城上至县领导下至摆摊小贩几乎无人不知。读者一般称赞此文"写得好真实",因为文章写的就是老百姓街谈巷议的热点话题,我只不过把乡亲们的口头议论记录下来,写成文字而已。包括我在文中批评到的老同学,他们至多也就笑笑:"怎么把我写进书里去了?"话音刚落,转过头,他们当着我的面又赌了起来。文章刚被放上微信公众号的第二天,我文盲的妈妈就打电话问我:"听说你写书揭露我放高利贷?"我趁机再次苦口婆心地劝妈妈早点把钱收回来,她也答应了。可是时隔两月我再次问起这事时,她居然告诉我又贷出 5 万元新债。

其实,学术著述能够返回调查地的案例并不多见,更多的情况是,调查者的在场或许曾在当地激起过些许涟漪,但是,随着调查者的离去,涟漪重归平静,任由外部世界评头论足,当地依旧风平浪静。我们以学术史上著名的《定县秧歌选》为例,这是一批理想主义知识分子从民间

---

① 施爱东:《一个县城的春节故事》,杨早、萨支山主编《话题 2013》,生活·读书·新知三联书店 2014 年版。收入本书的第六章《城镇化进程中的经济增长与文化迷失》。

图13—5　这些曾经出现在我文章中的老同学，至多也就是在看到文章后互相调侃一下。无论是受到我赞扬的卜真群，还是受到我批评的莫子，他们没有一个人因为我的文章而改变了原有的生活轨迹。施爱东摄，2013年春节。

文艺中整理、提炼出来，刻意"可使之回向民间"① 的产物，可事实上，这套在学界风行半个多世纪的采风名著，根本就没有对当地的民间秧歌产生过任何影响，无论当地民间艺人还是普通民众，几乎都不知道这套书。据江棘博士的调查，《定县秧歌选》与定县秧歌的民间传承"几乎走了两条互不干涉的平行线"：首先，《秧歌选》系列工程中最具教育意义的十余出秧歌经典"返还民间"的计划几乎全部落空，并未被当地民众接受。其次，平教会的"民众读物"虽然在语言文字上努力做到"通俗""可读"，却仍然无法避免"成为了外在于民间社会和文化网络的孤僻存在，在地方社会和民众的脉络中，几乎影响全无"② 的命运。

又比如，1953年云南省人民文艺工作团曾经组织一个创作小组到路南县圭山区采风，次年整理出版了著名的彝族长篇叙事诗《阿诗玛》。整

① 孙伏园：《定县平民文学工作略说》，《〈艺风〉民间专号》影印本（原书刊于1933年），上海文艺出版社1991年版。

② 江棘：《如何从"旧文艺"中读出"新可能"：〈定县秧歌选〉的文本生成》，《第一届戏曲研究青年学者读书会论文集》，中国人民大学文学院，2016年6月。

理工作被当作一项政治任务，改编力度很大，整理成果引起了文学界的高度关注，1979 年元旦开始公演的电影《阿诗玛》更是家喻户晓。可是，1980 年代初，彝族学者罗希吾戈却在路南县的回访中发现："奇怪的是，《阿诗玛》汉文整理本已出版二十多年，直到现在，撒尼群众还不知道它，更谈不上回到撒尼人民中去。撒尼群众现在吟唱的《阿诗玛》，仍然是未经整理的、存在于民间的本子。即使是活跃在群众中的文艺宣传队，他们演出的《阿诗玛》台本，也仍然是根据原来流传于民间的本子改编的。"① 无论政治改编还是电影传播，在外部世界影响巨大的《阿诗玛》，并没有覆盖和扰乱彝族当地《阿诗玛》的传承生态。也就是说，文人、学者的"文化传播"与当地民众的"文化传承"，走的是完全不同、互不干扰的两条文化发展之路。

学者往往会夸大学术成果的影响力，以为成果的发表可以改变调查地的文化生态、改变文化持有人的生存环境，事实上这种顾虑只是一种可能的理论假设，没有太大的实际意义。所以说，只要不涉及宗教争端、民族矛盾，以及人事纠纷、人格褒贬、男女作风、经济利益等"生活隐私"的敏感问题，我们所关注的民间文学或民俗学之类的文化问题，一般不会伤害到调查对象的现实生活，因而也不必过分担心其"文化隐私"等问题。

过分在意文化持有者的"持续知情"，迁就其"展示意愿"，什么事情都得在意调查对象的意愿，写什么都得征得其同意，那么，学者的调研、写作权益就会受到伤害。我们从没听说记者写新闻报道还得挨个请受访者写授权书，媒体记者尚且有独立报道的合法权益，为什么到了学者笔下，这就成了一个绕不过去的问题呢？过度的伦理束缚会大大加重研究者的工作负担和心理负担，是对学者"独立之精神，自由之意志"的另类束缚。正如尹虎彬说的："这个是绝对有影响的。英国伦敦的高乐都把做的东西返回去给当地人，而且他还是有遴选的，把那些带着明显争论、负面的东西全删了。这个绝对是有先例的。"②

① 罗希吾戈：《对〈阿诗玛〉翻译和整理的几点浅见》，《山茶》1982 年第 2 期。
② 陈泳超等：《"传说动力学"批评》。

我比较赞同陈泳超的这段话："只要是话语，它就一定有权力、有争执。如果没有争执，我也就不去研究了，如果有点棘手的例子全部清除，那还有什么学术深度呢？所以，一定需要转化成学术符号，我尽量跟真人拉开很大距离。但要取信于学界，我又要保证材料的真实可靠。这真是两难的问题，需要有大智慧。"[①] 学者们站在伦理高处对自我进行必要的束缚是应该而且必要的，但是，在实际的调研工作中，过度的束缚可能会将学术研究变成一项束手束脚、畏首畏尾、毫无自主性能动性的痛苦写作，甚至写成一份为调查对象涂脂抹粉说好话的"宣传软文"，从而失去了研究工作实事求是、求真致用、独立自由的学术本色。

总之，学术工作者既不要对学术干预生活寄予过高的美好期许，也不必为学术妨碍生活背负过重的伦理包袱，学术和生活本来就是不可通约的两个世界。

六　学术与生活的对话技巧

如果学术与生活的对话根本就是不可通约的，那学者又该如何游刃于田野的江湖？陈泳超与罗兴振之间的关系也许能给我们一些启示：相互敬重，各自独立。

先说相互敬重。从罗兴振的角度来看，他敬重陈泳超的"平易谦和""务实求真"，他说："（陈老师）每次来了都是背着个背包，身穿短裤，脚穿凉鞋，亲自参与民俗活动，采访采撷，履足田野发掘考察。历山3000米范围内的每一寸土地都有陈老师流下的汗水。""陈老师平易近人，谦和卑下，所以我敢掏心掏肺的畅所欲言。"当陈泳超带着《背过身去的大娘娘》去看望罗兴振的时候，罗兴振突然问他："陈教授，我要是死了，你会不会来？"面对老人渴望的眼神，陈泳超说："您还健朗着呢，一时半会死不了！"但他知道罗兴振等的不是这一句，便接着吼道："要真有那么一天，我一定会来！你放心！"坐在旁边的王尧当场就哭了。[②]

---

① 陈泳超等：《"传说动力学"批评》。
② 陈泳超：《理智、情感与信仰的田野对流——兼覆罗兴振来信》。

从陈泳超的角度来说，长期的调研与走亲，他与历山乡民结下了深厚的情谊，他在写给罗兴振的信中说："我无限尊重以您为代表的当地民众自己的认知。""我真心地热爱走亲习俗，热爱这一习俗过程中的所有人，并以被当地民众接纳为一名'亲戚'而感到无上荣耀，这也是我愿意为其做各种力所能及工作的心理基础。在这个意义上，我相信我们的感情是相通的，毫无隔阂。"①

图13—6　入乡随俗，大杯喝酒，大块吃肉。陈泳超到湖南道县田广垌村调查禹庙、象王庙等传说遗迹。调查结束后，本村向导陈高阳杀了一条活狗炖肉，邀请陈泳超至家中吃肉喝酒。左一陈泳超，左二陈高阳。王尧摄，2010年。

受访者对你的学术也许没兴趣，但对你的现场表现却有兴趣。你交谈的语气、面部的表情，你的衣着打扮、一举一动，他们都会看在眼里，作出符合他们生活常识的判断。我2016年在江西玉山县漏底村的一次调查中，午餐的时候，主人家一条小狗正在桌下拣食骨头，突然被骨头卡了，发出痛苦的嚎叫，不停地在院里四处奔窜，当地村民照样喝酒，似乎也不以为意。我尝试走近小狗，村民警告我"小心咬你"，但我没有放

---

① 陈泳超：《理智、情感与信仰的田野对流——兼覆罗兴振来信》。

弃，一直试图与小狗交流，直到小狗自己走到我身边求助。我拉开狗嘴，发现口腔中卡着一块锋利的骨头，于是把住狗嘴，叫主人帮忙把骨头拔了出来。这件事很小，但是让村民们看到了我融入他们生活的善意，迅速就拉近了彼此的心理距离。受访者并不是通过阅读你的学术成果来理解你的情怀，他们是通过生活细节来感知你的善意。

　　再说各自独立。罗兴振自打认识陈泳超之后，就对这个北京大学教授寄予厚望，希望借助陈泳超的学术力量"论证所有天下的历山都是假的，只有这里是真的"，陈泳超开始时总跟他打太极，为他写了一篇《洪洞的尧舜文化》的稿子，可是罗兴振很不满意，追问陈泳超："陈教授，那你是不赞成舜耕历山就是我们这个历山喽？"陈泳超只好正面回答说："是的，我不赞成。我也不赞成别的任何历山，因为这个问题无法证明，没有答案。"① 罗兴振虽然很不满意，但也没有再为难陈泳超。陈泳超回顾这一事件的时候说："我躲来躲去躲不了。我还有学者良知，我不能哄他说'是'。一来我在全国调查了至少十几处尧舜文化的遗留点，到哪里都会被这样问，我不能两面三刀到处骗人吧？所以我是一直想悬置的，他逼得我无法悬置。二来呢，如果我顺着他说'是'，下面会给他造成很重大 的后果，他准备募捐 200 万来开一个论证会，这是一个实践过程，是持续的行为呀！"② 陈泳超最后这句话相信很多学者都会有同感，在学者与乡民的关系中，学者为了刻意示好而哄骗对方可能会将自己卷入复杂的地方事务中，带来严重的后果。所以说，学者在田野中保持思想独立是非常重要的，不作无原则的逢迎，尽量避免卷入是非争执。

　　从罗兴振的角度看，他也保持了相互尊重与彼此独立的对话品格。一方面他说："我不敢干涉您的出版自由，我要尊重您的自我精神，要干涉就是侵权行为，就是不仁不义不道德的人，我不是那种没有天良的人。"另一方面他又说："实话对您讲，我的思想叫走亲习俗绑架了，挣也挣不开，脱也脱不掉，您坚持您的疑古观，我坚持我的'真的有'……但是颓唐情绪这是必然的。因为您的坚持就是我的失败，怎么

---

① 陈泳超：《背过身去的大娘娘——地方民间传说生息的动力学研究》，第 260 页。

② 陈泳超等：《"传说动力学"批评》。

能够愉快呢？我想这种不快感是暂时的，以后会慢慢消失，陈老师不必为我悲凉。"①

　　学术与生活的对话，学院与田野的对话，学者与民众的对话，其实并没有什么所谓的技巧，如果有，那就是我们从吕微命名的"罗兴振—陈泳超公案"中所看到的：平易谦和、坦诚相待、相互尊重、各自独立。一句话：生活中坦诚友善，思想上求同存异。换成陈泳超的表述就是："我们作为平常人理应跟民众有各种互惠的交流，但绝不出让学术!"②

　　（本章原题《学术与生活的不可通约性》，原载《民族文学研究》2019 年第 1 期，收入本书有修订。）

---

① 罗兴振：《来自田野的回音——〈背过身去的大娘娘〉读后感》。
② 陈泳超致刘倩电子邮件，2018 年 2 月 12 日。